小生意 大财富

沙砾之中淘得真金

张小雨 著

百花洲文艺出版社
BAIHUAZHOU LITERATURE AND ART PRESS

图书在版编目(CIP)数据

小生意 大财富 / 张小雨著. —— 南昌：百花洲文艺出版社, 2014.1
ISBN 978-7-5500-0858-8

Ⅰ.①小… Ⅱ.①张… Ⅲ.①中小企业-企业管理

Ⅳ.①F276.3

中国版本图书馆 CIP 数据核字(2013)第 318895 号

小生意大财富

张小雨　著

出 版 人	姚雪雪	
责任编辑	郑　骏	
美术编辑	郑　健	
制　　作	董　运	
出版发行	百花洲文艺出版社	
社　　址	江西省南昌市红谷滩世贸路 898 号博能中心 9 楼	
邮　　编	330038	
经　　销	全国新华书店	
印　　刷	北京市凯鑫彩色印刷有限公司	
开　　本	787mm×1092mm　1/16	印张　16
版　　次	2014 年 5 月第 1 版第 1 次印刷	
字　　数	300 千字	
书　　号	ISBN 978-7-5500-0858-8	
定　　价	27.20 元	

赣版权登字 05-2013-411

邮购联系　0791-86895108

网　　址　http://www.bhzwy.com

图书若有印装错误,影响阅读,可向承印厂联系调换。

前　言

　　每一个人都渴望财富与成功,而在走向成功的道路上又有很多种途径和方法。相对而言,经商毫无悬念是最为便捷的一种。

　　然而,想要通过做生意,来获取自己想要的财富,往往都需要从头做起,抑或从小本生意做起。

　　古人有云:"大海不拒细流,故能成其大;泰山不却微尘,故能成其高。"很多成功的大商人,都是从小生意起步,聚沙成塔,汇涓涓细流而成大江大河,逐步成就大事业的。在最初的生意过程中,他们懂得薄利多销的道理,知道小生意做得好也一定能够成为大生意。

　　俗话说:"三百六十行,行行出状元。"不要小看小生意,只要你能够细心观察,只要你能够认真钻研,就会发现,身边处处都是商机。小生意中亦藏有大金矿,只要你找准目标,把握住时机,一样能够赚大钱。

　　当然,在如今竞争日益激烈的商场上,一个小本生意人想要在生意场上分一杯羹,并不是一件容易的事情,更别说将自己的小生意做好、做大、做强了。正如人们所说,大生意有大生意的做法,小生意也有小生意的招数。也许在规模上两者远远不能比拟,但小生意的机动灵敏又是大生意所不能相比的。只要能够认真钻研,找准商机,多些点子,运用得当,小生意一样可以很快地迈向成功之路。

　　赚钱之道有很多,但是找不到赚钱的种子,也就找不到事业与前程的希望。本书就好比一粒种子,能让优良的种子发芽成长,最后长成参天大树。只要人人都能够守望着这个梦想,一步步努力,必能见到希望成才,树木成林的那一天。

目 录

思想篇

执行篇

谋略篇

第一章 会规划才会有发展

第二章 会布局才动全盘

第三章 行动之际谋略为先

目 录

思想篇

小生意 **大**财富

第一章 思路决定出路

"思想决定行为,行为决定习惯,习惯决定性格,性格决定命运。"这是培根在《习惯论》中写的一句话。美国学者威廉·詹姆斯说:"人的思想是万物之因。你播种一种观念,就收获一种行为;你播种一种行为,就收获一种习惯;你播种一种习惯,就收获一种性格;你播种一种性格,就收获一种命运;总之,一切都始于你的观念。"一个人想要改变自己的命运,就要先改变自己的思想。思想是思路的源头,坚持正确与科学的方法,才能创新发展思路,才能改变命运。

不怕没机会就怕没思路

思路决定发展的路径,反映发展的方向,影响发展的成效。而思路又是由思想孕育而来,同时也由思想来支配、统领以及完善。法国哲学家安托·法勃尔·多里维说:"人类是一种使思想开化结果的植物,犹如玫瑰树上绽放玫瑰,苹果树上结满苹果。"思想是时代的产物,但又不局限于时代;来源于实践,但又高于实践,为思路的确的提供指南。

"思想决定思路,思路决定出路。"这句话是很有道理的,想要有一个好的出路,就必须要先有好的思想,提高思想水平,让思路保持正确的方向,把握规律性,富于创造性。换而言之,有正确的思路才会有正确的出路,唯有如此,才得以换取成功。

论及成功,这个世界上从不缺乏有能力的人,然而真正能够成功的终究只是极少数的一部分而已。对此,又总会有人抱怨自己没有机会,甚至是去埋怨他人以及社会,将失败的原因从自身推卸出去,从来都不去加以自省。更有人会豪言壮志地说:"我有的是能力,缺乏的只是机会罢了。只要给我机会,我就能够崛起,站在成功的金字塔之巅。"对于这样的人,大家只能在心中冷笑。

机会真的那么难寻吗?事实并非如此。相反,我们生活的环境中处处都是机会,只是缺乏发现机会的思路而已。机会不会无缘无故地落在谁身上,更不会永远的停留在某个地方去等你。唯有拥有超前的思路与敏锐的眼力才能够发现它,并且及时地把握住。

在泰国有一个很奇怪的雕像,正面看是一个婀娜多姿,长发遮面看不到脸的裸体女人,而从背面看却又光秃秃的,后脑勺连一根头发都没有。泰国人说这是"机会女神"之像,意味着当机会走到我们面前时,就像这个裸体女人一样,充满诱惑,但却长发遮面,根本就看不到脸,让人诱惑的同时也让人疑惑,因为我们不知道长发下遮盖的是否是一张巨丑无比的脸蛋,因此我们通常都不敢去拥抱她。可当她从我们身边走过时,我们又发现这的确是一个"美女",我们再想去抓住她时却抓不到了。因为后面光秃秃的,一根毛都没有且身上也一丝不挂,我们根本就抓不住任何东西。

所以,当机会来临的时候,我们必须抓住,不能错失良机。当然,抓住机会的前提是我们必须要有去发现机会的敏锐眼力。这就需要我们有超前、创新的思路。

很多人商场失意,难以成功,不是因为他们没有好的机会,而是没有好的思路,好的方法。思路影响和决定人们的精神、行为,甚至是性格。在相同的客观条件下,由于人的思路不同,主观能动性的发挥就不同,各种行为也大不相同了。有的人因为具备先进的思路,虽然一穷二白,但也能白手起家,出人头地。而有的人由于思想落后,哪怕坐拥千万财产,也能导致家道中落,贫困终生。亿万财富买不来一个好的思路,而一个好的思路却能创造出亿万财富。为什么那么多成功者能够独具慧眼,能够先知先觉地发现、捕捉到机会呢?根本原因还是在于他们思想不保守,思路更新快,并且富有创新精神。

历史告诉我们:先知先觉是机会者,后知后觉是行业者,不知不觉是消费者。犹豫者失去机会,观望者丧失机会,等待着永无机会。

抓住机会,未必能成功,但是抓不住机会,注定平庸!不要总是去抱怨自己没有好的机会。从今天起改变自己,开拓思路,让自己做一个有准备的人,去抓住正在向你走来的机会吧。

有好的思想才有好的命运

"思想决定行为,行为决定习惯,习惯决定性格,性格决定命运。"从这句话中便可以看出一个人的思想起着决定性的作用。思想支配行动,是行动的先导与动力。我们无论做什么事情,都是先有思想才会有行动。有正确的思想就有正确的行动,有积极的思想才会有积极的行动。

心有多大,舞台就有多大。每一个人从出生来到这个世界开始,便在一定的社会环境中成长,接受各种教育,受到各种事、物、人的影响。尤其是思想认知,从无知到有知,这个逐步发展的过程,让我们渐渐地形成及拥有自己的世界观、价值观、人生观。由于每个人所存在的历史阶段、生长环境,所接受的教育程度,以及所拥有的经济地位不一样,从而导致每个人的世界观、价值观、人生观也不一样。

世界观决定着人们的思维方式,不同的世界观自然有着不同的思维方式,不同的思维又决定着不同的思想,从而使人们用以分析和处理问题的方法不一样。世界观也决定人们的价值观。人们对某种事物、现象的好恶,体现了在价值问题上的选择与倾向,世界观为人们在认知事物或现象中提供了理论基础及方法原则。因此可以说,价值观是世界观的体现,一个人有什么样的世界观,就会有什么样的思维方式,从而决定人生态度和价值取向。世界观又决定着人们的人生观。怎样做人?人生的道路该如何走?面对这些问题,世界观提供了对人与自然,人与社会,人与人之间关系的根本看法,为确定人生目的的态度提供了根本性的观点。

归根结底,一个人的行为都是由思想来决定的。而行为又会变成习惯,从而形成性格。思想变,态度则变,行为亦变;行为变,习惯亦变;习惯变,性格亦变。

习惯是潜意识的功能。我们在学习各种知识,接受各种事物的时候,是在意识的指导下一次次重复动作,直到在潜意识中留下深刻的"烙印"为止。潜意识会为人们产生自动的习惯动作。所以习惯又被人们称为第二天性,它是潜意识对言行的自动反应。

换而言之,习惯就是意识的选择结果。你选择做某件事,并不断地重复,你的潜意识就会认为你想做那件事,然后变成你的习惯。同样道理,任何一种思想,只要不断的重复,也会成为一种习惯,在不知不觉中影响人们的行为。所以说,有好的思想就会有好的习惯好的行为;反之,就会养成坏的习惯,进而演变成坏的行为。习惯的形成既然是意识选择的结果,那我们就可以通过有意识地选择,来改掉自身一些不好的习惯。任何人都有自由选择好的或坏的习惯的权力。我们的习惯只是我们的选择。如果我们能够将好的思维方式,好的行为,变成我们的习惯,我们就会轻松地获得成功与快乐的人生,并形成乐观向上的性格。

心理学一般把性格定义为:在生活过程中形成的对现实的稳定态度以及与之相适应的习惯化的行为方式。我们每个人的性格都是经过日积月累而形成的,没有谁的性格是与生俱来。罗曼·罗兰说过:"一个人的性格决定他的际遇。如果你喜欢保持你的性格,那么,你就无权拒绝你的际遇。"性格决定命运。一个人的成功,离不开良好的性格。而良好性格的养成和改变,是一个逐渐的过程,不能操之过急。从细节行为中养成好的习惯,从习惯中巩固出好的性格。正如罗曼·罗兰认为:"没有伟大的品格,就没有伟大的人,甚至没有伟大的艺术家,伟大的行动者。"

性格是表现在人的态度和行为方面的较为稳定的心理特征,是个性的重要组成部分。性格不仅影响一个人的生活状况、婚姻家庭,也影响一个人的人际交往、职业升迁、商务活动、事业发展、经营理财等。总之,性格决定一个人的成败得失,决定一个人的前途命运。优良的性格让人不管是在顺境还是在逆境中,都能坦然积极地面对,并且不懈努力,取得成功;不良的性格会让人走尽弯路,受尽挫折,甚至在关键时刻毁掉一生,造成悲剧性的结局。

而决定人们性格的源头则是思想。所以说改变思想就是改变命运,有好的思想才会有好的命运。

态度决定高度

一个人能否成功,需要看他的态度。成功人士与失败人士之间最大的差别不是在于双方的能力、基础,更不是背景,而是态度。成功人士始终用最积极的思考,最乐观的精神和最辉煌经验来支配自己的人生。而失败者则正好相反,他们的人生是受过去的种种失败及疑虑来引导和支配的。

有些人总是喜欢说,他们现在的境况是别人所造成的,抑或环境决定了他们的人生位置,让他们无法改变。但是我们的境况并不是环境所造成的,而是我们自己决定的。其实,关键还是在于一个心态。

一个人有什么样的态度,无疑是至关重要的。态度决定着一个人的情绪,甚至是行为。巴布科克说:"最常见同时代的最为昂贵的一个错误,就是认为成功依赖于某种天才,某种魔力,某些我们不具备的东西。"成功的要素其实掌握在我们自己手中,成功是正确思维的结果。一个人能飞多高,并非由人的其他因素,而是由他自己的态度所制约。我们的态度很大程度上决定了我们的成败：我们怎样对待生活，生活就怎样对待我们；我们怎样对待别人，别人就怎样对待我们。我们在刚开始时的态度决定了最后有多大的成功，人们的地位越高，就越能找到最佳的态度。难怪有人说，我们的环境(心理的、感情的、精神的)完全由我们的态度来创造。

有一头驴，掉到了一个很深很深的废弃的井里。主人权衡一下，认为救它上来不划算，走了。只留下它孤零零的自己。每天，还有人往井里面倒垃圾，驴很生气：自己真倒霉，掉到了井里，主人不要他了，就连死也不让他死得舒服点，每天还有那么多垃圾扔在他旁边。

可是有一天，它的思维发生了转变，它决定改变它的人生态度(确切点说应该是驴生态度)，它每天把垃圾踩到自己的脚下，而不是被垃圾所淹没，并从垃圾中找些残羹来维持自己的体能。终于有一天，垃圾成为它的垫脚石，使它重新回到了地面上。

不要抱怨你的不如意，不要抱怨你的男人穷，你的女人丑，不要抱怨你没有一个好爸爸，不要抱怨你的工作差、工资少，不要抱怨你总是失败，现实有太多的不如意，就算生活给你的是垃圾，你同样能把垃圾踩在脚底下，登上世界之巅。这个世界只在乎你是否到达了一定的高度，而不在乎你是踩着巨人的肩膀上去的，还是踩着垃圾上去的。而事实上，踩着垃圾上去的人更值得尊重。

失败并不可怕，可怕的是失败后而从此消极、放弃。只要拥有一个好的态度，换一种眼光去看待事物，从失败中吸取经验，让消极变成积极，你就会发现，人生不过如此，没有什么是值得你去悲伤的。

换一种思路你就是第一

在如今这个竞争力日益渐增的经济时代里，商品在竞争，市场在竞争。不知道有多少品牌在竞争中消亡，也不知道有多少企业在竞争中苦苦挣扎，更不知道有多少人在竞争中被淘汰。于是创业者们纷纷抱怨生意难做，财路难寻。其实在市场变幻莫测的商海里，我们换一种思路或许就可以找到财路。

在19世纪中叶，美国加州突然传来发现金矿的消息，很多人都认为这是一个千载难逢的大好机会，于是所有人都前往加州，满怀期盼地加入淘金之旅。当时只有17岁的亚默尔还是个小农夫，也受到淘金热的影响，经历千辛万苦之后加入这批淘金者的行列。

越来越多的人蜂拥而至,一时间近乎整个加州都是淘金者,这就导致金子越来越难淘。到最后,不仅是金子难淘,就连生活也越来越艰苦。当地气候干燥,水源奇缺,许多不幸的淘金者不仅没有如愿以偿地发财致富,反而葬身于此。亚默尔也和其他人一样,没有发现黄金,反而被饥渴和恶劣的环境折磨得半死。直到一天,看着睡袋中一点自己舍不得喝的水,听着四周众人的哀声苦叹时,亚默尔忽然突发奇想:淘金的希望太渺茫了,还不如卖水呢。

于是,亚默尔便毅然放弃了淘金,将手中用以挖金矿的工具用来挖水渠,从远方的河水里引出水源,用细沙过滤变成清凉可口的饮用水,然后再装入桶中,将其挑到山谷里一壶一壶地卖给那些挖金矿的人。

当时还有人嘲笑他,说他胸无大志,不远千里地前来淘金,放着可以发大财的金子不挖,反而去干这种蝇头小利的小买卖。

对此,亚默尔不以为意,更是不为所动,依旧一日复一日地卖水。这样的好买卖哪里去找?把没有成本的水高价卖出去,而且还是如此畅销。哪里还会有这样的市场?

结果,大多数淘金者都垂头丧气地无功而返,而亚默尔却靠卖水大赚了一笔。

很多时候就是如此,在追逐目标的过程中,大多数人都会蜂拥而至地抢在第一落点处,到头来却是一无所获。有时我们不如换一种思路,去抢第二落点也不失为是明智之举。

在生活中,我们做生意亦是如此。转换思路,转移市场。由于各地的消费习惯、经济状况、消费群体不一样。有些商品在这个地方销量不好,却并不代表在其他地方也会卖不出去。有的商品卖不动,同样也不代表别的商品会没销路。比如中国内地的红木家具,在香港市场上不是很畅销,原因是大多数香港人住房面积小,喜欢占地少的家具;而在西欧则不同,红木家具大行其道。

在激烈的市场竞争中,如果我们能够突破常规思维,有意识地运用与传统思维和习惯背道而驰的逆向思维方法,换一种思路说不定就能改变现状,收获意想不到的好处。"反弹琵琶"往往能够"曲径通幽"。

美国芝加哥有一位老人退休之后,在一所学校的附近买了一栋简朴的住宅,打算在那儿安度晚年,好好享受一下生活。他住的地方是一个很不错的地方,最初的几个星期非常安静,不久,就有三个年轻人开始在附近踢所有的垃圾桶,附近的居民深受其害,对他们的恶作剧,采用了各种各样的办法,好言相劝过,也吓唬过他们,可一直没有作用,等到人一走,他们又开始踢。邻居们无计可施,也只好听之任之,无奈地忍了下去。

可是,老人一直想过平静的生活,他实在受不了他们制造的噪音,他便想办法让他们离开。于是,他出去跟他们谈判:"你们几个一定玩得很开心,我年轻的时候也常常做这样的事情。你们能不能帮我一个忙?如果你们每天来踢这些垃圾桶,我每天给你们一元钱。"这三个年轻人听到老人这么一说,想有这样的好事?他们很快就同意了,于是,他们使劲地踢所有的垃圾桶。

过了几天,这位老人愁容满面地去找他们,"通货膨胀减少了我的收入,"他说,"从现在起,我只能给你们每人五毛钱了。"这三个年轻人对此有点不满意,但还是接受了老人的钱,每天下午继续踢垃圾桶,可是,却没有以前那么卖力了,踢得浮皮潦草的。几天后,老人又来找他们。"瞧!"他说,"我最近没有收到养老金支票,所以每天只能给你们两毛五分了,成吗?""只有两毛五分!"一个年轻人大叫道,"你以为我们会为了区区两角五分钱浪费时间在这里踢垃圾桶?不可能,我们不干了!"从此老人与附近的居民便都过上了清静的日子。

很多时候,事情的成功,往往得益于逆向思维。从这个简单的小故事中我们也可以看出,老人正是运用了逆向思维,通过曲线方式,让三个年轻人放弃了他们的行为,从而得以解决问题。

犹太人的聪明是众所周知的,很多时候,犹太人能够将一条死路在经过思考后走成活路。这种事情远非一般人可以做到的,不仅如此,很多人因为方法和思维方式不对,反而将一条活路走成了死路。因为他们不知道如何去转换,不知道换一种思路来看待问题,只知道一味地按原来的思路走,这样便很容易让自己的路越来越窄,直至最终无路可走。

有一个国王发布了一个奇特的命令,要求每个即将被处死的犯人说一句话,而且必须能马上验明真假。如果是真话,犯人就被绞死;如果是假话,犯人就被砍头。国王觉得自己想出这个主意实在是聪明之极。正好有4名犯人要被处死,于是当着众位大臣的面,他让每位犯人说一句话。第一个犯人说道:"我爱你,国王。"国王随即说道:"爱我,就不应该犯罪,假话!拉出去砍头!"第二个人见到国王后,说道:"我有罪啊,我该死!"国王说道:"你确实有罪,也确实该死,说的是真话,拉出去绞死!"第三个人看见前两个人都死了,于是说道:"太阳距离我们有70万公里零9米。"国王说道："这个问题没法证明，视为假话，拉出去砍头！"轮到第四个人了。第四个人是个犹太人，他说道："我将被砍头！"国王想如果他说的是实话，那他就该被绞死；如果是假话，就该被砍头，可是这样他就说对了，应该被绞死……国王的脑子被绕晕了，他不知道到底该判犹太人绞刑还是砍头，于是国王下令，犹太人被无罪赦免。不久，国王的这项自认为很聪明的法令就终止了。

于是，这个犹太人就将死路走成了活路。

有很多人在做事情的时候，坚信自己的主意是正确的，于是便执著地坚持一路走下去，哪怕中途碰壁也依旧坚持不变。这样坚持不懈的精神是值得赞许的。但是，如果在事情毫无好转迹象，甚至越来越糟糕的情况下还要一味地坚持下去的情况下，那这坚持就成了固执，这样下去路只会越来越难走，离成功越来越远，最终只会是失败。所以这个时候就需要更换一种思路，看看还有没有其他的路可以达到目的。及时地转换思路，人就不会错过许多能够到手的机会，更不会一味地悔恨。做任何事情都要拿得起，放得下。

换一种思路，也许你就能够成功，你就能做第一。

有准备的人善于发现机会

愚者错失机会，智者善抓住机会，成功者创造机会，机会只会给准备好的人。生活中我们往往会遇到很多机会，但更多的人却往往无法去准确地发现并把握住，而等机会溜走后，又恍然大悟，捶胸顿足，悔恨不已。

人们常说："机会总是留给有准备的人。"这是一个必然的定律，没有准备好就不会有机会。既然有准备又遇到了机会，那成功就是必然的。世界首富比尔·盖茨曾告诫自己的员工说："只要你善于观察，你的周围到处都存在着机会，很多在你的身边，甚至在你的手上，问题在于你能否发现每一次机会。"

乔布斯可以说就是一位非常善于发现机会的智者。曾经他发现这样一个领域，一些音乐爱好者只是把他们喜欢的音乐下载到电脑里面播放，而有一些音乐爱好者则是把他们喜欢的音乐传送到 MP3 上，这样他们就可以在开车，逛街甚至跑步的时候听音乐了。由此他预见了这场音乐领域的变革。他认为："音乐爱好者现在更愿意从互联网上下载音乐作品，再把它们传送到 iTunes 上,然后就可以欣赏音乐了,而不是去商店里把 CD 唱片买回来。"便携式播放器的出现使随身听的体积缩小到只有衣服口袋那样大。

乔布斯看到了光明的前景,他认为:"大量事实、证据显示,MP3 播放器的生产商根本就不懂得软件产品。"于是他取消了苹果公司正在进行的一些研发项目,开始集中精力研发 MP3 播放器。

后来,乔布斯正式发布了苹果历史上最具传奇色彩的便携式 MP3 播放器 iPod。它内置 5GB 硬盘,集成了 2.0 英寸的液晶显示屏,内建数字放大器,引爆了新一轮范式转移。iPod 以卓越的使用能力和时尚设计独树一帜,更重要的是,它的推出是伴随着 iTunes 的诞生,这个基于网络的音乐商店,永久性地重塑了音乐产业。后来的事实也证明,苹果公司的这个决定非常富有远见,同时也创造了辉煌。

对于我们每一个人来说,机会都是公平的。他就在我们生活的每一瞬间里,他稍纵即逝。抓住了就能成就非凡人生,抓不住就只能平庸地度过一生。一个苹果落在地上很平常,如果是砸在头上,对我们来说我们会抱怨,会认为是倒霉的事,而砸在牛顿的头上时,他却通过研究和计算,结合所学的知识发现了让时代进步的"万有引力定律"。机遇在我们面前都是一样的,但不同的人对机遇的看法和抓住机遇付出努力的做法是不同的,也就有了不同的结果。不是机遇成就了人的事业而是追求机遇的人抓住机遇,通过付出努力成就了事业。

世界酒店大王希尔顿,早年追随掘金热潮到丹麦掘金,他没有别人幸运,没有掘出一块金子,可他却得到了上天的另一种眷顾。当他失望地准备回家时,他发现了一个比黄金还要珍贵的商机,也迅速地把握住了它。当别人都忙于掘金之时他却忙于建旅店,他顿时成为了有钱人,也为他日后在酒店业的成功奠定了基础。

中国首富李嘉诚的成功也在于对时机的把握。改革开放初期,社会还相对落后,土地也没有现在这样的"寸土必争"。但就是在这样的环境下,李嘉诚把握住了商机,在自己并不富裕的情况下借巨款购买了大量的地皮。这样的举动需要多大的勇气和智慧啊。也正是这次常人想都不敢想的投资使他发家起业,成为了亚洲地产大亨。

有句古话叫"机不可失失不再来"。现实生活中有些人总是坐着等机遇,躺着喊机遇,睡着梦机遇,做"守株待兔"的人。殊不知如果这样,机遇就会像满天星斗,可望而不可及,即使机遇真的来到身边,他也发现不了,更不用说去捕捉和利用了。

　　有一个这样的牧师,他非常虔诚地相信上帝。一天,他碰上了百年不遇的洪水。当洪水刚刚没过脚的时候,有一位警察骑着摩托车经过:"牧师,赶快上车吧,洪水会很快把这里淹没的!"牧师说:"你走吧,上帝会来救我的!"警察无可奈何地走了。

　　当洪水淹到牧师的腰时,一个救生员划着一条小船经过:"牧师,赶快上船吧,洪水越涨越高,你在这里会被淹死的!"牧师仍然很坚定地说:"你走吧,上帝会来救我的!"救生员也无可奈何地走了。

　　当洪水最后淹到牧师的脖子时,一架直升机从他头顶经过:"牧师,赶快抓住我们放下的扶梯,飞机可以带你走,要不你马上就要被淹死了!"牧师还是继续一边虔诚地祷告一边说:"你走吧,上帝会来救我的!"牧师最后还是淹死了。他死后来到了天堂,见到了上帝,就问上帝:"上帝呀,我是多么虔诚地信仰您,每天都按照您的教导去做,也虔诚地向您祷告,我危难的时刻您为什么不来救我呢?"上帝:"我已经派了一辆摩托车、一艘小船、一架直升机去救你,可是你就是不愿意被救,那能怪得了谁呢?我不一定用你喜欢的方式去救你呀。"

　　我们很多人往往都是如此,当机会来临的时候,不知也不觉。而等机会错失后,又追悔莫及。作家梁晓声曾经说过这样一句话:"有的人搭上机遇的快车,顺风而行;有的错过于它,终身遗憾;有的一生都未能实现,默默地埋藏自己才华。一味追求机遇,守株待兔,坐以待毙,凡是靠机遇成功的人,并不都值得羡慕和青睐,被发现的不见得都是人才,可有才华的人却未被发掘。"

　　天赐良机不可失,坐失良机更可悲,一个人要学会创造机遇,用自己的聪明才智勤奋努力,不断进取,踏踏实实地耕耘,才能获得成功。当机遇敲门的时候,要是犹豫着该不该起身开门,它就去敲别人的门了。话说机遇,那就是极好的机会。在人的一生中,机会不可能一次也不会降临,人们的生活中间到处存在着机会,只要你留心,就会发现他,抓住他。然而当机会发现你并不准备接待他的时候,他就会从你的眼皮底下滑过。能否善于抓住机会,是一个人成功与否的重要条件。唯有有准备的人才会善于去发现机会,也唯有能够发现并且抓住机会的人才会成功。

第二章 成功源于思想的巨人

歌德是德国最伟大的作家之一,他说过这样一句话:"我们的生活就像旅行,思想是导游者,没有导游者,一切都会停止。目标会丧失,力量也会化为乌有。"思想的信念是一种无坚不摧的力量,当你坚信自己能成功时,你必能成功。巴尔扎克也说过:"一个能思想的人,才真是一个力量无边的人。"一个人的成功源于思想的巨人,唯有思想成为巨人,行动才能成为巨人。

成功从改变自我开始

有人说过:"真正的成功是一种超越自我的成功,人也仅仅就是为了'自我'这个目标在不断努力。"我们不能左右自己生命的长度,却能改变生命的宽度;我们无法左右恶劣的天气,但能改变自己的心情;我们不能改变自己的容貌,但能改变自己的心灵。其实,我们每天都在改变自己,超越自己,也只有改变自己才能走向成功。

一只雏鹰刚出生时,胆小如鼠。但经过无数的努力后会逐渐变得坚强,从而改变懦弱的习性,最终翱翔蓝天。

一只小草起初孱弱无力,但当它在风雨中不断地磨砺和改变柔弱的身躯后,亦能变得坚强,在狂风暴雨中屹立不倒。

雏鹰,小草无法改变蓝天,风雨,但却能够通过努力坚强来改变自身,最终走向成功。人亦是如此,很多变数、挫折看似让我们无法接受,无法承受,从而让我们惶恐不安,导致不知所措。面对困难,逃避与漠视并不能有任何作用。我们唯有勇敢地去面对,去接受,去改变,不断地完善自己,取得进步,最终迈入成功。

一个人在高山之巅的鹰巢里,抓到了一只幼鹰,他把幼鹰带回家,养在鸡笼里。这只幼鹰和鸡一起啄食、嬉闹和休息。它以为自己是一只鸡。这只鹰渐渐长大,羽翼丰满了,主人想把它训练成猎鹰。可是,由于终日和鸡混在一起,它已经变得和鸡完全一样,根本没有飞的愿望了。主人试了各种办法,都毫无效果,最后把它带到山顶上,一把将它扔了出去。这只鹰像块石头似的,直掉下去,慌乱之中它拼命地扑打翅膀,就这样,它终于飞了起来!

有时候,失败和磨砺反而才是让我们改变自己的最大动力,以磨炼召唤成功的力量。

心理学最伟大的发现之一,就是人们可以借由自己不断的想象,从而成为自己理想中的人物。你必须想象自己是一个非常成功,非常富有的人,非常积极热情的人,非常有激情的人。每天都花一点时间去想象自己的成功,要不断地改变自己的内在。这些所谓脑中的软体通过不断地重复这些画面,然后你的潜意识就会慢慢引导你的行动,不断地配合着你的想法去改变,因此你就可以达成你最终的目的。

通过自我暗示,然后形成一种潜意识来慢慢改变自己的思想。一个想要成功的人,首先要有一颗强大且成功的心,若是连自己都不觉得会成功,那还谈何去改变现状,去拥有财富和胜利呢?

从前,有位秀才第三次进京赶考,住在一个经常住的店里。考试前两天他做了三个梦:第一个梦是梦到自己在墙上种白菜;第二个梦是下雨天,他戴了斗笠还打伞;第三个梦是梦到跟心爱的表妹脱光了衣服躺在一起,但是背靠着背。这三个梦似乎有些深意,秀才第二天就赶紧去找算命的解梦。算命的一听,连拍大腿说:"你还是回家吧。你想想,高墙上种菜不是白费劲吗?戴斗笠打雨伞不是多此一举吗?跟表妹都脱光了躺在一张床上了,却背靠背,不是没戏吗?"

秀才一听,心灰意冷,回店收拾包袱准备回家。店老板非常奇怪,问:"不是明天才考试吗,今天你怎么就回乡了?"秀才如此这般说了一番,店老板乐了:"哟,我也会解梦的。我倒觉得,你这次一定要留下来。你想想,墙上种菜不是高种吗?戴斗笠打伞不是说明你这次有备无患吗?跟你表妹脱光了背靠靠躺在床上,不是说明你翻身的时候就要到了吗?"秀才一听,更有道理,于是精神振奋地参加考试,居然中了个探花。

积极的人像太阳,照到哪里哪里亮;消极的人像月亮,初一十五不一样。如果我们总是怀着消极的态度或是因为害怕失败而畏手畏脚,又岂会成功?正如这个秀才一样,若是没有店老板积极的说辞鼓励,他就会受到算命先生消极的建议影响,从而放弃这次机会。如此的话,他又怎么会有后来的成功呢?反之,正是因为店老板的话改变了他,让他的内心变得强大起来,才有了后来的成功。

所以,无论是谁,无论做什么。我们自身的因素才是最重要的。想要成功就从改变自我开始吧。

学会思考才能致富

成功学大师拿破仑·希尔说过:"致富的捷径就是以积极的思考致富,相信你能,你就能做到,不论你是谁,不论年龄大小,不论学问程度高低,都能招来财富。"

在院子里有一堵断墙,墙的这面有一只蚂蚁在寻找食物,在墙的背面就是蚂蚁急需的可口佳肴。这只蚂蚁就沿着墙望上爬,想翻过墙去品尝美味食物,刚爬到一半时,因气力不够,"啪嗒"一声从墙上摔落下来。这只蚂蚁爬起来,拍拍灰尘,又继续往上爬,爬到一半时,又从墙上掉下来,它毫不气馁,又继续往上爬,三次、四次、五次……结果可想而知。而另一只蚂蚁,同样的院子,同样的一堵墙,墙的对面同样是要寻找的食物,只不过是另外一只蚂蚁。刚开始,这只蚂蚁同样经历了失败的过程,不过,在摔落几次后,这只蚂蚁没有继续往上爬,而是东爬爬,西瞧瞧,最后沿着墙角爬到墙的背面,品尝到了美味的食物。

同样的墙,同样的院子,同样的环境与目的。为什么第二只蚂蚁会成功,而第一只蚂蚁却失败?道理很简单,因为第一只蚂蚁虽然坚持不懈,很努力,但它所坚持的方向目标不正确,无论多么努力都始终离成功相差几步。而第二只蚂蚁则不一样,在经过几次的失败后,不是选择继续做无用功,而是通过观察,思考,进而对方向进行调整,然后再通过努力,最终获得成功。

在现实生活中,很多人又何尝不像故事中的第一只蚂蚁呢?喜欢一条道走到黑,只知道一味地前行,却从不知道停下来认真地思考。

曾经有一家环境清洁企业的经理,在企业经营惨淡,举步维艰时,他把自己关在办公室苦苦思考了三天,想出一条救活企业的妙计:他送给全国70家最大的化学企业的总经理每人一张模模糊糊的照片,照片上有一个身穿白净带头兜的防护服,正小心翼翼地用长夹子从一个冒着蒸气与泡沫的污物池中往外拉什么东西。经过仔细察看,发现他所处理的正是这些总经理在最近一次年会上向股东报告的、亟待解决的问题。照片下面有一个短注:"照片上所发生的事可以避免,请拨打服务电话号码。"结果两天内,

70 位经理中有 24 人给他打了电话,决定采纳他的服务。由此改变了企业的窘境。

头脑就是最有用的财富。每当我们遇到困境或是不知所措时,应该停下来认真的去思考,想对的方法和措施予以创造性的改进,让自己从困境中走出来,改变现状拥抱成功。成功者从不墨守成规,如果我们只是一味地去做别人做的事情,最终得到的也只是平庸。努力工作的人,最终并不会一定富有。唯有学会思考,改变自身,不断地去创新、去突破,才会有意想不到的结果。

有一位旅行者在路途中,忽然改变了原来选定的路线,决定抄近道前往目的地。未料到,在穿越一片表面平坦的草地时,没走几步,脚就让什么东西猛地绊了一下,将他摔了个跟头。对此,他没有在意,从草地上爬起来,揉了揉有点儿疼痛的膝盖,继续前进。可是,没走出几十米,他又结结实实地跌了一跤。这次,他没有急着站起来,而是躺在那里,一边揉着受伤的腿,一边仔细地打量着脚下的草地。

最后,他发现绊倒他的是一个草环,是一种丛生的植物用疯长的、极柔韧的枝蔓编织的一个很隐蔽的草环,而且他跌倒的周围有很多很多这样的草环,行人稍不留意,就会绊一个跟头。等他坐起来,将目光再往前延伸,不由得大吃一惊——前面不远的地方,掩藏在繁花绿草间的,居然是一片可怕的沼泽。回到另一条安全的路上,他反而庆幸刚才跌的那一跤,特别是庆幸自己没有像第一次那样漫不经心地急于爬起来赶路,而是细心地寻找让自己跌倒的原因,并且仔细地打量了一下自己原本自信的道路……后来,他又心有余悸地听说,那片隐蔽在草地深处的沼泽,不久前吞噬了两个粗心的过路人。

只想到跌倒后赶紧爬起来还远远不够,还要了解自己是因为什么跌倒的,怎样做才能不跌更大的跟头。在人生的旅途上,不仅需要信心、激情和坚韧,还需要清醒的头脑,需要理智地经营。在行进的过程中,不要只凭着一种惯性向前走,停下来,认真总结得失,才能避免更大的伤害。没有思考,就不会有符合客观事实的总结,就像一辆没有站台的火车一样,完全失去了行驶的意义。

思考是工作的眼睛,一天思考周到,胜过百天徒劳;一次深思熟虑,胜过百次草率行动;一个善于思考的人,才是力大无边的人。同样唯有学会思考才能够致富。

资讯时代需要信息，需要发现

如今是一个信息发达的资讯时代，市场瞬息万变，越来越让人难以琢磨。国家间冲突加剧，股市暴涨暴跌，房价更是让人看不懂，经济危机说来就来，就连气候也变得反复无常起来。在这种现状下，各种行业的竞争越来越大，更新速度越来越快。创业，做生意的难度无疑也是越来越高。

这是偶然的现象吗？不，这是必然的。因为我们已经迈进了高速发展的信息社会。每个人，每个企业所面临的环境都在不断地变化，甚至连你的竞争对手或者干扰你成功的因素，你都可能不认识，不知道。

市场越来越复杂，越来越变化多端，这对于我们来说，就更加要去努力用心地捕捉任何有用的财富信息，去发现它，利用它。

很多人告诉你要做有大量市场需求的产品，可是大市场意味着现在一定有大批人在做，在这个阶段进去本身就慢别人一拍，成功的几率很小。如果你选择一个现在需求很少而你能预见未来一定有市场的领域，找准了，进入这个领域，你很有可能就是这个领域今后的领导者。你要确保那个领域未来是有市场的，并且十分坚信，这样你在遇到一些暂时的阻滞时才不会被打垮。

"一叶陨而知秋至"，从一片树叶的下坠，人们就可以感知季节的变化了。同样的道理，生活中很多看似不起眼的小事，往往蕴藏着巨大的商机。在现代信息社会里，信息确实重要，但这并不是说，你必须用高科技、用商业间谍、成天在报纸中扎堆，才能获取你所需的信息。生活中到处充满信息，很多高明的成功者，就是从观察生活中的小变化，见微知著，从而大发其财的。信息来源于我们生活的点滴之中，重要的是你能不能发现并运用它。

美国有位叫米尔曼的女士，在生活中常常被一件小事烦心，那就是她的长筒丝袜老是和她做对。因为它老是往下掉，尤其是在公共场合或在公司上班时，袜子掉下来令她非常尴尬。她想这种困扰，其他妇女肯定也会有，而且人数不会少。"那我为什么不做这方面的生意呢？"不久，她就开了一家袜子店，专门卖那些不易滑落的袜子。这家店铺不大，但生意却出奇地好。由于在她的店里，每位顾客平均可在一分半钟内完成交易，而且这里售出的袜子确实使很多妇女摆脱了丝袜滑落带来的窘境，所以越来越多的人来她的店里买这"不起眼的小东西"。米尔曼成功了，现在她已开了120多家分店，分布在美、英、法三国，她自己30出头的年龄，就成为百万富婆。

现实就是如此，只要你用心，能够去发现把握住有用的信息，你就可以轻松地获得成功。当然，如今网络讯息发达，从中亦是可以找出很多信息的，比如前几年频繁出现各种开网店发财的例子，而如今当更多的人在想去投入时，却已经为时过晚，为何别人就能够提早地发现且能够及时抓住创造成功呢？

不管由移动终端到 PC 端的转变为微软和戴尔带来了什么福音，不管团购的兴起怎样地推动了 Airbnb 的崛起，这些局势都不是这些公司自己造出来的。就好像一个冲浪的人一样，他会关注风浪，通常比别人更早地预知风浪什么时候来，然后选择时机出海。他们能预知风浪来临的时间，做好最适合的帆板，也有不惧风浪、鲨鱼和未知危险的勇气，不管风浪多大，都能以钢铁般的意志凌驾于风浪之上，如此他们才有成功的可能。是时事造就了英雄，而不是反过来的。

创业的路上，竞争多多，抢占先机刻不容缓，唯有平时多注意，多留心，多发现，多实践，方能有突破，方能早发现良机。资讯时代需要的是各种信息，需要的是我们善于去发现它。

方法比结果更重要

对于做生意来说，方法无疑是非常重要的。许多看来不易成功的生意，只要方法对路就可以很轻松地促成。

成功的方法有很多种。于我们自身来说，做事情首先要敢于决断克服犹豫不定的习性。很多人之所以一事无成，最大的毛病就是缺乏敢于决断的手段，总是左顾右盼，思想向后，从而因此错过了成功的机会。成大事者在看到事情成功的可能性时要敢于决断，因此才能取得先机。除此之外，也要改掉我们自身的弱点，弱点谁都有，问题是在于我们能不能去敢于面对，并且及时纠正自己的缺陷。

当机会来临时，我们要善于选择，善于把握。然后发挥自己的强项，做自己擅长的事情。一个能力极弱不知道发挥自己强项的人，肯定难以打开人生局面。最终也只能变成成功者的牺牲品；成大事者必定是能够充分施展自己的才智,并能够一步步拓宽变强的人。除此之外,能不能成功于一个人的心态,执行能力,人际交往,人生规划都有重要的关联。关键还是在于善不善于去充分的运用。

抛开个人因素不提,在做生意上,营销的方法自然也是非常重要。在谈东升年幼的时候,一次,父亲让他和哥哥将家里种的葱拿到街上去卖。父亲告诉他们兄弟俩,葱的成本是2角/捆,让他们拿到街上卖5角。哥俩到市场后,分开选了摊位。谈东升以3角/捆的价格很快将葱卖完了。哥哥却非5角不卖,结果一捆也没卖出去。年幼的谈东升并不知道这是"薄利多销"。后来谈东升最初在汉正街摆地摊时,成本5分的钢丝球,别人卖1元两个,谈东升卖1元4个,一个虽少赚了一些,销量却数倍增长。

两两相比,不同的方法所产生的结果便形成了鲜明的对比。所以说,我们不论在做什么事情的时候,方法都是非常重要的。

在日本的首都东京有一家名为新都的理发店,这一店里的生意极为兴隆,每天的顾客盈门。那么这家理发店依靠的是什么招术来吸引顾客的呢?有个人为此十分好奇,便去打探个究竟,最后发现其生意兴隆是靠"出租"女秘书。这个新颖的创意源自于发生在此理发店里的一个小故事。那是一个大雨滂沱的日子,一位顾客到他的店里面去理发。在理到一半的时候忽然顾客的手机响了,原来是老板让他立即将一份拟好的协议打印出来,快速送到客户的公司。这下可把那位顾客急坏了,望着窗外的大雨和镜子里刚理了一半的头发,他进退两难。思考再三,他最后还是放弃了理发,冒着大雨去打印社打印协议。结果在客户面前显得很狼狈,自己也一整天心情不好,此事虽被人们当成了笑话,却提醒了理发店的老板。于是,一个新的服务项目很快在新都理发店诞生了。

经过一番精心而周全的策划,该店雇了一位专门办理贸易手续的专家、一位日文打字员、一位英文打字员、一位英文翻译和两位办理文件的女秘书。如果顾客是带文件来的,那么自己的在进行理发的这段时间里此店的女秘书就会帮你整理文件;如果顾客需要打印文件,就可以在理发店里完成;如果你需要办理贸易方面的手续,那么店里的专家还可以为你服务。所以,顾客在等候或理发的时候也和在自己的办公室里一样可以办公。这一个新型项目服务推出之后,一下子就吸引了那些每日工作繁忙的顾客,使他们觉得来这里理发不仅是一个很好的放松机会,而且还能够及时地处理掉手上的工作,真是一举两得。而新都理发店也依靠这个特色服务,使自己的年营业额成倍增加。

创新无疑也是一种非常好的方法，而好的方法又是通向富有的捷径。

有一条街上有两家电影院，当时市场不大景气，两家电影院为了提高营业额，便分别想办法招揽顾客。于是，路南的电影院便推出了门票八折优惠的策略，而路北的电影院见状便干脆来了个五折大酬宾。在相同的环境下，人们都肯定会选择价格低廉的影院，所以路北的电影院很快就生意火爆起来，将路南的电影院给比了下去。对此，路南的影院老板自然是不会坐以待毙，一赌气就立即来了个两折大优惠。从当地的消费水平和行业常规来看，一般五折以下基本上就是毫无任何利润可言了。路南的影院老板原想借此来彻底地将路北影院挤垮，然后好进行"价格垄断"，可让路南影院老板大为惊奇与不解的是，此时路北影院居然推出了门票一折优惠另免费附送一包瓜子的策略。

按理说门票一折优惠就已经是在亏本做生意了，更别说还附送一包瓜子。对此路南影院老板算是彻底没辙了，干脆关门了事。同时心想对方在这种情况下肯定坚持不了多久，等到对方元气大伤之后，自己在重新开业将优势彻底板回来。可让路南影院老板惊讶的是，路北影院一直过了很久却都没有将价格调上去，反而继续如此持续着。

就这样，半年多的时间过去了，路北影院的老板买了奥迪轿车，房子也换成了高档别墅，一副发了大财的样子。原路南影院的老板对此百思不解，为了弄清真相，便通过朋友打探路北老板的经营秘诀。在经过一番周折之后，他终于弄清了事情的真相：路北影院一折的票价，显然是赔钱的，送瓜子更是赔钱，但送的瓜子是影院从厂家订制的五香咸瓜子，看电影时磕瓜子必然会口渴，老板便不失时机地出售饮料，饮料也多是精心挑选过的甜型饮料，顾客就会越喝越渴，越渴越买，食品的销量就会不断增加——放电影赔钱、送瓜子赔钱，但饮料却给那位老板带来了高额利润。

从这个列子中也可以看出，做生意上正确和出奇的方法可以起到决定成败的重要作用。很多时候正确的方法往往比结果还要重要。

第三章 超前意识

超前意识决定一个人甚至一个企业的高低。在如今这个充满竞争的社会里，我们唯有大胆超前，再超前。能够走在他人时间前面的人，才能够创造出更好的未来。

睿智源于超前

现代社会，各个行业，甚至连生活中的点滴中都无不充满了竞争。以达尔文进化论观点来说，谁能适应这种竞争，谁就有生存的机会；谁赢得这场竞争，谁就得以发展。于是，人们都在纷纷寻找生存和发展的途径。而在竞争中发展，具备超前意识是相当重要的。

超前的事物，必然是个新事物。而新生事物，总的是要有人去冒险、去探索。这种实践是需要勇气和胆量的。第一个吃螃蟹的人成功了，螃蟹成了今天酒席上的佳肴之一。而今社会已进步到人类登月球这个年代，就不能像古人那样仅凭主观臆断，依靠胆量和勇气，不加思索地贸然实践，或采取标新立异、哗众取宠的做法赶超前，而应以现代文明理论为依据，以此为着眼点和支撑点，去积极开发创造性思维，进行创造性的工作。只要你从事的超前事物，是有利于个体身心健康、有利于现代社会伦理道德、有利于社会和人类文明事业的发展进步，就可以大胆地冒险往前走。实践表明，没有创新，就没有新生事物的诞生。现代提倡创造性思维和创造性工作精神，小而言之，是个人生存发展的需求；大而言之，是国家文明进步的保证。因此，循规蹈矩，固步自封思想要不得；闭门造车，异想天开不可取；我们要实事求是，解放思想，顺应当今社会主流方向大胆超前、再超前。

凡事预则立，不预则废。这句古话说明，做任何事时，事先具有准备和预见是成败的关键。要想具有正确的预见，就必须具备超前意识。世界在前进，事物在发展，谁要是用停滞的眼光看事物，谁就会吃大亏，栽大跟头。一个想要成功的人如果没有超前意识，那么他也将一辈子碌碌无为。因此，从超前意识上就能看出一个人是否具有成大事的能力。

美国有一家规模不大的缝纫机厂，在第二次世界大战中生意萧条,工厂主杰克看到战时百业俱凋，只有军火是个热门，而自己却与它无缘,于是，他把目光转向未来市场。他告诉儿子,缝纫机厂需要转产改行。儿子问他:"改成什么？"杰克说:"改成生产残疾人用的小轮椅。"

儿子当时大惑不解,不过还是遵照父亲的意思办了。经过一番设备改造后,一批批小轮椅面世了。随着战争的结束,许多在战争中受伤致残的士兵和平民,纷纷前来购买小轮椅。杰克工厂的订货者盈门,该产品不但在本国畅销,还销到了国外。

杰克的儿子看到工厂生产规模不断扩大,财源滚滚,在满心欢喜之余,不禁又向其父请教:"战争即将结束,小轮椅如果继续大量生产,需要量可能已经不多。未来的几十年里,市场又会有什么需要呢？"

老杰克成竹在胸,反问儿子:"战争结束了,人们的想法是什么呢？""人们对战争已经厌恶透了,希望战后能过上安定美好的生活。"杰克进一步指点儿子:"那么,美好的生活靠什么呢？要靠健康的身体。将来人们会把身体健康作为重要追求目标。所以,我们要为生产健身器做好准备。"于是,生产小轮椅的机械流水线,又被改造用于生产健身器。最初几年,销售情况并不太好。这时老杰克已经去世了,但是他儿子坚信父亲的超前思维,仍然继续生产健身器。结果,在战后十多年,健身器开始走俏,不久便成为热门货。当时杰克健身器在美国只此一家,独领风骚。老杰克之子根据市场需求,不断增加产品的品种和产量,扩大企业规模,终于使杰克一家进入亿万富翁的行列。

一个规模不大的缝纫机厂,如何在不到十年的时间内就取得了如此巨大的成就？正是由于杰克有着超前思维,在超前思维的引导下,不断地进行创新,从而为他带来了利益。

人是一种好奇的动物,当有了超前意识之后,就会努力去实现,而这这也是人类社会不断创新、不断进步的原动力之一。在现代科学技术日新月异、市场竞争异常激烈的今天,一招不慎,满盘皆输。所以,我们要注意培养自己的超前意识。超前意识,是为创新智慧所拥有的独特资源。可以说,所有成功的人都是超前意识的拥有者。超前意识并非好高骛远或毫无目的空想。种子梦想着孕育的泥土,泥土梦想着种子的发芽,生长的胚芽梦想着枝叶,平凡的枝叶梦想着花朵,鲜艳的花朵梦想着果实,甜美的果实梦想着种子。超前意识是有实质性的内容和科学依据的。超前意识的形成,是在此基础上的飞跃,是可以实现的愿望。超前,必须打破陈规旧律,就像破壳的雏鸟要脱离它原始的胚胎才能生长一样。超前思维也跟植物的生长一样,是在不断循环的过程中,更新一个又一个崭新的结果。

眼光铸造财富

菲勒出生在一个贫民窟里,他和很多出生在贫民窟里的孩子一样争强好胜,也喜欢逃学。与众不同的是,菲勒从小就有一种发现财富的非凡眼光。他把一辆从街上拾来的玩具车修好,让同学们玩,然后每人收取 0.5 美分。在一个星期内,他竟然赚回一辆崭新的玩具车。

菲勒的老师深感惋惜地对他说:“如果你出生在富人的家庭,你会成为一个出色的商人。但是,这对你来说已是不可能的事了,你能成为街头商贩就不错了。”中学毕业后,菲勒正如他老师所说的那样,成了一名小商贩。他卖过电池、小五金、柠檬水,每一样都经营得得心应手。与贫民窟的同龄人相比,他已经可以算是出人头地了。

但老师的预言也不全对,菲勒靠一批丝绸起家,从小商贩一跃而成为商人。那批丝绸来自日本,数量足有 1 吨之多,因为在轮船运输当中遭遇风暴,这些丝绸被浸染了。如何处理这些被浸染的丝绸,成了日本人非常头痛的事情。他们想卖掉,却无人问津;想运出港口扔了,又怕被环境部门处罚。于是,日本人打算在回程的路上把丝绸抛到大海里。

港口有一个地下酒吧,菲勒经常到那里喝酒。那天,他喝醉了。当他步履蹒跚地走过几位日本海员身边时,海员们正与酒吧的服务员说那些令人讨厌的丝绸。说者无心,听者有意,他感到机会来了。第二天,菲勒来到轮船上,用手指着停在港口的一辆卡车对船长说:“我可以帮你们把这些没用的丝绸处理掉。”结果,他没花任何代价便拥有了这些被染料浸过的丝绸。然后,他用这些丝绸制成迷彩服装、迷彩领带和迷彩帽子。几乎一夜之间,他拥有了 10 万美元的财富。

有一天,菲勒在郊外看上了一块地。他找到地皮的主人,说他愿意用 10 万美元买下来。地皮的主人拿到 10 万美元后,心里还嘲笑他:“这样偏僻的地段,只有傻子才会出这么高的价钱!”令人料想不到的是,一年后,市政府宣布在郊外建环城公路。不久,菲勒的地皮升值了 150 倍。城里的一位富豪找到他,愿意出 2000 万美元购买他的地皮,富豪想在这里建造别墅群。但是,菲勒没有出卖他的地皮,他笑着对富豪说:"我还想等等,因为我觉得这块地皮应该值得更多。"果然不出菲勒所料,3年后,那块地卖了2500万美元。

他的同行很想知道当初他是如何获得那些信息的,他们甚至怀疑他和市政府的官员有来往。但结果令他们非常失望,菲勒没有一位在市政府任职的朋友。

菲勒活了77岁,临死前,他让秘书在报纸上发布了一条消息,说他即将去天堂,愿意给失去亲人的人一带口信,每人收费100美元。这一看似乎是荒唐的消息。引起了无数人的好奇心,结果他赚了10万美元。如果他能在病床上多坚持几天,赚得还会更多。

他的遗嘱也十分特别,他让秘书登了一则广告,说他是一位绅士,愿意和一位有教养的女士同卧一个墓穴。结果,一位贵妇人愿意出5万美元和他一起长眠。

菲勒的发迹和致富,在许多人的眼中一直是个谜。解铃还须系铃人。他那别具心匠的碑文,也许概括了他不断在平凡中发现奇迹的传奇一生,也许能帮助不少人解开他发迹和致富之谜:"我们身边并不缺少财富,而是缺少发现财富的梦想和眼光。"

眼光长远的商人,会自己发掘广阔的生意,确定目标,制定可行的方案并且根据自己的努力去拼搏、去奋斗。看一个商人的眼光是否长远,就能看出这个人有没有昂扬的志气,有没有远大的理想,有没有美好的财富前景。

浙商能不拘于现有的状况,对事物发展做出大胆地预测,具有冒险精神,并且有着睿智的头脑,并非凭空去放远他们的眼光,他们懂得如何能够实现目标。

对于他们来说,一个人的成功,不仅仅在于他有没有高瞻远瞩的能力,还在于他有没有对自己人生的长远规划。

"阿里巴巴"马云在成功创办这个全国第一个B2B网站之前只是一个平凡的学校教师,但是他却有一颗不安的心和有一双善于发现商机慧眼。

从一个老师到一个成功的商人,马云用他所具有的对网络、计算机的专业知识加上他出色的、敏锐的眼光发现了互联网上的巨大商机,这使他在中国一跃成为"网商"第一人。马云说:一个行业注意它的人越少,他就越有发展的前景。别人不注意它,你注意了,你就是有眼光的。

如果说一个成功的商人同一个不成功的商人有什么区别的话,区别并不仅仅在于他们的智商水平和勤劳程度,而还在于他们的眼光远不远。经商就像下一盘棋,你如果只能看到眼前的一步,肯定会输得一塌糊涂,那些能够计划后五步后十步甚至更多步骤的人,获得最后胜数的可能性就要大得多。在做任何生意,都需要有一个长远的眼光。正如我们的企业在选拔人才的时候,不仅仅要看其学历,看其实际工作能力,更要看其眼光的长远和发展潜力。一个真正有远见的人,不仅自身会不断发展,也会带动他人、企业的不断前进。如果一个企业拥有了众多这样有远见的员工,这个企业终会焕发出勃勃生机。看得更高远的商人才能在生意场上存活得更稳健、更长久。

经商要遇事处处留心,才能比别人看得更远、更准,这样作出的决策才可能切合市场发展的需要,达到决胜于千里之外。

卖豆腐是小本生意,即使再红火也是赚不了什么大钱的,最多只能养家糊口,所以这么多年过去了,有家小店还是一家小店,并没有什么大的发展。后来店主年纪大了,便把豆腐店交给了刚刚当兵复员回家的儿子来做。出人意料的是自从店主的儿子接手以后,只用了短短几年的时间,便把那家小小的豆腐店发展成了十几家规模不小的连锁店,小生意竟然赚足了大钱。谈到自己的成功之道,那位如今已是大老板的退伍兵嘿嘿一笑说:"其实也没什么奥秘,我只是没有像我父亲一样默守陈规罢了。"他说,当年在接手豆腐店以后才发现,原来自己家的豆腐不知不觉中在小镇上已经成了一块招牌,人们哪怕是多跑一点路也会到自己的店里买豆腐。于是他想:既然别人都爱吃我店里的豆腐,说明确实好吃,好吃的东西到哪里都会有市场的,我何不走出小镇,到县里甚至到市里去开家分店。于是,他在认真考察了市场之后,便毫不犹豫地在县城开了第一家连锁店,果然不出他所料,开业不久县城的人们也开始渐渐认可了他的豆腐,生意相当好,后来他又再接再励,接连开了第二家,第三家连锁店……如今这小小的豆腐店已经在全县,全市开到了十几家,他还打算以后在全省,甚至全国开连锁店。

直到现在,那位老店主仍弄不明白,为什么自己辛辛苦苦了一辈子,也没赚到什么大钱,而同样是做豆腐,自己的儿子却只用了几年的时候便赚到了自己几辈子都赚不到的钱。

胡雪岩曾说:如果你拥有一县的眼光,那你可以做一县的生意,如果你拥有一省的眼光,那么你可以做一省的生意,如果你拥有天下的眼光,那么你可以做天下的生意。所以,做生意眼光很重要,不仅要善于发现财富,寻觅商机,更要着重于长远。站得高看得远,看得远了,自然就会比别人拥有更宽的眼界。也能比别人拥有更多的先机。

创意为王

"创意"是一个富有诗意的名词,更是一种源于实践的奇思妙想和灵感顿悟。它是现代经济生活中竞争力最为活跃的因子,同时,它在企业发展和现代营销中也起着一定的核心作用。

现代营销领域推崇"创意为王",创意在营销领域的力量,可以说能点石成金,甚至化腐朽为神奇。经济学有个原理,人均 GPD 达到 1000 美元以后,人们购买商品已不完全是为了满足物质需要,更重要的是满足一种精神享受和审美体验,譬如考虑最多的是品牌、款式等文化内涵。传统产业卖资源、卖产品、卖机器,创意产业卖设计、卖理念、卖心理享受、卖增值服务。而创意产业的研发和销售,整个产业链的各个环节都与营销紧紧地衔接一起,所以说,企业营销中的"精创意"和"大手笔",是现代企业参与竞争的掘金利器。

在自然界,有一种"窜至街头,人人喊打"的动物名曰老鼠,然而,迪斯尼公司的米老鼠,自 1928 年诞生至今却一直为人所钟爱,而且为该公司创造了上百亿美元的产值,并衍生出市场竞争力巨大的产业链条。是什么赋予了米老鼠如此大的市场潜力?是创意智慧也是营销创意。米老鼠这一顽皮形象,在营销中被注以"善意与关照、幽默与自嘲"的美国文化精神,由此打动了不同国籍的人们,从而在商业运作和产业发展中取得极大成功。

当然,不少目光敏锐的商家也看到了中国文化的商机,而把中国元素在营销创意中运用得最得心应手的,莫过于最贴近人们生活的家电行业了。近年来,祥云、盛唐纹等古老的中国元素像图腾一般被大量融入家电产品的营销创意之中。例如,LG 推出的盛唐纹冰箱,BOSCH 推出的适合中国家庭的厨卫产品,三星推出的印有祥云图案的液晶电视,美的推出的"中国风"系列冰箱等。中国元素的大量应用,使得家电行业在创新设计上取得了新的突破,通过各具特色的创意营销,也使得家电企业获得了可观的收益。在家电行业,2008 年创意营销做得最好的当数方正推出的"家居PC"新概念。方正把中国红和盛世牡丹别具匠心地融入到产品的设计之中,把"家居 PC"和"中国风"糅合在一起,这样的营销策略和完美创意,是国产 PC 以设计寻求出路的一个转折点。

这种创意理念从形成到实践，设计工作者做了大量的前期调研工作，在市场营销的操作过程中，通过多次和消费者的接触，总结出他们的消费心理与需求，由此才找到了一条通往设计创新与营销创意的捷径。

文化创意不单单体现在娱乐休闲及家电行业，它体现在经济生活的各个层面，随着人类进入创意时代，奇思妙想成为一种弥足珍贵的财富，许多企业家就是靠一个简单的灵感影响社会资源分配，并最终改变人们的生活方式，创意设计如此，营销创意同样如此。企业家总是面向未来，如果肯在营销创意上多下工夫，他们通常需要思考这样两个重要问题：一个是未来将会怎样？另一个是该如何把握未来？当然，解决这两个问题都需要深入细致地熟悉市场，既要有洞察力，又要有颠覆性思考的能力，只有具备这些基础，才可能收获可实践的奇思妙想。

国内消费者的价值和生活形态非常独特，许多国人抱着中庸的生活态度，不追求极限的生活方式，因此具有更强的可持续性。前几年，有家知名营销机构在研究诺基亚 5 系手机为什么在中国销售不力时发现，它对运动的定位与中国人对运动的态度相差很远，而且在针对中国国情的营销创意中毫无新意可谈，也就是说，大部分中国人不喜欢把自己表现成"武夫"。5系手机如果放弃其"极限"定位，甚至放弃"运动"定位，保留"动感"，增加娱乐性，就有可能更受欢迎。针对中国消费者的心理和适用需求，诺基亚在之后的营销创意中抓住了中国人的需求特点，推出了 5500 手机，它结合了"运动"和"音乐"概念，既中庸又适用，投放市场后畅销不衰。

这种抓住消费者需求和适用价值而快速转变的营销创意，值得国内企业在产品设计和营销创新中借鉴。面对国内市场研发产品的企业，在扩大内需时就要研究中国人的生活，因为这种出发点具有现实性极强的市场价值。中国消费者的价值观和生活形态不同于西方人，而且中国市场规模巨大，对中国人的生活方式进行研究，在营销策划时，就能有针对性地进行营销设计，使产品更贴近中国市场，通过创意性的营销赢得广大的消费群，这能帮助企业创造大量的利润。在这方面日本企业走在了前面，丰田汽车在中国市场的"无波动增长"便说明了这一点。分析个中原因，就是这些企业在产品设计和营销策略中认真研究了中国人的生活，也就是说，企业的营销设计中在创新与创意上下了工夫。

对于营销创意的策划，目前一般存在着如下的观点和做法：有的企业，包括国内一些知名的大型企业，仍无法脱离粗放式的营销管理，常常仓促应战,在营销创意上缺乏针对性,组织策划尚停留在模仿阶段,缺乏对品牌独特网络、独特销售主张等方面的深入研发与创新。创意营销是一项复杂的工程,在创意设计和策划上必须多下工夫,必须经过周密对路的计划、出奇制胜的推广模式,科学的分工、严谨的执行,方能使企业的创意营销真正发挥作用。

怪招的背后

"我要把天上的星星(月亮)摘下来送给你!"这样的诺言在情侣之间可以说是最为常见的,可尽管对方明知这是一个无法兑现的诺言,可却依旧会感到开心。然而,我们为何不乘着情人节这个绝佳的好时机实践这一诺言呢?不要怀疑,现在,你可以在月亮上或是火星上购买一块土地,然后在情人节当天将之作为礼物送给你的另一半。

想想,在情人节晚上,你指着皎洁的月亮和漫天的星辰对你的另一半说:"在那里,我们有一方自己的天地。"这是一件多么浪漫的事呀!随着情人节的来临,互联网上掀起了一股购买月球以及火星土地的热潮。

尽管法律专家们屡屡质疑这种行为在法律上的有效性,但这一新兴的太空地产业依然兴旺发达了起来,据统计,全球已有 180 个国家的 250 多万人在月亮和火星上购买了土地,光一年,该产业就赢利 100 万美元。互联网是太空地产业的主要交易平台,该产业的顾客以个人消费者居多,此外,还有约 1300 家企业也是太空地产业的"捧场者"。相比较月亮地产业,火星地产业更为新兴,是最近才开发出来的,实际上,太阳系其他几颗行星的土地目前也均在售卖之列。

"月亮使馆"是太空地产业中的佼佼者,该公司的创始人丹尼斯·霍普对外宣称自己拥有月亮以及太阳系除地球之外的所有行星。

贩卖月亮的点子是霍普在 1980 年想到的。他说,1967 年的《联合国外层空间议定书》规定不允许任何国家的政府宣布对地球之外的星球拥有所有权,但"它没有提到个人或者是企业",于是在 1980 年,他利用这个漏洞"获得"了月亮和太阳系其他 8 颗行星及其卫星的所有权。

霍普在旧金山的一个政府办公室里登记注册了对这些行星及卫星的所有权,并将此事告知了联合国、美国政府以及当时的苏联政府——没有人对此作出反应,霍普将这种沉默自行解释为一种承认。之后,他又在美国进行了专利注册。

霍普和他的"月亮使馆"确实挖到了一个"聚宝盆",目前,各天体土地的价格都在飞涨——在 2001 年以前,30 美元能够买到几千英亩月亮地,到最近,30 美元只能买到 1 英亩(约合 4050 平方米)月亮地或是火星地。这 30 美元既包括地价(19.99 美元),也包括证明土地所有权的契约、地图以及月亮(火星)"宪法与自由法案"的成本费和运费。

霍普透露,在世界各地一些相关网站的帮助下,现在,他的"月亮使馆"平均每天都要售出约 1500 英亩(约合 6.075 平方公里)的月亮地,到目前为止,"月亮使馆"已经售出了 4.1 亿英亩(约合 166 万平方公里)的月亮地。

"月亮使馆"的成功"催生"了它的竞争者,"月亮登记处"就是其中一位。不过这家公司出售的并不是月亮上的土地,而是"让你、你的家人或是企业合法地拥有月亮地的计划"——将收益集中起来 "创造定居以及开发月球的投资资本"。

谁能想象到,这个原本显得不切实际的想法,却能够给霍普带来巨额的财富。很多时候,获得财富就是这么简单。

总比别人先走一步

"总比别人先走一小步"是一种创新,创新不仅仅包括技术创新、产品创新,还包括管理创新、营销创新、渠道创新,甚至一个观念的转变的都可以是一种创新。

企业发展到一定程度、一定规模,势必要探寻新的利润增长点、涉足多元化,但多元化不等于盲目扩张,转型升级不等于鲁莽激进。多元化有一个硬性前提条件:就是要做强、做大自己的主业。没有改革开放,就没有中国民营企业,民营企业要生存、要发展,就必须立足国情,与国家的战略规化和宏观调控结合起来,有针对性地投资才能减少风险、赢得市场。

时间一直是构筑世界的最重要元素,在改革开放大潮风起云涌、波澜壮阔的三十年间,无论英雄还是草莽,都常有"生不逢时"之叹,更有"时不我待"之感。时势与英雄,谁造就了谁?千年未逢之大变局也好,复兴之盛世的前奏也罢,谁抓住了时机,谁开放了思想,谁付诸了实施,谁就会是傲视群雄的"王者"。

1993 年,销售员李立新结束了打工生涯,用打工挣来的钱加上借来的钱,办了家只有一条生产线的小厂,从厂长到销售员一人全兼。一年之后,尽管还没有完全脱离家庭作坊的印迹,李立新只身杀向广州,直接跑去广交会寻找机会。

结果是此后的十年间,柯尔、Ricksteinberg、马文、乔尼四个美国人依次登场,演绎了"四个美国人帮利时做生意"的传奇故事。从第一笔外贸单到第一次进入美国市场、第一次建立海外销售网络、第一次组建国际研发团队,李立新的利时工厂从一个家庭作坊蜕变为亚洲塑料大王,每一次进步、每一次转变,都是创新的结果。搞定第一个美国人柯尔,李立新用的是"高中级宁波英语"、中国制造天下无敌的价格优势和诚信。柯尔的第一单,让利时没日没夜地生产了三个月,让李立新收获了价值150万元的美金后,却迟迟没有下文。李立新拨通越洋电话主动问询,发现倒霉的柯尔遭遇到墨西哥金融风暴,塑料制品价格大幅下跌20%,他无法在墨西哥市场按原价销售。利时此时做了一个大胆的决定:再免费发给柯尔一货柜价值25万元的相框,拿自己三个月的利润弥补他的损失,这个大胆的举措可谓创新的史无前例。

江湖义气也好,合作共赢也好,利时这个举动令老外都觉得意外和惊喜。长期互信的合作由此奠定,之后柯尔每年都寄送国际上最新的家庭和办公用塑料产品样品,利时则照猫画虎生产销给柯尔。就这样,利时迅速发展壮大,到1994年底,利时的工人从20人增加到100人,拥有37台注塑机,这一年还取得自营进出口权。8年间,柯尔给利时带来高达8000万美元订单。

柯尔是第一个改写利时命运的美国人。从此利时从单一生产工艺相框向生产日用塑料制品转变,销售市场也从内销转向外销。搞定第二个美国人Ricksteinberg,利时用的是后生的胆气和执著。1996年,为打开美国市场,李立新找到美国日用塑料制品江湖的老大,希望与其合作。登门七次,他们的老板Ricksteinberg避而不见,直到第八次才得见。一见面Ricksteinberg就拿出一大堆样品问能不能做,为撬开美国市场大门,李立新不惜以成本价作为销售价,拿下了他们首笔50万美元订单。利时赔钱完成首次合作,产品最终打进沃尔玛等美国主流超市,日后的交易中,他们逐步提高价格,最终获得合理利润率。美国市场的订单,一度占到利时30%-50%的份额。这个美国人,不单帮助利时进入美国市场,还迫使利时产品质量和管理得到全面提升。后面一个结果,是利时最想要的。

搞定第三个美国人马文,利时敢花费自己的三成利润。2000年前后,马文当时是亚洲最大塑料制品企业的美籍总裁,这家香港上市场公司受金融风暴影响正动荡不安。为组建自己的海外销售公司,抓住欧美市场的主动权,李立新决定请到最有影响力的业界高人。几番回避下,马文开出了相当于利时三成年利润的条件,以为可以吓退业界不知名的李立新,但他却很快接到李立新开出的支票。

2000 年 4 月,马文走马上任利时总裁。美国的这位职业经理人,很快向中国老板证明了自己的价值:迅速组建利时海外销售网络,两年后利时销售突破 8 亿元,主动要求续约,将任职期限从 3 年延长至 8 年,2004 年利时塑料制品销售突破 15 亿元。一举成为国内行业江湖老大,销售国际化也进化到管理国际化。

搞定第四个美国人乔尼,利时用的是信任。2002 年,一直寻找国际研发人才的李立新在香港发现了乔尼,数次专程前往香港,花了三个月时间,将乔尼和他的 10 人团队都纳至旗下,并为其准备了一笔 4000 万元专款,放手让他们研发一个项目。不久,利时和世界 500 强企业德国汉高合作,乔尼团队只花了两月,就开发出新产品,一个产品就让利时接下千万美元订单。

"别人还在沉迷的内销的时候,我们跑去做外销;别人跟着赶广交会,我们又直接去了欧美国际市场;别人要走出国门的时候,我们建立了自己的海外销售团队和网络;别人布局全球网络时,我们又早先一步组建了国际化研发机构。"李利新总结利时成长经历说,"因为我们总比别人先走一小步,寻找新的机会和空间,所以屡屡能先人一步,取得超常的发展速度,最终实现后发先至。"

先人一步就意味着抢占先机,从起跑线开始就拥有了别人没有的优势。这种优势能够让你更轻易地取得成功。

第四章 全局意识

当今世界,无论是做小生意还是大企业,市场局面都是越来越复杂。想要驾驭掌握的难度也越来越大。这个时候,我们就需要提高思维层次,增强全局意识。唯有拥有全局意识才能掌控全局。

全局意识与善于布局

在实际工作中,解决思想方法问题是我们遇到的一个首要问题,掌握科学的思想方法是做好实际工作的前提和基础。毛泽东把方法比喻为过河的桥或船,指出我们的任务是过河,不解决桥或船的问题,过河就是一句空话。可见,思想方法正确与否,直接关系到工作的发展与事业成败。具有全局意识和长远眼光,是科学思想方法的内在要求,坚持用全局意识和长远眼光统筹各项工作,对我们做好实际工作至关重要。

立足于全局,以全局意识统筹各项工作,就要坚持全面看问题的思想方法。唯物辩证法认为,任何事物都不是孤立存在的,都与周围的其他事物、现象、过程这样或那样地联系着,事物联系的普遍性和多样性要求我们在认识事物时,要尽可能从各个方面来把握事物的联系,坚持全面看问题的思想方法,反对形而上学和片面性。

坚持全面看问题的思想方法,才能做到全局在胸,胸中有数,着眼于一盘棋的全局,把事业发展的各项工作抓紧抓好。

其实不论在哪个方面,我们都应该要拥有全局意识。譬如一个大型企业的管理,譬如一个地方的政治,譬如教育工作……等等,无不涉及到全局意识。我们做小生意亦是如此,也应当培养全局意识,尽可能的去洞悉市场,掌控市场。然后根据市场需求,来决定自己所从事的具体行业和各种策略。

善谋才能掌控全局

做生意最忌跟风,跟风难以获得大的成功。行之有效的"变通",既是一种竞争方式,更是一种能力与素质的体现。

晋商在尊崇儒家的同时,由于也受到法家思想的熏陶和影响,掌握了一定的法家谋略之道,所以能够通过对时势的审度,对其经营的谋略予以适当的变通。

1993 年,刘海增有过多年的钢材经营经验,加上有在物资系统的同学圈子做人脉后盾,他顺利拿下了第一笔大单,与乌克兰合作进口了 5000 吨卷材。这样他很快就淘得了第一个 100 万。后来,刘海增开着自己用第一桶金换来的本田车,远离家乡山西只身来到天津市北辰经济技术开发区,为的只是实现自己做实业的理想。

也许是因为贸易搞多了,常年进出港口、码头,在从江苏南通港到天津港的南北奔波中,刘海增有了更多的收获。有一次,他在天津港遇到自己的老同学。经过这位老同学的牵线,一家搁浅的中泰合资生产 PVC 管材的项目进入了刘海增的视野。

刘海增看到了机会,他需要一种突变。但在当时,他对排水管道领域一窍不通,他通过对建委系统的调研,发现塑料管业符合国家的产业政策,是未来的发展方向,而且很多发达国家早已应用塑料埋地排水管道替代传统的水泥等管道。他又进一步到先期使用塑料管业的上海市进行实地考察后,发现在"环保经济"越来越受到人们重视的背景下,市场前景是广阔的。了解这些信息后,他的创业之路就从这一根根管道开始了。

刘海增认为:要做就做最专业的公司。经过四年的努力,刘海增以战略性的眼光,在管业的市场大潮中"直挂云帆济沧海"。如今,排污管道已经铺到了全国各地。尽管管道行业因为使用石化原料受国际石油价格波动的影响很大,再加上一些恶性竞争,对其产生了一定的冲击,但刘海增的眼光始终放在更高远的市场前景中。他力主在高质量和高端产品上迅速占领市场,从而将竞争对手在战略层面远远地甩在身后。刘海增是一个专注的人,同样,他的公司也坚守着专注的战略。对他来说,盲目扩张是一种高风险的选择,而对实业来说,最大的收益将来自最专业的领域。

要着眼于长远

着眼于长远,以长远眼光统筹各项工作,看待各种事物,进行各种行为。要善于用发展的办法解决前进道路上遇到的各种问题。当今世界科技进步日新月异、市场竞争日趋激烈,只有用发展的观点认识改革,认识自我,放长眼光,才能跟上时代的步伐,才能在竞争中逐步前进。

唯物辩证法认为,发展的过程就是事物由小到大、由简到繁、由低级到高级、由旧质到新质的运动变化过程,这也是事物内部矛盾不断产生、发展和解决的过程。

在知识爆炸、竞争日趋激烈的新形势下,适应发展的前提是要比竞争对象学得更快更好。我们要着眼于长远发展,让自己始终保持不断学习新知识、充实提高自己的内在动力的状态,从而去把握行业内在发展规律的能力。

把握机遇需要有发展的眼光、有准备的头脑,需要充分发挥人的主观能动性。着眼于发展,就会有自我提高的压力和自我加压的动力,就会居安思危,把自己所思考的每件事、所做的每项工作都当做对自己的测试。这是抓住机遇实现发展的重要基础。

事业的发展与自身的能力素质有着紧密的关联,只有自身强大,才能够不断地补充自己,发展自己。从无数次的经验中来逐步壮大,完善自身。总结经验是人们认识过程的基本环节,只有善于总结经验,以资借鉴,才能更好地发展。因此,不但要重视总结有益的经验,还要善于在实际工作中丰富和发展经验。总结是动态中的总结,是动态中的发展提高,这本身就是一种创新。

卖煤气罐卖出一片天地

做生意最重要的是什么?归根结底还是在于思维,眼光,能力。思维:超前的思维,全局的意识。眼光:敏锐的洞察力和长远的眼光。能力:强大的学习能力和敢于拼搏奋斗的能力。

王玉锁是新奥集团的董事局主席,谁能想到他现在的成功是靠当初卖煤气罐卖出来的。而且在这之前,他还经历过很多次的失败与挫折,可这些挫折却反而成为了他前进的动力。

那是1986年春节,生意失败的王玉锁拿着100块钱,准备去租车跑运输,没想到人家不许租车了。王玉锁在茫然之际,忽然想到倒腾燃气能赚钱,于是半途改道来到任丘。王玉锁到任丘后先住下来,在街上闲转时,看到有个蔬菜公司卖钢瓶,就问一个姓樊的老大姐有没有气,并且约好了晚上见面。晚上,王玉锁买了一兜子刚下来的杏,骑着租来的自行车找姓樊的大姐去了。王玉锁一看就愣住了,大姐的丈夫原来是他救过的一个人。那人说:"玉锁,你怎么过来了,你怎么不打声招呼啊?"王玉锁说:"大哥,怎么是你们家?""大哥"说:"是呀。"从此问题解决了。王玉锁也从此柳暗花明又一村。"大哥"先让王玉锁捡了一套设备回去,然后由"大哥"负责给王玉锁联系。

王玉锁就骑着借来的自行车,将设备拉回到老家,往自家小卖铺一放,贴了个告示。告示贴出来,顾客立刻蜂拥而至,当时就登记了七八套;几天时间王卖出去四十多套,净赚一千多元。20世纪八十年代中后期,国家对液化气开始实行"国家定价和市场浮动"价格双轨制。生意虽然做得并不轻松,但价格的双轨制还留有相当大的利润空间。随着市场不断扩大,几年时间里,王玉锁就赢得了创富的"第一桶金"。

1989年,王玉锁成立夏利出租车公司,开始了他从谋生计到创富的最初历程。在王玉锁看来,罐装液化气显然不能成为自己的事业,这时的发家并不代表创业。经营出租车公司的时候,他从汽车加油的巨大开销看到了石油产品的巨大市场。当时的石油都是由国家垄断经营,但王玉锁还是看到了石化贸易中的市场空间。虽然石化贸易并没有给他带来多少直接财富,但却为他积累了在这个行业的"无形财富"——包括人缘、对行业的市场敏感和对未来市场的思考。

90年代初期,天然气下游行业开始逐渐"松口",允许国有零散气井与外界合作开发。王玉锁得知消息后,壮着胆子在华北油田包了几口气井,正式进入天然气行业。当时,适逢廊坊开发区成立,凭借经营液化气的良好口碑和经验,在不用政府投资的情况下,王玉锁在1992年成立新奥燃气有限公司,而后以市场化方式为廊坊市开发区供气。1994年,王玉锁延伸优势,把管道输送燃气项目引入廊坊市区,使廊坊市成为河北省第一个用上管道天然气的城市。此时,国内其他燃气公司刚刚诞生,新奥已经通过在廊坊取得的成功积累了很多专业经验,培养了大批专业人才和资源。

眼光决定了一个人的成就高低。看得远,发展的才够远。

王玉锁的成功靠的是什么?靠的就是别人没有的超前眼光和敏锐的洞察力,以及对全局的掌控能力。

第五章 时时把握市场脉搏

做生意要观察分析市场,了解市场动向。好以此来掌握市场的趋势从而做出正确的决策,切不可盲目而为。

时刻掌握市场的神经

市场经济时代,各项商品的市场信息情况是瞬夕万变的。及时掌握市场动态信息是科学进行市场营销的基础。我们必须建立健全市场动态信息调研工作机制,加强市场动态信息的调研,通过市场信息来加强市场定量分析,从而使我们的商品营销策略能及时跟踪市场动态,跟进市场变化情况进行调研,提高市场供应的精准率。

一般来说,商业的价格是反应商品畅销与否的第一信号,市场价格高了,基本就可以说明该商品的市场需求紧俏了,反之,市场价格低了,就说明该商品的市场处于饱和甚至过度饱和状态。为此,要学会通过市场价格的波动,来分析市场销售情况,建立健全市场价格反应机制。在此基础上,要全面关注社会库存、动销率等指标,定期开展市场价格、社会库存调查,从而根据市场价格以及社会库存的变化情况,来及时调整营销销售结构,确保销售按序时进度完成。总之,任何商品的市场营销都离不开市场这个基础,唯有精准掌握市场脉搏,才能科学调控市场,合理细分市场,才能获取佳绩。

李克在大学毕业后就选择了自己创业,而这个决定,源自他大学期间的一段打工经历。暑假时,为了挣些零花钱,李克在大街上找工作,莽莽撞撞地就进了连锁店避风塘当服务员。没想到由于工作卖力,开学后店长硬是拉着他不让走,不仅提升他为领班,还让步同意李克上午上学、下午上班。

也正是这段经历,让李克开始了创业之路,李克说,"避风塘有着规范的经营模式,我管理着 30 多人。毕业后,我觉得自己拥有了创业的能力。"于是,李克在学校附近模仿避风塘的模式开起了茶餐厅。DIY 的室内设计,良好的成本控制,只经过四五个月,茶餐厅就开始盈利了。

没想到最初的贵人倒成了日后李克最不想提起的回忆,也让他结束了第一次创业,进入了一个长达两年的低谷。在茶餐厅经营蒸蒸日上之时,一个人提着80万元找到李克,希望和李克共同经营茶餐厅。李克也觉得这是一个可以扩大店规模的机会,便欣然接受。没想到,两人不仅经营思路不同,那个合伙人还有很强的占有欲。李克慢慢觉得自己被排挤了,内讧对于一个企业来说是致命的,生意日渐冷清。终于有一天,李克拿着当天的营业额300元净身出户。

李克一直把时间视作生命。在短暂的调整后,他又先后开了饭店和烟酒店,都是小投资,但同样以失败告终。李克说:"如果发现路走得不对,那就很快认输,为下一步开始节省时间。"无意中看到一条关于居民寻找家电清洗的新闻,让李克觉得这里大有商机。由于这是一个新兴行业,一无所知的他先是研究整个行业的发展趋势,又辗转多个地方进行实地市场调研。在确定了这是个好项目以后,李克便一头扎进当地的一家家电维修部,从零开始,学习基本功,了解家电的内部结构和维修。

苦心学习半年后,有了项目、有了技术的李克开始寻找资金。这次,他吸取了最初的教训,在找到了一个志同道合的出资人的基础上,利用合同对双方的责任义务等做了详细说明。

2006年,蓝清开始营业。白天李克带着仅有的三个员工跑市场,在烈日下的大街上发传单、扫楼、在小区做活动、跑单位,晚上看营销光盘,现学现用。在洋溢着创业激情的日子里,他丝毫没有觉得累。一个月后,他们迎来了第一笔买卖——40台空调的清洗。虽然钱不多,但足以给李克信心——我的项目是有市场的!

在李克看来,创业前期把成本降到最低,才能在前期困难的阶段生存下来。他很喜欢一句话:大部分创业者都牺牲在成功前夕,原因是没有坚持再往前多走这一步。

现在的蓝清综合实力大有提升,发展越来越快。

李克的成功离不开他强大的学习能力,用最初的经验来复制出自己的生意。然后凭借敏锐的嗅觉找准商机,大胆出手打造出属于自己的成功。

观察市场,分析市场,了解市场

大潮汹涌,百舸争流,这是一个市场竞争日益激烈的时代,商战烽火弥漫着整个天空。竞争已经渗透到各个领域,强大的自然法则左右着初创业者的产品或服务经营,"适者生存",只有将自己的商品服务卖出去,才算取得了胜利。进入市场,是每一个创业者创业之初必须面对,并且必须认真做好,事关能否创业成功的最重要的环节。所以,创业之初,做好市场机会分析非常重要。

创业者初入市场,一定要遵循一定的方法和思路。为此,必须先对市场进行分析研究。分析、研究市场具体来说,主要是分析研究:市场细分、市场机会、目标选择、市场定位几个方面。

1.市场细分:市场细分是指创业者通过市场调研,依据消费者的需要与欲望、购买行为和购买习惯等方面的明显的差异性,把某一产品的市场整体划分为若干个消费者群的市场分类过程。市场细分对于创业者初始开拓市场、进入市场,实现企业预期的利润具有重要意义,主要表现为以下几个方面:

(1)市场细分有利于分析、挖掘市场机会,形成新的富有吸引力的目标市场。通过市场细分,创业者可以有效的分析和了解各个消费群的需求、满足程度和市场上的竞争状况;而满足水平低的市场部分,通常存在着极好的市场机会,不仅潜力大,也较少竞争者。抓住这样的市场机会,结合自身资源状况,从中形成确立宜于自身发展的目标市场,并以此为出发点设计出相宜的营销战略,就有可能迅速取得市场优势地位,提高市场战胜率。

(2)市场细分有利于提高创业项目的竞争能力,取得投入较少、产出较多的良好经济效益。一方面,市场细分能够增强创业者的适应能力和应变能力,在较小的细分市场上开展营销活动,宜于创业者掌握消费需求的特点及其变化,这就有利于及时、正确的规划和调整创业项目的结构、价格及渠道等,使创业项目保持适销对路,并迅速到达目标市场,扩大销售;另一方面,建立在市场细分化基础上的营销,避免了整体市场分散使用力量,创业之初,人力、物力、财力都比较有限,开展针对性的经营,不仅费用低,竞争能力也会因此而得到提高。第三,进行市场细分易于创业者看清每一个细分市场上各个竞争者的优势和劣势,有利于创业者创业之初避实就虚地确立自己的目标市场,也有利于增强竞争能力,提高经济效益。

(3)市场细分有利于满足不断变化的、千差万别的社会消费的需要。众多的企业奉行市场细分化策划,尚未满足的消费需求就会逐一成为新进创业者或不同企业的一个又一个的市场机会、目标市场。这样,新项目、新产品就会层出不同,同类产品的花色品种就会丰富繁多,消费者或用户也有可能在市场上购买到各自称心如意的商品或服务。

市场细分作为一种策略,不是满足于在整体市场上好不容易占有一席之地,而是追求在较小的细分市场上占有较大的市场份额。这样一个价值取向不仅对大、中型公司开拓市场具有重要意义,对于小本创业的生存与发展亦十分重要。

2.分析进入市场的机会市场机会是指市场上存在的未被满足的消费需求。在当今的时代,任何一个创业者都不能保证自己选择的产品或服务是市场上永远适销的商品,只有不断寻找、分析、评价新的市场机会,才能保证得以长久的生存和发展。

开拓市场时,通常按照以下次序进行:首先在现有市场上挖掘潜力,把现有产品或服务进一步渗透到现有目标市场上去,以扩大销售量;如果现有市场已无潜力可挖,则应进行市场开发,也就是用现有产品或服务扩大目标市场的范围;当市场开发也无潜力可挖时,就要考虑进行产品开发,亦即通过改进现有产品或开发相关新产品来吸引现有顾客;当产品开发也潜力不大时,则可根据自身资源条件考虑多样化经营,亦即寻找多种经营的市场机会,开创完全不同于目前所经营的产品,逐步发展到多种产品的经营。

不过,摸清市场机会是一回事,鉴别市场机会是否适合自己创业思路的情况则是另一回事。市场机会作为“环境机会”成为“创业机会”是有条件的,这就是:与创业项目相一致,创业者具有利用该机会的资源能力;利用该机会足以实现创业的目标要求。与创业项目业务不一致或无力利用的市场机会,固然不能成为创业者的营销机会,有能力利用而不足以实现公司目标的市场,也不是合宜的市场机会。

分析市场机会,是正确制定创业项目的营销战略、保证创业成功发展的一个关键问题。

3.选择目标市场。创业者在选择了易于发展的市场机会之后,即应抓住机会确定目标市场。所谓目标市场,是指目标顾客,也就是创业者准备为之提供产品和服务的顾客群。创业者确定目标市场可以有两种方式:一种是先进行市场细分,然后选择一至数个子市场即细分市场作为自己的目标市场。另一种是不搞市场细分,直接以产品的整体市场作为自己的目标市场。显然,以市场细分为基础选择目标市场比较复杂。在细分化了的市场上选择目标市场,一般有五种策略供创业者选择:产品市场集中化、产品专业化、市场专业化、选择性专业化、全面进入。

4.市场定位。创业者一旦选定了目标市场，就要研究在目标市场上进行产品的市场定位。所谓市场定位，就是根据竞争者现有产品在市场上所处的位置，针对消费者或用户对该项目某种特征或属性的重视程度，强有力的塑造出与众不同的、给人印象鲜明的个性或形象，并把这种形象生动的传递给顾客，从而使产品在市场上确定适当的位置。

市场定位是通过为创业者选择的创业项目创立鲜明的特色或个性，从而塑造出独特的市场形象来实现的。创业项目的特色或个性，有的可以从产品中体现出来，如形状、成分、构造、性能等；有的可以从消费者心理上反映出来，如豪华、朴素、时髦、典雅等；有的表现为价格水平；有的表现为质量水准等等。企业在进行市场定位时，一方面要了解竞争对手的产品具有何种特色，另一方面要研究顾客对该产品的各种属性的重视程度，然后根据这两方面进行分析，再选定创业项目所选产品或服务的特色与独特形象。至此，就可以塑造出一种消费者和用户将之与别的同类产品区别开来，而按一定方式去看待的产品，从而完成产品的市场定位

古人云"上兵伐谋，预则立"。创业者要进入市场，先要制定一个完善的计划。

一般而言，创业者在制定市场计划之前，需收集到如下相关数据或资料：基本情况、利润和成本、市场（产品销售地、潜在市场、使用人数、竞争对手、影响因素等等）、商品分析（主要用途及与竞争者的比较、优缺点、有无替代产品、在消费者中的优势如何等）、用户和消费者分析。

此外，价格是商品交换的核心因素，也是顾客选购商品时的第一差别点所在。因此创业者有个合理的价格策略，是整个市场活动中最为重要的问题。

在市场竞争中，价格无疑是最为原始的武器。为什么是最原始的呢，因为它经常是最有效的，只有在价格相同或相差不大的情况下，顾客一般才会比较别的因素。因而，如何善于利用价格之利，也是一门很必要的学问。

定价必须了解价格的基本组成。一般来说，价格过高将无说服力，过低又会血本无归。这个标准是什么呢？成本、流通费用、税金、利润四部分是基本构成部分。

除了极为特殊的目的，没有人会把自己的产品价格定在自己的成本以下（低于成本的有目的倾销被规定为不正当竞争手段）因而对产品获利的不同预想，便成为企业不同定价策略产生的根源。

玩网游,何以月入过万

随着互联网的发展,现在玩网络游戏的人也越来越多。既然是游戏自然是让人消遣的,不过,现在一些玩家已把玩网络游戏变成了一种"职业"、一种赚钱的工具,靠它来养家糊口了。

由于网络游戏装备有价有市,一般"有钱但又没时间的狂热玩家"就会来买"职业玩家"的账号,买装备。这催生了一批以玩网络游戏为生的职业玩家,通过在游戏中"练级"再售卖自己拥有的虚拟角色账号、货币及装备,转换成现实世界的人民币。网络游戏玩家中已经形成了一条产业链,从代练、销售游戏账号,到专门靠卖游戏中的装备赚钱,再到点卡、游戏币交易,游戏中的每个环节都产生经济价值。据悉,职业网络游戏玩家每个月的收入最多时能有 4000~5000 元,而一些专门靠赚游戏币为生的游戏工作室甚至月收入过万元。

他们一般都是熟悉各类网游的顶级玩家,大多是通过拍卖网络游戏中的虚拟物品,如装备、账号等获取一定的收入。但同时很可能会对游戏产生很强烈的依赖性而不能自拔,对自己的生活有着极为不利的影响。他们的工作就是整日玩游戏,然后把自己所玩的心得写成攻略贴于网上或者刊登于报纸杂志。此外,他们还要负责维护网游秩序、制作"游戏补丁",以及完善游戏程序、解答玩友疑问、主持有关游戏的网络讨论等等,其中部分人的月收入达到数千甚至上万元。

由于网络游戏拥有极大的市场,因此自然而然地也沔生出了网络游戏职业玩家这一职业,有些高手级职业玩家的收入还比较固定,而且收入不菲。

网络游戏高手郑先生说:"说白了,很简单,市场决定一切,靠玩游戏赚钱就是市场的需要。尽管很多人不同意虚拟物品同人民币之间的交易,但是你想,因为一个游戏中高等级装备的'爆率'是非常小的,通俗地讲:需要重复地杀一个高级怪物上亿次,才有可能掉落一件。这其中付出的,当然也是一种价值。另一方面,这些装备在游戏里是极其珍贵的,在游戏里显然没有同值的物品去替代它,但又有玩家需要,那怎么办?只能用人民币来交易了。"

谈起这种交易方式的起源,郑先生说:"其实,最先想到用人民币交易的并不是现在的职业玩家,而是普通的玩家,所以最初的虚拟物品定价很乱,并没有一定的标准。相反,现在要好很多,你去网上看,很多虚拟物品都是明码标价的,这也是市场规范的一种表现。职业玩家一般组成小团队,这样操作起来力量比较大,职业分配也比较合理,共同打到的装备平均分账。以'传奇世界'游戏为例,职业网络游戏玩家每个月的收入最多的时候能有 4000~5000 元。"

参考收支清单

支出:网费 150 元/月+电费 75 元/月=225 元/月

收入:每天装备收入 140 元×30 天=4200 元/月

净收入=4200 元/月~225 元/月=3975 元/月

游戏高手胡小姐说:"作为职业玩家首先必须选对游戏,因为职业玩家说到底赚的是玩家的钱,一个游戏不火爆,玩家少,当然是赚不到钱的。职业玩家是不会在同一个区玩两个月以上的,时间长了装备就不值钱了。然后还得熟悉游戏,因为只有在最短时间内等级尽可能高,打到的装备尽可能好才能卖钱,这就要求职业玩家非常深刻地去理解一款游戏。最后就是很辛苦地打怪、练级了,既然将游戏当作职业,那么不能像一般玩家那样随便玩玩了,任何事情和生存挂钩就变得严肃了。"

只要满足上面三个条件,有机会,你也可以成为职业玩家,但是确实不容易。现在的职业玩家单枪匹马生存是很困难的,更讲究团队合作,包括装备怎么卖、卖给谁都有一个渠道,所得的收益平均分账,仅靠在网上发帖、留言是无法成为职业玩家的。

有需求肯定就有市场,"招聘魔兽游戏玩家,或者网络游戏玩家",这是网上的一则招聘启事。招聘来的人主要负责网络游戏的升级或者是取得网络游戏的账号。招聘对象年龄不限,每天工作 12 个小时,完成任务打够游戏币,额外的游戏币归自己,能有不少提成,底薪 600 元,提供食宿,平均每月能有 1000 多元的收入。

在游戏工作室工作的职业玩家们每天昼夜倒班,老板免费提供上网设备和月卡,玩家每天上班一签到就玩游戏,有较高的工作任务,额外完成了可用分值兑换人民币。一般来说,普通玩家每天基本可以完成任务,高手或运气好的玩家一天就可获得不少"外快",玩家可以选择将其分值继续积累到月底结算或当日兑换成人民币。一般经过正规培训后的网络游戏职业玩家,一个月的收入大约为 1000 多元。来这工作的人绝大多数都是外地人,又没有学历,和到工厂卖苦力相比,在游戏工作室工作轻松一些,而且收入也比工人高得多。

另外一家游戏工作室主要玩美国游戏,里面的游戏币可以直接兑换成美金,收益比国产游戏更大。目前工作室有10多名职业玩家,他们不鼓励员工每天过多地玩游戏,完成任务即可。同时他表示在北京开游戏工作室成本太高,购置电脑、网费、房屋租金都很高,开一家网络游戏工作室的投入在10多万元,同时竞争也很激烈,在东北、西安等地区,网络游戏工作室已经相当成气候,特别多而且规模很大,在北京开游戏工作室生存下去有不少困难。

游戏工作室一般靠代练和游戏币赚钱,偶尔也会卖装备,但这是小块收入,用工作室负责人的话讲,打装备就像中彩票,不能指望中彩票获得收入。

十人游戏工作室每月账目清单

支出:网费150/月×10+员工薪酬1000元/月×10+电费75元/月×10+伙食费300元/月×10+房租3000元/月=18250元

收入:每个职员每月创造3000元的价值×10=30000元

工作室老板每月收入=30000元~18250元=11750元

市场需要啥我就生产啥

"末日"话题的热议也给商家带来"福利"。山东济南一家礼品创意公司自从在该公司的网店上线了一套"末日船票"后,目前已经销售超过3万套,入账60多万元,他很感谢这个"末日说"。

虽然玛雅历法世界末日的说法已经被多方证实纯属娱乐,但是在淘宝网上,一些网店内的诺亚方舟船票已经销售将近1年时间。在淘宝网上输入"诺亚方舟船票"进行检索,能找到1700多件宝贝。将销售该类商品的网店进行排行,销量最高的网店,最近一个月的时间竟然销售该商品21112件。网店显示该商品的原价是38元,现在以5折价格出售,但即使按照5折价格计算,该网店船票销售额也高达40万元。网店在采用了电影《2012》中的几张剧照为自己的世界末日船票进行促销的同时,也明确说明:此产品仅作为创意礼物,纯属娱乐。

对于绝大多数的网店来说,销售末日船票只是吸引买家眼球的一种方式。几乎所有销售这种船票的网店,页面中同时在展示自己其他的商品。

在令人眼花缭乱的电子商务模式当中,周毅是一个另类,他顽固地坚持着看似落后的博客模式。

6年前,一间50平米的房子兼顾仓库、办公室与生活起居,连电脑桌上都堆满了货物。

6年间,误打误撞,张毅在博客不大可能盈利的情况下闯出了一条博客网店的路子,即便在微博大行其道的今天,他命名为爱稀奇的博客,创下了年销售创意产品100多万元的成绩,小小博客,到底有什么魔力?

互联网不是一个缺致富传奇的地方,淘宝双11单天卖190个亿;某品牌拿到1个亿的VC(风险投资),其他VC还在排队。网商被年轻的创业者们视作低门槛、短期暴富的好门道。时间倒回到六七年前,那时,博客刚兴起,网民们纷纷建立博客,将喜怒哀乐晒出来。当年31岁的荆州人周毅也不例外。从小就喜欢摆弄小玩意稀奇货的他,每天上网到世界各地的网站去寻找这些设计新鲜、创意有趣的东西。收集来的稀奇货,他像写日记一样发布到自己的博客上,旁边再配上文字,写上对该设计或产品的见解。他这样描述一个国外创意师设计的太阳能灯具: 还记得年少时的梦吗?总幻想把阳光装进罐子,夜晚再拿出来绽放光芒。我想,这大概是目前为止最浪漫的光能存储应用吧?白天接收一天阳光照射,就可以在夜晚持续发光数小时。开博以来,每天坚持更新3-4篇,周毅就这样用诗意的语言讲着一个个创意产品的故事。博客内容的趣味性,每天引来了数千人围观。

但周毅并没意识到这里潜在的商业价值。而且,在电子商务尚未成型的2007年,业内断言:博客,就是一个不可能盈利的产品。但随着技术的发展,电商的产业链日渐清晰,链条每延长一环,就会诞生一批行业新贵。于是,周毅博客盈利的传奇也开始发芽,因为,到他博客作客的人,都会抛给他这个问题:这些宝贝哪里才能弄到?不出1年,周毅的博客里拥有了成百上千个章西西。

然而,博客中有的宝贝仅仅只是一个创意,根本没有成品卖。受不了网友的追问,周毅决定自己设计出一些东西来。

开博客3个月之后,周毅设计了一个抱枕,取名章西西。这是一只章鱼形状的巨型抱枕,木讷的眼神傻傻惹人爱,长长的触角环绕周身,温暖又搞怪。这是周毅的处女作。这次玩票的经历改变了他的命运,他的博客从分享感受到分享商品,开创了博客盈利的传奇:章西西因此成为了一只拥有专利和商标权的产品。那一年的圣诞节,章西西共卖出了400多个。这是 2007 年。近年章西西已经发展成店里人气火爆的商品系列，每个均价 350 元，旺季一个月能卖出 300 个。受章西西成功的启发，他将收集的创意或者产品联系好卖家，形成货源出售。由于起步较早，周毅在博客时代就能盈利的消息在电商圈内开始流传，外加博客拥有一批死忠粉丝，这个卖稀奇货的博客迅速蹿红。

2008 年，周毅的博客已有一定的影响力，被在韩国首尔举行的世界博主、记者大会主办方所关注。经过综合考评，他成为中国唯一的盈利博主代表参加了此次大会，与来自全球的博主们一起探讨起了博客的盈利方式。大会之后，周毅的博客愈发引来了业内关注。商家、厂商、原创设计师等行业精英纷至沓来。能长期供货的就有美国、英国、日本、泰国、香港等国家和地区共 8 个知名品牌，麾下一批原创设计师直接供货，可供销售的商品已达到 360 个种类，年销售额 100 多万元。尽管如此，周毅的办公室仍然隐身于居民小区，加上店员总共才 4 个人。如今，周毅一如既往地每天花三个小时更新博客，给各类产品讲故事，甚至将用户体验的视频逐一上传。

跟对主流觅商机

张少斌本来是政府部门的一名处长。1992 年，他横下一条心，辞职干个体。当时，他听说市场上窗帘卖得好，特别是一个叫肖文华的人。但出于多年的职业习惯，他坚信：没有调查就没有发言权。

"我用的是笨办法。"张少斌站在肖文华的店子对面一连观察了 7 天，数进出的人，看手上的货，还跑到店里，以顾客身份跟营业员侃大山，结论是，卖窗帘有搞头！

他最早是在江汉路搞了个门面，凭着 1 万元本钱，从杭州进面料，在武汉定点加工、批发，生意做得蛮顺。他也不安于"本分"，又到襄樊、十堰去设点，"十堰的点一年卖 200 万元，武汉的点能达到 400 万元。"

但到了 1994 年，汉正街卖窗帘的已经铺天盖地，市场也开始乱了，面料向低档发展，张少斌决定转行。

这一次，他瞄准了西裤。

他"故伎重演"，在九通商厦的西裤卖场泡了一个星期。这一次，他给了营业员 20 块钱，后者也就乐得指点他，哪种牌子的西裤卖得好，顾客看中的是些什么。他再买上几条，拿回去仔细研究。

心里大致有了谱,张少斌在 1995 年办起了自己的作坊式小厂,他的西裤牌子叫"川野","那个时候,做得还蛮有名望呢!"

从那时起,张少斌养成了一个习惯,生产的每个环节都要"插手"。即使是今天,他那间宽大的董事长办公室依然很像一个工作间:三大排活动衣架,挂满尚未面世的新款。"晚上静下来了,一个人再琢磨琢磨。虽然现在不用事事操心,但每个环节都熟悉,哪个地方不对头,马上就能看出来,说得出问题在哪里。"

1997 年,有了资金积累的张少斌成立了武汉丹琦服饰公司。他说:"衣食住行,衣始终是第一位的。"

起初,丹琦是汉正街货商需要什么就做什么,但在细节上比较"讲究"。张少斌说:"汉正街的老板重'数量'而不重视质量,而我不管多便宜,也要在这方面下点工夫。最后其实是我占了便宜,因为哪怕你只比别人好一点,你的名气就打出来了。"

1999 年,丹琦进入创品牌的阶段,在全国市场铺网络。"办法还是蛮简单,凡是'红人'到的地方,我们就跟过去。"这就是张少斌的"瞄准第一名"理论,不管国外企业还是国内企业,好的经验"通通拿来"。

2002 年底,张少斌着手组建集团,搞多元化经营,此时,他的胃口已经"变大"了。因连年亏损面临困境的国企武汉汽车传动轴厂,也进入了他的视野。"只搞服装太单一了,必须多几条腿走路。"张少斌说,机械工业是国家的命脉之一,没有机械的发展,很多行业将"寸步难行",就好像汽车没有传动轴一样。事情 3 个月就解决了。2003 年 7 月,丹琦正式兼并武汉汽车传动轴厂,改制费用花了 1650 万元,而后者资产总额为 2257 万元,负债总额为 1963 万元,净资产为 294 万元。1650 万与 294 万似乎很不对等,但这正是张少斌的行事风格:"一旦看好,不惜重金拿下来。"

近年,新生的武汉丹琦集团万向联轴器公司高速运转,产值是过往同期的 4 倍以上,工人工资是过去的 2 倍多。"这就是改制的魅力。"公司生产部部长冷厚庆说。目前,丹琦集团的四大主业:服饰、机械制造、医药商贸、房地产均已走上正轨。张少斌花 40 万元请来了著名管理咨询公司北大纵横,为丹琦进行管理体系设计。他的设想是,3 到 5 年内产值过亿元。

做生意就是要跟着主流走,顺大势而为,才能立于不败之地。

第六章 失败是成功之母

失败并不可怕,可怕的是因为失败而一蹶不振。"障碍与失败,是通往成功最稳靠的踏脚石,肯研究利用它们,便能从失败中培养出成功。"正如这句话所说的一样,有时候失败换来的可能就是成功。

一定要用脑子赚钱

天下熙熙皆为名来,天下攘攘皆为利往。在如今这个时代,你一定要用脑子赚钱。你见过谁用四肢赚大钱的?一些运动员赚钱不菲,但迈克尔乔丹说:"我不是用四肢打球,而是用脑子打球。"用四肢不用脑子只能是别人的工具,是别人大脑的奴隶,是赚不了大钱的!

用四肢只能赚小钱,用脑子才能赚大钱。爱因斯坦说过:"想象力比知识更重要",美国通用电器公司前总裁杰克韦尔奇说过:"有想法就是英雄。"人类如果没有想象力就如同猿猴和黑猩猩。赚钱始于想法,富翁的钱都是"想"出来的!

想当初,比尔盖茨怎么就会做软件,怎么就会搞视窗,因为他想到了,正如他自己说的"我眼光好"。孙正义在美国读书时没钱就发明翻译机,一下卖了一百万美元,后来开办软件银行,他的头脑和眼光也了不得。好孩子集团老板宋郑还是靠卖发明专利起家的,第一项发明卖了4万元,第二项发明别人出价8万元要买,但他不卖,自己投入生产,结果成了世界童车大王。

现在有的人确实靠嘴巴赚了钱,但他说话之前首先必须想好说什么。也有些人企图靠耳朵赚钱,自己不动脑,到处打听消息,特别在股市里,今天听个内幕消息就买,明天听个小道消息就卖,跟风头,随大流,最后被套赔钱,现在大多数股民都这样,不知道自己的脑子是干什么的!

世界上所有富翁都是最会用脑子赚钱的,你就是把他变成穷光蛋,他很快又是富翁,因为他会用脑。洛克菲勒曾放言:"如果把我所有财产都抢走,并将我扔到沙漠上,只要有一支驼队经过,我很快就会富起来。"让我们再来看看脑白金和黄金搭档,史玉柱的东山再起启示我们,只要把脑子用活,失败了还会成功,再赚钱是不成问题的。莎仕比亚在《哈姆雷特》中讲过:"你就是把我关在胡桃盒子里,我也是无限想象空间的君主。"展开你想象的翅膀吧,赚钱的第五定律是,你一定要用脑子赚钱!

要赚大钱一定要敢于行动!天下财富遍地流,看你敢求不敢求。金钱多么诱人啊,但要赚大钱一定要敢于行动!世界没有免费的午餐,也没有天上掉下来的馅饼。不行动你不可能赚钱,不敢行动你赚不了大钱。敢想还要敢干,不敢冒险只能小打小闹,赚个小钱。

我行我富!试看天下财富英雄都是有胆有识有行动力的,想当年比尔盖茨放弃哈佛大学学业,白手起家创办微软,是何等的胆识和行动力。美国最年轻的亿万富翁迈克·戴尔,在大学读书时就组装电脑卖,感到不过瘾便开办电脑公司,是何等令人钦佩。甲骨文公司老板埃里森不仅放弃哈佛学业,赚取260亿美金,还回哈佛演讲,鼓动学生退学,被警察拖下讲坛。还有网易丁磊等,他们之所以有今天的业绩,就在于他们当初敢于冒险,敢于行动。现在人们谈论财富越来越多,但许多人说得多,做得少。

要知道:说是做的仆人,做是说的主人。要想富,快行动,不要怕,先迈出一小步,然后再迈出一大步。记住"利润和风险是成正比的"。

想成功就不要害怕失败

一次成功往往是建立在一次或多次失败的基础上。试问那些大凡成功者,又有谁没有失败过?没有失败的经历又谈何成功?

在50年前有一个美国人叫卡纳利,家里经营着一家杂货店,生意一直不好。年轻的卡纳利告诉他的父母,既然经营了这么多年都没有成功,就应该换一个思路,想想别的办法。他的家附近有几所大学,学生经常出来吃快餐。卡纳利想,附近还没有人开一个比萨饼屋,卖比萨饼肯定能行。他就在自家的杂货店对面开了一家比萨饼屋。他把比萨饼屋装修得精巧温馨,十分符合学生高雅讲情调的特点。不到一年时间,卡纳利的比萨饼成为附近的名吃,每天都顾客爆满。他又开了两家分店,生意也很好。卡纳利的胃口大起来,他马不停蹄地在俄克拉荷马又开了两家分店。但是不久,一个个坏消息传来,他的两个分店严重亏损。起初,他一个店准备500份,结果总有一半的比萨饼卖不出去。后来他又按200份准备,还是剩下很多。最后,他干脆只准备50份,这是一个连房租都不够的数字,仍然不行。最后，一天只有几个人光顾的情景也出现了。同样是卖比萨饼，两个城市同样有大学，为什么在俄克拉荷马就失败呢？不久他发现了问题，两个城市的学生在饮食和趣味上存在着巨大差异，在装潢和配方上面他犯了错误。他迅速改正，生意很快兴隆起来。

在纽约，他也吃了苦头。他做了很细致的市场调查，但是比萨饼就是打不开市常后来，他又发现，卖不动的原因是比萨饼的硬度不合纽约人的口味。他立即研究新配方，改变硬度，最后比萨饼成为纽约人早餐的必备食品。从第一家比萨饼店算起，19年后卡纳利的比萨饼店遍布美国，共计3100家，总值3亿多美元。卡纳利说，我每到一个城市开一家新店，十分之九是失败的，最后成功是因为失败后我从没有想过退缩，而是积极思考失败原因，努力想新的办法。因为不能确定什么时候成功，你必须先学会失败，他说。人生也是如此，要想获得成功，首先须学会失败。只要持续不断地敲门，成功之门总会打开。

失败是成功的必经之路，更是我们迈向成功的踏脚石。绊倒了不要紧，站起来踩着它们继续前进，成功会因为失败而更加接近。

周黑鸭的崛起之路

周黑鸭相信我们很多人都知道。现如今更是近乎所有大街小巷里都看的到。但又有几个人了解周黑鸭成功前的艰辛？

最早，"周黑鸭"只是一个偏安一隅的小作坊。而周鹏只是菜市场帮酱鸭摊打杂的。每天半夜起床卤鸭子，早上整理、装卤鸭；把十只、八只鸭子挨个往酒店送，连早餐都没有时间吃；送完货后已是中午，买鸭、宰鸭、腌制，晚上六七点钟去酒店结账，已是别人吃晚饭的时间，回想一下，自己竟然一顿饭还没吃上，这时才感觉到饿。

1995年，周鹏第一次创业是在大姐卤菜加工坊的旁边架起炉子，露天煮酱鸭，跟姐姐零售走不一样的销售渠道——往酒店送货。这一招其实是模仿一个温州的酱鸭店老板。在周鹏看来，温州老板的生意超好，又往酒店送货，一天下来能卖一两百只，对比每天只能卖10多只酱板鸭的自家生意，这可是个天文数字。

周鹏很清楚，论颜色、味道、知名度，自己做的酱鸭肯定跟"温州老板"差得远。这时他要起小聪明，"当时属于投机倒把"。他拿温州老板的酱鸭充当样品送给酒店老板,以低价优势供应给酒店。刚开始酒店每天能卖掉几只酱鸭,后来销量慢慢减少,半个月后竟然一只也难以消化,当酒店老板发现周鹏作假后,断绝跟他合作,还拒绝支付之前的账款。

"用骗取的手段不可能赢得长久的生意",周鹏体悟到一个看似简单却又令很多人难以真正明白的道理。原本不好的生意变得更糟,周鹏一度陷入缺钱的危机。为图廉价,周鹏在大姐家旁边租了一间连窗户都没有的破房。

更糟糕的事情还在后面。身无分文的周鹏那天晚上睡得很沉,早晨醒来却发现衣服被小偷钓到外面,最要紧的是为联系生意特意花 1800 元重金买的 BP 机也丢了。陷入"经济危机"的周鹏又遭此一劫,"走投无路跟朋友出门抢劫的心都有了"。赔掉生意又丢掉长辈看来本不该买的 BP 机,心急如焚的父亲骂着"败家子"赶儿子回家谋事,好强的周鹏跪着苦苦哀求才算留下来:"在哪里摔倒的就在哪里爬起来!"一连串的打击让周鹏暗下决心:做不好酱鸭死也不回家。频繁跑香料市场,找香料老板请教香薰料的味道、功效,借来香料古书逐字研究到深夜,买数百只鸭反复试验,"明明觉得自己的调味味道很正,但卤出的鸭子却不好吃。"周鹏特意买回温州老板的酱鸭,后来发现土鸭生长周期长,"耐煮、入味、肉紧致。"克服这项"技术难关"之后,周鹏的卤鸭出锅时是晶莹的巧克力色,在空气中暴露、氧化后便成黑色,鸭肉辣中带甜,独具特色。周鹏花费几个月终于找到一种让人吃后难忘的味道。这种味道源于小时候经常让周鹏流口水的卤菜香,以及尝到父亲当年赶集带回唯一一块甜到心头的糖果香。

好不容易做起来的小生意还得继续,没现钱买鸭只得赊账。当时有个老板愿意以 16 元/只赊给他生鸭,每只高于别人 2 元钱。时至今日,周鹏仍特别感激那位老板:"如果不是他愿意赊账让生意继续维持,就不会有今天的周黑鸭。"

"做生意现金回流很重要。"周鹏总结说。做酒店生意时,倒闭小酒店跑账、大酒店赊账、拖账现象很严重,最让周鹏伤心的是一家挺大的酒店不但不给货款,还把上门要账的周鹏暴打一顿,"他欠我账,我还要挨打!竟然还有这种道理!"无奈的周鹏开始反思做酒店生意存在很大风险,手头现金难以快速回流。1996 年底时,周鹏开始考虑:"送酒店的生意不是我的出路,在菜场摆摊零售比较有保障。"那时周鹏放弃很多酒店合作,只挑选几家信用度高的酒店继续供货。

如今,周黑鸭已经成为一个拥有建筑面积 8000 平方米,职工近 300

人,年加工生产鸭类产品 5000 吨以上的大型食品公司。

99 次失败 1 次成功而成为巨人

公元十四世纪的时候,有一位战无不胜的将军被强大的敌人打得溃不成军,将军也被迫躲进一个废弃不用的马槽里躲避敌人的搜捕。恰在他万般失落时,他看到一只蚂蚁努力地扛着一粒玉米,试图爬上垂直的"墙"。蚂蚁当然不知道将军的事情,但将军的目光和心智却被它吸引了。那粒玉米的重量不知是蚂蚁体重的多少倍,也许不亚于人去托起一头大象吧?第一次,玉米粒被蚂蚁稍稍顶起很快又掉下来。蚂蚁似乎连一丝的犹豫也没有,接着就开始了再次的努力。

将军屏气静神地注视着蚂蚁的一切。两次,三次,四次……每次玉米粒都被蚂蚁顶上,最后又掉了下来。当这位将军数到第 99 次时,将军想,蚂蚁不可能成功了,99 次的失败就是证明。就在这时,奇迹出现了,在第 100 次的时候蚂蚁终于把那粒玉米推过了"墙头"。将军被感动了,他大叫一声跳了起来。

从这只蚂蚁的身上,将军找回了失落的信心。他觉得,即使失败了 99 次,只要有一次成功了,就可以享受到成功的喜悦。从此他鼓舞士气,重整军队把敌人打得落花流水。他的帝国版图也从黑河之滨一直伸展到恒河。这位将军就是十四世纪蒙古皇帝莫卧儿。

在人生的旅途中,谁都有可能遭遇失败。所不同的是,有的人遇到失败后就迅速退缩,有的人却不达目的誓不罢休。其实,即使你失败了 99 次,只要有 1 次成功就够了。如果你不善于坚持,你就只能永远生活在失败的阴影中不可自拔。面对失败,有的人怀着一种忧伤,把失望和气馁刻在了人生的底片上;有的人接纳失败却像捧起一本书,倾注一种自信和智慧的目光去阅读,而后去创造一种新的生活。

现在许多企业经营者经不起失败,不敢面对失败,一味追求成功,结果这个市场也想抓,那个市场也想抓;第一名想做,第二名想做,第七名也想做;今天的钱想赚,明天的钱想赚,所有的钱都想赚,最终的结果是为失败埋下了很大的隐患。

实际上,失败与成功并非绝对的不可逆转,应该从哲学的角度去看待成功和失败,学会从失败中借鉴经验,善待错误,利用失败,甚至是设计失败,巧借失败之局,造成功大势。这就像打仗一样,有佯攻的,有吸引敌方火力的,也有假装兵力不足颓败的,为大胜而故意求小败,最后大获全胜。

世界上非常著名的本田汽车公司最早是做纺织机械的,上个世纪六七十年代,在世界整个纺织工业呈下降趋势的情况下,企业的负责人本田宗一郎召集企业的中、高层开会,发布了一条公司转型决定:"本田公司将在三年内,由纺织机械厂,转型为汽车厂。"当时的这个决定让公司员工感到无法接受,但是,正是因为本田的领导者从纺织工业的颓败之势中看到了此消彼长的另一个市场机遇,才创造了后来本田的二次辉煌。

在中国可以说是连锁店遍地开花,但是有一家连锁店却做出了让人意想不到的大动作,有一个下岗女工,竟然把她的连锁超市——红旗连锁,开到中南海去了。这可以说是个创举,是很多人想都不敢想的事情。这就是眼光。在中国,这个下岗女工不是第一个开超市的,但却是第一个把超市开到中南海去的。一句话,叫做"眼中有局、心中有势、胸中有定"。

第七章 信息时代的财富意识

信息无处不在,在当下资讯发达的时代里。信息的作用越来越大,善于发现信息就等于在发现财富。信息就是最重要的资源,谁占有的信息多,掌握的信息准确,谁就有制胜的先机。

市场变得快,我变得更快

很多人都会认为,一个企业最重要的是要有好的产品质量,一个人最重要的是要有真才实学。可是世界上为什么到处都是贫穷而有才能的人,到处都是才华横溢的失败者呢?

可是为什么茅台卖不过五粮液呢?难道是茅台的质量不如五粮液吗?显然不是,恰恰相反,国酒茅台,国产白酒第一品牌,众所周知,质量在五粮液之上。可谓酒香也怕巷子深,质量对一个企业经营来说并不是最重要的。再比如,脑白金与美乐通宁是一种东西,可脑白金红遍大江南北,年销售额在十亿元以上,而许多美乐通宁的厂家却难以为继,步履维艰。质量一样,企业天壤之别。可见,产品质量好,企业并不是真的就好。

可口可乐曾经发起过一场改良运动,推出一种新的配方,测试表明,新可乐的口味要比原可乐好,但没想到新可乐推出之后遭到了消费者的强烈反对,结果不得不放弃新可乐,继续沿用100年前的可乐配方。质量更好的产品在市场上竟然没有立足之地。

太多的人、太多的企业醉心于苦练内功,埋首于产品质量。但现实是,很多才华横溢的人并没有取得多大成就,有的甚至潦倒一生,一事无成;相反,很多才能平平的人却取得了辉煌成就。同样道理,很多产品质量上乘的企业都没有生存下来或经营惨淡,处境艰难,而一些产品或服务质量较次的企业却做得很大,如鱼得水,甚至成了行业老大。前者对后者往往耿耿于怀,愤愤不平,心里很不服气。

我们并不否定产品质量对于一个企业的重要性,横溢的才华和优秀的品德对一个人的重要性。但若以成败论英雄,而不以道德论好坏,那么,一个企业或一个人要想获得成功,特别是巨大的成功,光有好的质量或过硬的本领或只关注于提高产品质量或个人内功的各个细节是远远不够的,特别是当你还很弱小,你的生意刚刚起步,还处于劣势,但又不得不与强大的对手竞争时,你的这种"质量第一"的战略很可能在一开始就是错误的,因为你违背了决定成败的第一条战略——抢先战略。

抢先战略包括"第一"胜过"更好"、"快"比"好"更重要、追求完美等于"死亡"三大要义。

一个人要想取得成功,最重要的一点是要抢先做"第一";一家企业要想获得成功,最重要的也是要抢先成为"第一"。做"第一",在人们心目中先入为主,比起努力使人们相信你可以比"第一"做得更好要容易得多,因此也容易成功得多。

有一句话是这样说的:第一个把姑娘比作鲜花的人是天才,第二个这么做的人是庸才,而第三个这么做的人就是蠢才了。

这就是做第一的魅力,这种"第一"胜过"更好"的规律运用于企业经营,运用于经营人生,就是抢先战略。要想方设法地做第一,不要做第二,更不要做第三、第四、第五等等,那怕你做得比第一更好,好上百倍,都不如做第一。

要想取得成功,要想更快更早地取得成功,要想花费同样的努力取得更大的成功,抢占先机是最好的办法。抢占先机需要有灵敏的嗅觉、敏锐的市场眼光、深刻的洞察力,需要有在纷繁复杂的社会经济事务中把握趋势的战略眼光,需要有超凡的胆魄和远见卓识,还需要有快速的反应能力。

抢占先机成功之后,顺势而为,继续努力做好,始终保持领先地位,成为行业权威或龙头老大,这才是我们应该采取的正确战略。而事实上,领先的品牌几乎总是那些最先进入人们心目中的品牌,第一个深入人心的品牌,往往也是最著名的品牌,也是行业中的龙头老大。

IBM 是第一种大型计算机,今天它也是计算机行业的第一品牌。

可口可乐是第一种可乐类饮料,今天它也是可乐类饮料中的第一品牌和龙头老大,并成了这一类别的代名词。

联想是中国最早做计算机的企业,今天它也是中国 IT 领域的第一品牌和龙头老大。

海尔是中国最早做电冰箱的企业,今天它成了中国家电业的第一品牌和龙头老大。

娃哈哈是中国最早做儿童饮料的企业,今天它也是中国儿童饮料行业的第一品牌和龙头老大。

有时候，把握时机，在某一天，一元钱就能创造奇迹；而如果错失时机，在第二天，纵使你有千百万元都不能免于一家企业走下坡路。

市场瞬息万变，我们要做的就是要比市场变的还要快。也唯有这样才能不断的抢占先机，向着"第一"迈进。

"磨刀不误砍柴功"，这句话要正确，必须要有一个前提，那就是假设山上的柴是静止不变永远等着你去砍或多得永远也砍不完，否则，如果砍柴的人很多而柴很少，等你慢腾腾地把刀磨快了，柴早已被别人砍光了，你只好徒有一把快刀望山兴叹永远也用不上了。磨刀又有什么用呢？刀要尽量磨"快"，但更要快速地磨，磨刀不能误了砍柴的时机！

不断的改革创新，抢得先机往往要比追求完美更重要，在机遇面前速度往往要比质量更重要。掌握先机，永远走在市场的最前沿。

点子致富

创意，是经营者通向富有的捷径，企业家的高低优劣之分也往往因此而产生。茫茫商海，千帆竞渡，但只有那些善走新道，出奇制胜的水手，才能迅速抵达成功的彼岸。1903 年，那个时候男人的刮胡刀通常都是在用钝了之后，重新磨快之后继续用，然而这需要有专门技术的人来完成，同时也会耗费掉很多宝贵的时间。一个推销瓶盖的人金·吉利听到有人向他提出"用一次就扔，顾客就会继续向你买"的建议，马上想到刮胡刀。他开始推销一次性刮胡刀，但当时人们都没有用一次就扔东西的习惯。他就拿自己的新刮胡刀与别人换旧的。没过多久，第一次世界大战就爆发了，当时的部队为打仗方便，便向他购买了 350 万个一次性刮胡刀，使该产品很快推广开来，同时美国人使用一次性物品的习惯也就由此而养成了。

1914 年，亨利·福特宣布，他要将自己工厂里所有工人一天的工资提高到 5 美元，这样也正导致了一万多人在半夜排队，以期得到这份工作，因为它比当时的一般日工资高出一倍还多。《华尔街日报》指责他胡搞，然而福特的这一想法不得不承认确实是略高一筹，因为他这么做就是要让在他厂里工作的工人能够买得起车，成为一个消费者，这样，工厂的流水线不但能不断地生产。同时还能改变双方的劳资关系，因为工作合同当中所包含着劳保的一些内容。

山姆·沃尔顿为著名沃尔玛超市连锁店的创始人,在 1983 年,他的一位助手向他建议,投资 2400 万美元建立沃尔玛自己的卫星网络系统。当时谁也没有把握,这样大的投资是否有用。可没有令人想到的是沃尔顿却同意了,因为这能够使他与自己众多的员工保持一种密切联系,除此之外,如此做还可以让他能够更好地了解每个店的销售情况。因为那时沃尔玛连锁店已经有 1000 家之多,靠以前的个人巡视办法已经不行了。卫星网络使沃尔玛在与其他连锁店竞争时获得了极大的信息优势,销售额迅猛增长,1985 年才 85 亿美元,然而到了 1995 年就增长为 935 亿美元,2004 年为 2880 亿美元,创造了空前的历史纪录,因此,沃尔玛也成了全球最大的公司。

圆珠笔是一种书写极其方便的一种文具,我们很多人都曾经使用过它,但是曾几何时,圆珠笔遇到了十分重大的难题,难题是什么?圆珠笔这个珠子,前面漏油,油墨漏出来,一写漏油,不仅纸上是,而且还会弄得满手都是,一旦出现了这样的问题就极大地影响着消费者的使用欲望。对于圆珠笔本身来讲,它的市场前景是十分广阔的,一旦解决不了漏油的问题,那么这个圆珠笔就会全军覆没,没有一个人会喜欢它。大家一直都在思考着这样的问题,找圆珠笔漏油墨的原因在哪里,只有找到原因才能解决问题啊!圆珠笔为什么会漏油呢?是因为圆珠笔前面这个珠子写了一定时间后,珠子就磨损了,磨损以后缝隙自然就会增大,缝隙增大就漏油。怎么办?把圆珠笔这个珠子搞得坚硬,不易磨损,那用什么材料好呢?不锈钢,不锈钢材料不好,书写的时候一会儿写下了,一会儿写不下。最后找到一种很好的材料,什么材料?钻石,坚硬,宝石——红宝石、绿宝石、蓝宝石,做在上面,使用起来十分坚硬,好用且不会漏油。但是问题又出现了,什么问题呢?一方面价格太贵,钻石价格太贵;另一方面,当这个油墨写完的时候怎么办?这个空圆珠芯怎么办?圆珠芯笔尖的珠子是钻石的,扔了一定十分可惜,大家都在想什么珠子才行。后来,有一个发明专家另辟蹊径,他创新思维,他不在圆珠芯的芯上打主意,不在圆珠芯的珠子上打主意,最后他就控制油墨的总量。因为圆珠笔在写到两万个字左右,就开始漏油了,他就把这个油的总量控制,就让它写到一万五六千个字时没有油,如此一来,圆珠笔就不会出现漏油的现象了。不仅轻松地解决了这个重大的难题,而且还无形间增强了市场需求量。

一个经商者为了生存和发展,必须不断地研制新产品,不断改进,不断创新。在 20 世纪 20 年代,美国有一个叫贝伦的糖果商,他拥有着一家糖果小厂和几家小店,销售状况十分不理想。在众多大厂的竞争之下,他虽然使出了全部解数,然而最终的结果还是收效甚微。面对着销量越来越少的销售局面,他整天都在想:如何才能让小孩子都来买我的"香甜"牌糖果呢?一天,他看到一群孩子玩游戏,立即被吸引住了。孩子们把几颗糖果平均放在几个口袋里,由一个公选的人把一个"幸运糖"(一颗大一些的糖)放进其中某个口袋里,不许别人看见,然后大家随意选一个口袋,有幸拿到"幸运糖"的这个小孩就要享受特权,即他是皇帝,其他人是臣民,每人要上供一颗糖……此时的他不断地思索着这样一种奇怪而有趣的游戏规则,突然一个灵感闯入他脑海,他欣喜若狂。他在思考了许久,做出了一套宏伟的计划。

在那个时候,美国的许多糖果是以1分钱的价格卖给小孩的。贝伦就在糖果包里包上1分钱的铜币作为"幸运品",并在报纸、电台打出口号:"打开,它就是你的!"这一招很有效果,因为如果买的糖中包有铜币的就等于完全免费,孩子们都去买来吃,贝伦还把"香甜"这个名字也改为"幸运"。他每天除了大量地投入生产之外,还不惜一切血本地招来了许多经销商,除此之外还大做广告,将"幸运"糖描绘成一种可以获得幸运机会的新鲜事物,而且还在上在创造出了众多个可爱的小动物的形象作为标志,使人人都非常熟悉。因为方法奇特新颖,因此就在一时间闻名全国,贝伦糖的销量如同飞鸟的翅膀一样,迅速涨了几百倍。其他糖果商在他这样的启发之下,也蜂拥而上,纷纷模仿此法。贝伦就更进一步,买中"幸运"糖的不仅免费,而且还可以奖励几颗糖。后来他在食品中放上其他物品,诸如玩具、连环画、手枪……这样使自己的销售量始终处于同行前列,转眼间他就拥有了800多万美元的资产。从某种意义上来讲,虽然贝伦抛出的只是些小玩意儿,但引来的却是一笔巨大的财富。

相比之下,如今不少地方的许多经营者的经营思路都缺乏个性、缺乏独特的经营方式,千人一面,万人一腔,踩着人家的脚跟走。殊不知,一个经商者如果只知道按部就班,几十年一贯制地从事生产经营,不注意信息反馈,及时革新工艺,进行产品更新换代,那么,他必定会在市场竞争中遭到失败。而一个在生产经营上不断开拓创新的经商者,则始终充满生机和活力,可以轻易获取胜利。经商需要头脑,经商需要技巧,经商需要出奇制胜,对于一个商人来讲,只有走出自己独有的经商之路,只有做到有创意,想出新的点子,才能在商场上立于不败之地,赚取财富。

美国某市有个叫杰伊的做房地产经纪生意的商人,一天他去咖啡屋喝牛奶,一杯冒着热气的牛奶送来后,他撩起餐巾布包着玻璃杯往嘴边送的时候,不慎把牛奶打翻了,溅到了腿上,着实给烫了一下。当时他非常恼火,继而他又异想天开,就不能给咖啡杯牛奶杯之类的开发生产一种既漂亮又得手的隔热装置吗?每天全国有数以千万的人要喝煮过的牛奶和咖啡,如果能生产出这样一个装置,岂不是很有市场吗?于是他抛开房地产经纪,很快用箔纸板设计开发出一种"爪哇隔热罩",不久之后,该市所有的咖啡馆首先一举"武装"上了,后来广告一打出,全国各地来订货的客商络绎不绝。现在,杰伊开发生产的"爪哇隔热罩"每月要销出 450 万只,他也一举发了大财。

创新是一种高级能力和活力,是人类的一种创造性的特殊活动。从价值形态来考察创新行为,它是信息、资本、人力各类资源之外的一种新型资源,一个源自人才和组织的潜力无限的特种"核能"资源。这种资源的开发和利用可以为我们带来巨大的价值和能量。

美国实业家罗宾·维勒曾说:"我的成功秘诀很简单,就是永远做一个不向现实妥协的叛逆者。"罗宾·维勒所说的与他所做的都是一致的。当全美短帮皮靴成为一种流行时尚的时候,每个从事皮靴业的家几乎都趋之若鹜地抢着制造短皮靴供应各个百货商店,他们都认为赶着大潮流走比较省力。当时,罗宾经营着一家小规模皮鞋工场,只有十几个雇工。他深知自己的工场规模小,而要挣大钱绝非易事。他清楚地认识到以自己薄弱的资本、微小的规模,根本不足以和强大的同行相抗衡。那么,怎样做才能在市场竞争中获得主动权,争取有利地位呢?在他面前有两条路可以选择:一是在皮鞋的用料上着眼。就是尽量提高鞋料成本,使自己工场的皮鞋在质量上胜人一筹。但这条道路在白热化的市场竞争中行走起来是非常困难的,因为自己的产品原本就比别人少得多,成本自然也就比别人高,倘若再提高成本的话,获利就会有减无增。很显然,这条道路是行不通的。二是着手皮鞋款式改革,以新领先。罗宾认为这个办法不失妥当,只要自己能翻出新花样、新款式,不断变换,不断创新,占人之先,便可以打开一条出路,假如自己创造设计的新款式为顾客所钟爱的话,那利润就会接踵而来。

罗宾在经过一番深思熟虑后,决定走第二条路。于是,他很快召开了一个皮鞋款式改革会议,要求工场的十几个工人各竭其能地设计新款式鞋样。为了能够激发工人的创新积极性,他还规定了一个奖励办法:凡是所设计的新款鞋样被工场采用的设计者,可获得 1000 美元的奖金;所设计的鞋样通过改良可以被采用,设计者可获 500 美元奖金;即使设计的鞋样不能被采用,只要其设计别出心裁,均可获 100 美元奖金。同时,他还成立了一个设计委员会,由五名熟练的造鞋工人任委员,每个委员每月例外支取 100 美元。如此,在这家袖珍皮鞋工场里,立即掀起了一阵皮鞋款式设计热潮,不到一个月的时间,设计委员会就收到了 40 多种设计草样,从中采用了三种款式较为别致的鞋样。于是,罗宾立即召集全体大会,给这三名设计者颁发了奖金。接着他的皮鞋工场就根据这 3 个新款式来试行生产了。第一次出品是每种新款式各制皮鞋 1000 双,很快将其送往各大城市推销。消费者见到这些款式新颖的皮鞋,立刻掀起了购买热潮。而罗宾的工场在两星期后,收到了 2700 多份数量庞大的订单,这使得罗宾终日忙于出入于各大百货公司经理室大门,与他们签约。

因为订货的公司多了,罗宾的皮鞋工场也渐渐扩大起来,在 3 年后已拥有了 18 间规模庞大的皮鞋工场。然而,没过多久危机又出现了,当皮鞋工场一多起来,做皮鞋的技工便显得供不应求了。最令罗宾头疼的情形是别的皮鞋工场尽可能地把工资提高,挽留自己的工人,即使罗宾出重资,也难以把别的工场的工人拉出来。罗宾此时面临着缺乏工人的致命难关。因为他接到了很多订单,即无法及时给买主供货,而这将意味着罗宾要赔偿巨额的违约损失。罗宾顿时忧心忡忡。他又召集 18 家皮鞋工场的工人开会。罗宾一直相信,集思广益,可以解决所有的棘手问题。

接着,他把无人可雇用的难题诉诸大家,要求大家各尽其力地寻找解决途径,且再次宣布了之前那个动脑筋有奖法。当时的会场一片沉默,与会者都陷入思考之中,搜索枯肠想办法。过了一会儿,一个小工举手请求发言,经罗宾的允许后,他站起来怯生生地说:"罗宾先生,我以为雇请不到工人无关紧要,我们可用机器制造皮鞋。"罗宾还没来得及发表意见,便有人嘲笑小工:"孩子,用什么机器来造鞋呀?你是不是可以造一种这样的机器呢?"小工一时窘得满面通红,惴惴不安地坐了下去。而罗宾却走到他身边,让他站起来,然后挽着他的手走到主席台上,朗声说道:"诸位,这孩子没有说错,虽然他还没有造出一种造皮鞋的机器,但他这个办法却很重要,大有用处,只要我们围绕这个概念想办法,问题定会迎刃而解。""我们永远不能安于现状,思维不要局限于一定的桎梏中,这才是我们永远能够不断创新的动力。现在,我宣布这个孩子可获得 500 美元的奖金。"

他的皮鞋工场用了四个多月的研究和实验后,大部分工作都已被机器取代了。在美国商业界,罗宾·维勒的名字,如一盏耀眼的明灯,他的成功,与他时时保持锐意创新的精神是分不开的。

一位日本人从菲律宾进口了一种在热带海中长大的虾——进口价格仅1美元,在日本把它们装入盒子,取名"偕老同穴",这种既谈不上生产成本,也没有复杂工艺的商品,一下子就卖到260至270美元,而且供不应求。实质上,它不过是自幼从有隙的石头缝里进去,然后在里面成长为无法出来的雌雄虾,只得在石头里度过它们的一生。这位商人的高明之处在于,他敏锐地捕捉到这种商品可以为人们提供情感上的安慰,并附加其一种天才的创意:以这种从一而终、爱情专一的虾,作为永远美满幸福的结婚礼物送给新婚夫妻,从而想到了一般人们所想不到的地方而抢占了创业先机。这就是创新,跳出惯有的思维习惯,想别人所不想,干别人所不干。这个世界上,创新就是成功之门。

善于钻研,善于创新,敢于改革的人他总能获得成功。反之,一个只知道墨守成规,不知变通的商人,在如今这个竞争力激烈的时代里哪怕给他再多的财富,他也无法把握。

成功需要创新,创新需要点子,敢于思想,敢于行动,才能找到财富。

利用信息为我所用是强者

世界上许多事物都会隐含着一些决定未来的玄机,做生意也是如此。在商务实践之始,如果能对市场走向保持一种灵敏的悟性,培养一种灵动的触觉,就可以更好地解析市场。这种悟性和触觉实际上也是一种必要的素质准备。打个比方来说,运行的市场如同一列不停奔驰的列车,而每一个打算搭乘这列火车的人,要想顺利地攀上它,就要提前活动筋骨,非要从精神到身体上做一些必要的准备不可,还要在列车到来之前先行起跑,以确保列车从身边飞驰时能顺势攀援而上。而事先对市场的调查了解和预测也是准备工作的题中之意。社会上的任何一种潮流或者趋势,都是由过去一些很细微的因素积累而成的。我们所见到的一些现象往往是未来的一个大趋势。生意人若能确切地预测到未来,就能有方法去按照未来市场的需求,做好实际思想准备和物资准备,等待时机成熟,就能抓住机遇,成功地闯入商海,扬帆远航。

由于人们的思想观念不同,对未来和现在的观察也有所不同。有些人凭着其过往的经验,对事物进行仔细入微地洞悉;而有些人对未来则完全是茫然的,他们经常会对商机视而不见,不知不觉错失了很多机会。即使是一些生意人也概莫能外。所以形成一些公司能持久把握市场优势,而大部分公司被川流不息、变动不止的潮流淘汰。因此,培养自己的市场触觉、掌握先机就能在生意场中获胜。生意人若要仔细捕捉市场变化契机,应先尽可能充分地搜集市场资料,并作为市场预测之用。同时,一个完整的信息来源,对资料的分析是很重要的。当然,搜集信息也是有针对性的,譬如:市场功能:究竟市场有何变化?消费人士对商品的需求有何变化?市场的销售渠道有什么变化?公司在市场的占有率有多少?对现时市场的开拓手法有否更改的需要?

商品功能:商品销售量和发展前景如何?顾客对商品的观感怎样?是否承认该商品,该商品的竞争商品的销售情况如何?

顾客功能:你的商品的主要顾客是哪一类人?顾客对商品有何意见?如何向潜在的顾客进行销售? 假如要提高销量,有什么地方可供改善?

竞争者功能:竞争者的商品有什么特点? 他们的价钱怎样? 其销量怎样? 他们的市场占有率有多少?

其他:销售情况有没有一面倒的倾向?假如有的话,原因何在?管理方面有否出现问题? 销售技巧是否需要提高? 销售方法是否适当?

信息就是财富,谁先抓住信息并迅速采取行动,谁就可能成为赢家。所以,经商者要有鹰一般的眼光、敏锐的头脑,注重对市场信息的收集、处理和利用。曾经有一个商人,在与朋友的闲聊中,朋友说了一句话:今年滴水未降,但据气象部门预测,明年将是一个多雨的年份。说者无心,听者有意。商人从朋友的话里,发现这是一条很有价值的信息,是一个不可失的商业机会。什么与下雨关系最密切呢?当然是雨伞。商人立即着手调查当年的雨伞销售情况,结果是大量积压。于是他同雨伞生产厂家谈判,以明显偏低的价格从他们手中买来大量雨伞囤积。转眼就是第二年,天气果然像气象部门预测的那样,雨真的下个没完。商人囤积的雨伞一下子就以明显偏高的价格出了手,仅此一次,商人就大赚了一笔。

所以说,搏击商海,信息就是商机,把握住了有益信息就等于牵住了财富之手。

十几年前,古川久好只是一家公司地位不高的小职员。平时的工作是为上司干一些文书工作,跑跑腿,整理整理报刊材料。工作很是辛苦,薪水也不高,他总琢磨着想个办法赚大钱。有一天,他在经手整理的报纸上发现这样一条介绍美国商店情况的专题报道,其中有一段内容提到了自动售货机。上面写道:"现在美国各地都大量采用自动售货机来销售商品,这种售货机不需要人看守,一天24小时可随时供应商品,而且在任何地方都可以营业。它给人们带来了方便。可以预料,随着时代的进步,这种新的售货方法会越来越普及,必将被广大的商业企业所采用,消费者也会很快地接受这种方式。前途一片光明。"

古川久好开始在这上面动脑筋,他想:日本现在还没有一家公司经营这个项目,但将来也必然会迈入一个自动售货的时代。这项生意对于没有什么本钱的人最合适。我何不趁此机会走到别人前面,经营这一新行业。至于售货机销售的商品,应该是一些新奇的东西。于是,他就向朋友和亲戚借钱购买自动售货机。他筹到了30万日元,这一笔钱对于一个小职员来说不是一个小数目。他一共购买了20台售货机,分别将它们设置在酒吧、剧院、车站等一些公共场所,把一些日用百货、饮料、酒类、报刊杂志等放入自动售货机中,开始了他的事业。古川久好的这一举措,果然给他带来了大量的财富。人们头一次见到公共场所的自动售货机,感到很新鲜,只需往里投入硬币,售货机就会自动打开,送出你需要的东西。

一台售货机只放入一种商品,顾客可按照需要从不同的售货机里买到不同的商品,非常方便。古川久好的自动售货机第一个月就为他赚到了100万日元。他再把每个月赚的钱投资于售货机上,扩大经营的规模。5个月后,古川久好不仅还清了所有借款,还净赚了2000万日元。

信息既是财富,生意人必须要有发现信息利用信息的能力,也只有善于利用信息的人才能时刻的把握商机,创造出财富。

信息四通八达,伸开触角是机会

机遇就来自这浩如烟海的资讯。有时,一句话、一则消息、一件微不足道的小事,就包含着难得的机遇,关键看你如何对待它,能不能及时抓住它。重松富生以前曾在东京一家广告公司供职,有一年他去台湾旅游,在那里,他听到一位台湾朋友提到番石榴和它的嫩叶对治疗糖尿病和减肥有效。说者无意,听者有心,兴奋的重松一下子逮住了这个信息。重松从台湾回来时将番石榴和它的嫩叶带回日本,专门请了医生进行分析和试验。试验的结果,证实了台湾朋友所说的话。重松借来200万日元,在东京开设了"糖尿病及减肥食品公司";公司在台湾等地大量收购番石榴和它的嫩叶,经过干燥处理,将其加工成如同茶叶一般,可以泡开水喝,而且味道清香爽口,别有风味。产品刚投放市场就受到欢迎,人们对这种既能治病又能减肥的产品格外青睐,尤其那些一心想保持苗条身材的妇女竞相购买,一下子兴起了饮用热潮。重松由此大发,第一月销售额为500万日元,以后与日俱增,每月高达2000多万日元。

重视市场先机,千方百计地收集商业情报,以做到先发制人。香港有"假发业之父"称号的刘文汉则是靠餐桌上的一句话抓住信息与机遇的。

1958年,香港商人刘文汉到美国旅行。有一天,他到克利夫兰市的一家餐馆同两个美国人共进午餐,美国人一边吃,一边叽哩哇啦谈着生意。其中一个美国人说了一句只有两个字的话:"假发。"刘文汉眼睛一亮,脱口问道:"假发?"美国商人又一次说道,"假发!"说着,拿出一个长的黑色假发表示说,他想购买13种不同颜色的假发。言者无意,听者有心。刘文汉凭着他那敏捷的头脑,很快就作出判断:在假发上可以大做一番文章。

经过一番深入的调查,他发现一个戴假发的热潮正在美国兴起,在刘文汉面前,展现了一个十分广阔的市场。他一回到香港,就马不停蹄地开始了制造假发的原料来源的调查。他发现,从印度和印尼输入香港的人发(真发)制成各种发型的发笠,成本相当低廉,最贵的每个不超过100港元,而售价却高达500港元。刘文汉算盘珠一拨,立即做出决定:在香港创办工厂,制造假发出售。不久,各种颜色的假发大批量地生产出来。消息不翼而飞,数千张订货单雪片般飞来,刘文汉兜里的钞票也与日俱增,到了1970年,他的假发外销额突破10亿港元,并当选为香港假发制造商会的主席。刘文汉之所以能抓住机遇,点石成金,就在于他及时捕捉并抓住了信息,从而打开了一座机遇的宝库。所以,说者虽无意,听者要有心。

现在是信息大爆炸时代,我们每一天会接收到千千万万条信息,要想让这些信息为我们服务,关键在于如何去认识这些信息,利用这些信息。

一场大火把一个人所有的财物都化为灰烬了,后来他带着妻子在外四处流浪。妻子一路上捡拾垃圾废品,卖点钱换取一点食物供两个人充饥。丈夫一直愁眉苦脸,抱怨上帝对他太不公平了,妻子就在旁边说:"不,上帝还是很厚爱我们的,至少我们还可以捡拾垃圾生存下去啊!"丈夫并不满足,他不停地祈祷上帝赏赐给他黄金和钻石。上帝终于被他的咒骂和哀求弄烦了,于是出现在他的面前,说道:"我没有黄金,我只能给你一些柠檬!"

丈夫叹息说:"可是,一只柠檬我能做什么呢?"

妻子连连说:"虽然柠檬不值钱,但是我会把它做成柠檬汁,肯定很赚钱!"

上帝见丈夫还不满足,说:"柠檬不多,我只能给你一些响尾蛇!"

丈夫说:"天啊!这就是我的命运吗?"说完,掩面而泣。

"如果真是那样,我们也可以接受,总会有办法的!"妻子说。

上帝消失了,出现在他们面前的是一片荒野,四处常常有响尾蛇出没。聪明的妻子穿上厚衣服,把蛇抓起来,送到药商那里提取蛇毒,蛇肉加工成肉干和罐头,蛇皮也以高价卖给了皮货商,她还把一些特别的蛇养起来,吸引了许多的游客,光是门票费就赚取了好多钱。

毫无疑问,这是一位聪明的妻子,对于如此聪明的人来说,无论在哪里,在什么情况下,她都能获得商机,因为她善于挖掘商机,善于利用商机。所以,要使信息发挥效力,就需要充分地整合信息,正确地分析模糊信息,然后加以有效运用,切实行动。

牛仔裤是一种风靡世界的服装,上百年来一直备受人们喜爱,在匆匆忙忙的时尚风潮中始终保持着自己独立的品位。但似乎没有人追问,究竟是谁发明了牛仔裤?他又是如何发明了世界上第一条牛仔裤的?牛仔裤是一个名叫李维·斯特劳斯的小商贩发明的,他制造的第一条牛仔裤竟然是美国西部淘金工人的工装裤。

19世纪50年代,李维·斯特劳斯和千千万万年轻人一同经历了美国历史上那次震撼人心的西部移民运动。这场运动不是由政府发动,而是源于一则令人惊喜的消息:美国西部发现了大片金矿。消息一经传出,在美国立即刮起一股向西部移民的旋风。满怀发财梦的人们,携家带口纷纷拥向通往金矿的路途,拥向那曾经是荒凉一片、人迹罕至的不毛之地。

于是,在通往旧金山的道路上,高篷马车首尾相接,滚滚人流络绎不绝,景象分外壮观。李维·斯特劳斯同样也经不起黄金的诱惑,毅然放弃他早已厌倦的文职工作,加入到汹涌的淘金大潮中。一到旧金山,李维·斯特劳斯立刻被眼前的景象惊呆了:一望无际的帐篷,多如蚁群的淘金者……他的发财梦顿时被惊醒了一半。

"难道要像他们一样忙忙碌碌而无所收获吗?"

"不能!"李维·斯特劳斯坚定地说道,他要说服自己不要知难而退,而要留下来干一番事业。也许是犹太人血统里天生的经商天分在李维·斯特劳斯的身上起了作用,他决定放弃从沙土里淘金,而是从淘金工人身上"淘金"。

主意已定,李维·斯特劳斯用完身上所有的钱物,开办了一家专门针对淘金工人销售日用百货的小商店。李维·斯特劳斯这一独具慧眼的决定,为他今后发财致富奠定了良好基础。

小商店开业以后,生意十分兴旺,日用百货的销售量很大。李维·斯特劳斯整天忙着进货和销货,十分辛苦,但利润也十分丰厚。渐渐地,李维·斯特劳斯有了一笔积蓄,在同行小商贩中,他因吃苦耐劳和善于经营而有了小名气,商店的生意越做越好。为了获取更大的利润,李维·斯特劳斯开始频繁外出拓展业务。

一天,他看见淘金者用来搭帐篷和马车篷的帆布很畅销,于是乘船购置了一大批帆布准备运回淘金工地出售。在船上,许多人都认识他。他捎带的小商品还没运下船就被抢购一空,但帆布却丝毫没有人问津。

船到码头,卸下货物之后,李维·斯特劳斯就开始高声叫喊推销他的帆布。他看见一名淘金工人迎面走来,并注意看他的帆布,于是赶紧迎上去拉住他,热情地询问:"您是不是要买一些帆布搭帐篷?"淘金工人摇摇头说:"我不需要再建一个帐篷。"他看着李维·斯特劳斯失望的表情,接着又说:"您为什么不带些裤子来呢?""裤子?为什么要带裤子来?"李维·斯特劳斯惊奇地问道。"不经穿的裤子对挖金矿的人一钱不值,"这位金矿工人继续说道:"现在矿工们所穿的裤子都是棉布做的,穿不了几天很快就磨破了。"他话锋一转又说道,"如果用这些帆布来做裤子,既结实又耐磨,说不定会大受欢迎。"

乍一听到这番话,李维·斯特劳斯以为他是在开玩笑,但转念仔细一想,却是很有道理,何不试一试呢?于是,李维·斯特劳斯便领着这位淘金工人来到裁缝店,用帆布为他做了一条样式很别致的工装裤。这位矿工穿上结实的帆布工装裤高兴万分,他逢人就讲他的这条"李维氏裤子"。消息传开后,人们纷纷前来询问,李维·斯特劳斯当机立断,把剩余的帐篷布全部做成工装裤,结果很快就被抢购一空。1850年,世界上第一条牛仔裤就这样在李维·斯特劳斯手中诞生了,它很快风靡起来,同时也为李维·斯特劳斯带来了巨大的财富。

发现信息并不难,难的是你是否能及时地抓住它,利用它。有位哲人说过:愚蠢的人利用机会,平庸的人抓住机会,聪明的人寻找机会,信息也是一样,聪明的商人能够在日常生活中寻找信息,使自己绝处逢生,拥有财富。

一位日本商人做生意赔了本,家里所有的东西都被拿去变卖了,他只要求留下一台电视机。他独自坐在电视旁,不停地看,忘了吃饭、忘了喝水、忘了睡觉……在大量、纷繁的报道中,他听到了这样一句话:"大阪钢铁厂由于厂房设备严重损坏,只好停产,估计半年内难以恢复正常生产。"

寥寥数语,他却听到了商机——因为业务关系,这位商人知道,大阪钢铁厂每年向中国出口冷轧钢板 100 万吨。现在停产半年,对中国的出口势必中断,使用大阪钢板的企业将有断炊的危险,市场存货不多,钢板价格必然上扬。他高兴极了,四处筹措资金,购买了 5000 吨大阪钢板,然后依然坐在家里看电视。果然,半月后,吨价上升 200 元,商人轻易得利 100 万元。

一句话可以改变一个人的命运,关键在于你是否会聆听,是否会寻找。在许多人的印象中,拾破烂的一定是穷人。如果有人靠捡破烂成为百万富翁,那一定是《天方夜谭》里才可以看到。

有个靠捡破烂为生的人突发奇想:一个易拉罐,才赚几分钱。如果将它熔化了,就可以当金属材料卖了,那样赚的钱一定比卖现成的易拉罐要赚得多。于是他把一个空罐熔化成一块指甲大小的银灰色金属,然后在有色金属研究所作了化验。做那样的一个实验的花费是 600 元,这对这个捡破烂的人来说可不是小数目,但是他一点也没有犹豫。

化验结果出来了,这是一种很贵重的铝镁合金!这种金属每吨可以卖到至少 14000 块钱!他粗略算了一下,54000 个就是 1 吨。如此一来,卖熔化后的材料比直接卖易拉罐要多赚六七倍的钱。他高兴地跳了起来,因为他只花了 600 块钱就找到了一个"金矿"。从拾易拉罐到炼易拉罐,一念之间,不仅改变了他所做工作的性质,也让他的人生走上另外一条轨道。这个人立即办了一个金属再生加工厂,向他以前的同行们收易拉罐。一年内,加工厂用空易拉罐炼出了 240 多吨铝锭,三年内,赚了 270 万元,他从一个拾荒者一跃而成为百万富翁。

人无贵贱,做生意任何人都一样,只要你能够细心的去发现生活中的各种信息,善于取抓住利用,哪怕是乞丐也能够成功。

第八章 人的品质决定财富高下

有人说过:"一个人的真正权势及钱财的产业,是在他本身之内;不是在乎他的居处、地位、或外在关系,而是在他自己的品格之中。"唯有品质,可以开成功之门,收成功之果。

偏执者与神离得最近

有一个雕刻家,自从爱上这一行后,从来没有好好睡过一次觉。每当有作品需要创作的时候,他的一日三餐仅是几片面包。清晨他从面包铺里买来面包,吃一个当早餐,剩下的就揣在怀里。他爬到高高的梯子上工作,饿了便啃面包充饥。他本来并不是一个孤僻的人,但随着从事雕刻工作的时间越长,他越来越无法跟人沟通。在创作的时候,只要有一个人在场,就能完全扰乱他的情绪。他必须要有一种与世隔绝之感,方能得心应手地工作。他最大的痛苦不是创作不出满意的作品,而是需要为生活琐事忙碌。他以前并不是一个追求完美的人,但到后来,他无法容忍自己作品出现微瑕。一旦他在一件雕像中发现有错,就会放弃整个作品,转而另雕一块石头。所以,他留给这个世界的作品很少。他的名字叫米开朗基罗,一位天才的雕刻艺术家。

成功是什么?成功有时是一种偏执状态的果实。而马克·吐温说得更平白:偏执者与神离得最近。几百年前一个下着雪的早晨,名声威震欧洲的米开朗基罗很早就出门了。他在斗兽场附近碰见了城里教堂中的主教。主教惊讶地问他:"在这样的鬼天气里,这样的高龄,你还出门上哪里去?"

"上学院去。想再努一把力,学点东西。"他回答。

那一天,他所在学院的学生们还在有火炉的房间酣睡,而一位风烛残年的老人,却"吱呀"一声打开了结着冰花的工作室的门。做什么事情如果达到痴迷忘我的程度,那离成功也就不远了。曾经有人说马克思在求学的时候,在图书馆的书桌下地面上印有两只深深的脚印。

有一幅名为《挖井》漫画:有一位青年挖井找水,一连挖了四五个深浅不一的坑,没有出水,正要挖第五口"井"。画面下部的文字是这样的:这下面没有水,再换个地方挖,这反映了他的心思。但事实是怎样呢? 原来那些"井"再挖深一些,就到了丰富的水源了,可是他并没有坚持下去,所以也没有得到水。

由此可知,这位青年找不到水,并不是这里没有水,而是因为他不肯在一个地方持之以恒地挖下去,结果白费了力气。它告诉我们一个哲理:要想找到成功之源,除了肯花力气外,还要目标专一,持之以恒,坚持不懈,浅尝辄止者是不会成功的。我们也可以知道,如果那找水的青年只要回到原地继续挖完那些未完成的井,或者到新地方后持之以恒地挖下去,他一定能找到水源。而在生活中、不管你是否犯过浅尝辄止的错误,只要你现在安下心来,认定一个正确的目标,专一而不懈地努力,你就一定会获得成功。而没有目标,对目标不专一的人,永远也不可能成功。做生意也是一样,如果你总是朝三暮四,市场流行这个你做这个,流行那个的时候你就做那个。结果你只能无所成就,甚至是大败亏输。

现实生活中,每个人都追求成功,但是,有的人却成功了,有的人却以失败而告终,这是为什么呢? 很简单,就是因为成功者自始至终只追求一个目标,而失败者却是在追求中不断地变换自己的目标,甚至没有一个明确的目标。

有一位农夫正要上山去砍树, 却忽然看到了自己脚上的草鞋很破旧了,于是匆匆忙忙地搓起绳打起了新草鞋,等把草鞋搓成后又检查斧锯,发现斧子太钝,锯子已锈,于是决定再重新订购一把斧子和锯子,后来又嫌制作新斧头的材质不好,等到他万事俱备准备出发时,大雪已经把整个山封住了。于是农夫就抱怨:我的运气真是不好。其实问题的根源不在于这个农夫的运气好坏,而是他在确立目标时没有适当的思考方法。在大雪封山之前完成砍树的任务是他原订的目标,鞋子的新与旧并不重要,斧子太钝、锯子已锈可以立即动手磨快,并用不着再去订购一个新的。农夫正是由于把目标的思考和决定给偏离了,导致了砍树计划的落空。人生目标的追求与实现也是同样的道理,对目标的偏离如何防止? 首先在思路上要分清轻与重、缓与急,如果随意地乱做一气,结果只能是"事倍功半",甚至是"劳而无功"。其次,在决策上要抓住目标的根本去实施,不能把主次分不清,甚至在次要方面把力气用完了,造成了一事无成的局面。所以说,人在追求目标时,一定要分清主次,朝一个目标去努力才能成功。在生活中,一个人确定的目标要专一,而不能经常变换不定。

在我们确立目标之前一定要作深入细致的思考, 要权衡各种利弊,考虑各种内外因素,从众多可选择的目标中确立一个。不是我们不能成功,而是我们没有一个专一的目标,要想取得成功,就要有一个明确的目标并执着地追求。

一个人在某一个时期或一生中一般只能确立一个主要目标,目标过多会使人无所适从,应接不暇,忙于应付。所以,我们给自己定的目标不能太宽泛,例如你想学一样东西,你就要努力下苦功去把那一样东西学好、学精,而不要只图一些表面上的东西,这样还没学透又想着去学另一样。就如同用放大镜聚集阳光使一张纸燃烧,要把焦距对准纸片才能点燃。如果不停地移动放大镜,或者对不准焦距,都不能使纸片燃烧。滴水穿石也蕴涵着同样的道理,水滴就是因为把力量集中于一点,日复一日才把石头滴穿。做生意的时候,你总是因为一点小失败就放弃,或是转行,如此下去不仅无法获得成功,反而会让人彻底丧失斗志。反之,在遇到挫折时,勇敢面对,想办法去克服。对自己定下的目标持之以恒,时间久了,便会越做越熟悉,越做越精。不断地从经验中成长,如此才能获得成功。

从两元钱到年赚两亿要多久?

12 年的时间,让口袋里的两元钱变成年赚两亿。听起来这似乎显得有些不切实际,让人无法置信,但这并不是天方夜谭。

1991 年上半年,在合肥工业大学计算机与信息专业的最后一个学期,汪书福准备考研,因为成绩优秀,一切似乎唾手可得。离考试还剩一个月时,汪书福卧病在床的父亲病情加重,汪书福家在农村,兄弟众多,他深感责任重大,于是放弃考研继续求学,分配到了九江一家军工研究所工作。

汪书福最初为自己设计的人生之路非常平淡,那就是结婚、攒钱、排队分房。第一个月 56 元的工资,根本无法应对捉襟见肘的家庭困境,除资助正在上大学的弟弟,他还要不时接济其他亲人,此外,汪书福还欠着学校 1250 元的贷款,并因此没拿到毕业证。汪书福还记得当时结婚时的情形,借来 300 元才领到了结婚证,请客只花了 6 元钱,4 元钱买菜自做,2 元钱买酒,就这样把自己的终身大事张罗了。结婚后,两口子工资加起来才 180 元,发工资后的第一件事就是存上 150 元的定期,只余 30 元家用,日子窘迫到曾经尝试过连续十天用萝卜干下饭。

安居乐业梦变得遥遥无期,1993 年,汪书福决定到深圳闯闯。他和妻子拥有的最大一笔财产就是 1800 元的定期存款。汪书福给妻子留下 100 多元，就赶往学校去赎毕业证。他找到了学校领导，磨了三天嘴皮子，终获 250 元的减免，然后怀揣着毕业证和剩下的 600 元从合肥直下深圳。汪书福抵深后借住在同事的朋友家。那是黄木岗安置区的一间单身公寓，朋友夫妻俩住在房间里，他和同事就在三四平方米的阳台上栖身。第二天，汪书福和同事就迫不及待地赶到了当时位于华强南路的人才市场，可他发现在这里找工作既费钱又费时，便准备尝试其他的办法。

汪书福打听到只花一块钱就可坐公交车到终点站，就选择了特区内运行线路较长的 4 路车，从上海宾馆站一直坐到蛇口。下车后，他步行顺着原路折回来向沿途的公司挨家挨户毛遂自荐，一直找到下午 5 点，总算在一家叫亚奥的公司里参加了面试。在走回黄木岗的路上，一伙人围住了汪书福，其中一个男人向汪书福哭诉自己的困境，汪书福说自己从来没见过男人会痛哭成这个样子，就好言好语安慰他，可等他醒过神时，才发现精心收藏在背包里的 500 多元钱已被人用方便面调了包。

这 500 多元钱可是汪书福准备在深圳度日的全部费用啊，此时他口袋里除了两个一元钱硬币外已经是一无所有了。呆坐在草地上，汪书福的心里翻江倒海，痛苦到连死的念头都有了。当汪书福万念俱灰地回到黄木岗时，同事的朋友却告诉他，亚奥公司已经打来电话，让他明天就去上班。深圳，在汪书福到来的第三天，就给了他这样一个戏剧性的开头，让他在绝望和希望之间跌宕起伏，这让他终身难忘。汪书福应聘的是研发工程师，但总裁欣赏他的口才，把他安排在供应部任采购工程师，月薪 300 元。两个月后，汪书福的妻子也来到深圳。没有钱租房，汪书福夫妇只好住集体宿舍。当时深圳已入盛夏，夫妻俩买了床和席子在宿舍楼顶上过夜，把结婚证压在枕头下以备查验，这样一住就是两个月。其间一遇上刮风下雨，妻子只好到女同事宿舍里打地铺。汪书福是个细心的人，虽然技术和销售不是他的份内事，但他总是留心学习。未雨绸缪终于使他抓住了发挥的机会，有一天公司来了位客户，可销售人员都不在场，老总一下傻了眼。汪书福主动给客户演示产品，极受客户欢迎，老总随后将其转至销售部工作。

后来，汪书福结识了一家做程控交换机业务的企业老总，其产品全部是进口货，质量好但价格也高，一直没有打开市常这家企业的老板看中汪书福的才能，给了一个销售经理的头衔，许以诱人的提成，但月薪才 750 元，单公司的住房月租就收 750 元。汪书福明白他的收入全部来源只能是卖掉机器的提成。汪书福了解到江西赣州一个县城有意购买程控交换机，在两个月时间，他四次往返于深圳和赣州之间。坐长途夜车沿路要翻越梅岭山脉，汽车经常半路抛锚。汪书福是江西人，借着乡土牌、口才和可靠的产品质量，成功卖出了两台机器。这个成绩让公司高层吃惊不小，却也让他们生出反悔之意，原本答应的十四五万元的提成，变成了两万元。这时，汪书福的两位朋友拉他合伙开公司做系统集成，每人出资5万，汪书福借了1万多才凑足自己的股份。三个人的分工为技术开发、销售和管理，汪书福还是跑销售。他出差在外时，另外两位合作伙伴因分歧发生了激烈的争执，汪书福感到这样的合作毫无前途，要求退出，但搭档直言相告，人退钱不退。汪书福毅然选择了退出，他的第一次创业就此告终。

1995年，汪书福重新"为他人做嫁衣裳"，先是被一家做网络设备的香港公司看中，派往上海筹建办事处。办事处只有两个人，汪书福白天跑业务，晚上搞开发，花了半年时间解密国外软件。此前汪书福一直认为技术是自己的软肋，这一次让他彻底打通了技术思维瓶颈。有一次汪书福带着上海的客户来深圳玩，公司方面却要一直等到支票兑现才接待客户，而且礼数不周。这种不通人情的做法让汪书福深感心寒，他自掏腰包打了圆场，这批上海客户自此和汪书福结下深厚交情，直到现在仍保持着业务联系。汪书福接下来的这一次跳槽也属无意插柳。该公司买了一套产品居然两个月无法应用，而汪书福只花了两个小时便大功告成。他还直言不讳地告诉老板：你所处的市场很好，但只做到了1/10的生意。老板高兴地说："小伙子，你来我们公司干吧。"汪书福进入该公司后的表现证明他对行业的见解不是妄谈，他领头的系统集成部只有6个人，但创利占了公司的一半。汪书福包揽了洽谈、交流、演示等几乎所有环节，曾经单枪匹马舌辩群雄，打败了那些开着奔驰宝马的竞争者，征服了客户。

到年终发奖金时，历史再一次重演。老总面有难色地告诉他，你们部门盈利了，但公司主业是亏损的，给你5万吧。尽管这笔钱已经相当于其他所有员工的奖金总和，但是离他应得数目还有很大差距。不过，热情高涨的汪书福没有介怀，转年他开始注重培养团队，到年底再次取得了好成绩。由于提成比例下降，汪书福自己的收入大幅下降，给团队的许诺也让他左右为难。

1997年初，同乡汪浩拉汪书福合伙开公司，但是曾经的失败合作让他心有余悸。他对汪浩说，开公司如果仅仅是为了挣钱，就太没意思了，还不如到赛格买个柜台就行了。这是一件负责任的事，要为员工负责，要有长期打算。两人达成共识，不卖电脑，不卖打印机，而是做有技术含量的系统集成。两人甚至约定,相互了解,相互信任,初创期间 10 万元之内开销不必计效去处。当汪书福正式离职时,他所在公司的老板也是早有预感,虽然人才难得,但他也深明大义,支持汪书福实现自己的想法。而汪书福也是一个有情有义之人,承诺所负责的项目还将免费维护一年,公司如果有事还可以找他。

1997 年 2 月,脉山龙实业有限公司正式成立,公司设在统建楼,有员工 7 名。汪书福有大智慧,也不乏小聪明,名片上他不打总经理,而是标上总工程师。自己当家后,汪书福才发现,竞争同行真不少,光深圳有三十多家,全国有几百家。创业的艰难超出了汪书福和汪浩的预期,开业后不久,他们好不容易拿到了上海郊县的一个项目,派去 5 位技术人员,有 4 位嫌条件艰苦、待遇不高而离开。原定 3 个月完成的项目,花了 7 个月才通过验收,公司员工人心浮动。但汪书福挺过来了,创业当年,脉山龙经营收入 150 多万元。

成立初期的脉山龙只要有单就揽,电力、政务各行业都做过。而汪书福认为,系统集成有着很强的物业特性,游击队的做法成不了正规军,应该盯准一个行业,那么,该从哪个行业下手呢?机会很快来了,1998 年初,汪书福去看望一位在证券营业部任经理的同学。当时营业部交易系统出了一点问题,同学正拿着手电筒在乱麻般的线路中寻找出错口。汪书福一眼就看出系统采用的是落后的总线型网络,而且施工质量极差。这个场景启发了汪书福,他意识到应主攻证券行业的系统集成。一方面是因为证券行业正进入新一轮的大发展时期,另一方面智能交换机的出现将促使证券行业对 IT 系统进行升级换代。发展方向确定以后,脉山龙便在证券行业首次推出了以高品质进入的策略。汪书福过硬的技术为他在证券业赢得了人气。曾经有一家证券营业部的交易系统在股市开盘后出现了故障,无法正常运行,连负责维护的供货商都没了招,于是供货商直接建议客户找汪书福,汪书福在中午休市的短短一个钟头里就排除了故障。

品质牌是脉山龙公司在经营战略上的第一个转型,这一招在散兵游勇居多、靠关系获得订单的市场上果然奏效,市场份额日渐扩大。到 2000年,脉山龙经营收入达到了 1500 万元。

2000 年,汪书福又及时抓住了一次"没有对手"的市场机会。这一年,南方基金管理公司搬迁,脉山龙承揽了它的系统集成项目。当时,同行们都认为基金市场太小而很少涉入,汪书福却意识到了其中的潜力,并抢先进入了这个市场。当 2001 年基金迎来大发展时,脉山龙已经顺利地圈走了他们想要的项目,取得了近 80% 的份额。

汪书福把这个转变看作是脉山龙经营策略上的第二次转型。证券业从 2000 年来一直萧条至今,如果没有从该行业及时转移的话,公司将可能遭遇灭顶之灾。2002 年,脉山龙把经营收入做到了 7000 万。

2001 年他参加了思科的供应商大会,在交流中他才发现自己陷入了繁杂的公司具体事务,没能站在更高的角度思索公司的未来,而管理中遇到的种种瓶颈又使他意识到脉山龙的经营战略必须再上一个新台阶。汪书福痛下决心完全跳出工作,于 2002 年到北大光华管理学院读 MBA。

第九章 做人做事与赚钱

做人、做事、赚钱,是我们人生中一直在进行的三件大事。由于我们每一个人对人、事、钱的认知,感悟不同。便导致演绎出各种不一样的人生结局。先做人、再做事、后赚钱。会做人才会做好事、做成事、成大事。能做好事、做成事、成大事才能赚到钱,赚大钱。

做好每一件事

古语"勿以恶小而为之,勿以善小而不为"流传久远。世上有了人就有了事,有人就有事。不仅人与事分不开而且事必然由人去做。不管事情大小,要把事情做好,就要认真去做,用心去做。"用心做好每件事",就是做每件事情都要做到:心到,眼到,手到。

心到:首先要有做好任何事情的愿望,要有那份自觉。要有强烈的事业心和责任感。具有责任感的人,拥有那份自觉和自信,做事勤快,认真细致,热情周到。

眼到:我们知道,细节是容易被忽视的。所以必须善于观察,去发现做的对象。走廊上的废纸片,有人拾起来,有人却视而不见,昂首而过。这种视而不见,就是眼没到。我们上班,要做有心人,眼里要有活。眼里没活,很多机会就错失了,谈何创新,拿什么去争先?

手到:就是"做"了。要把"细节"做好,光想到了看到了还不够,要紧的是做好,做到位。常言道:说说容易做做难,真是这样。把"细节"做好,是要花力气的,是要花时间的。要舍得花时间,舍得用力气,否则一切都是空话。

怎样才算是用心做事?起码要做到三个方面:一是要有用心做事"真心"。正确的思想动机和方法是把事情做出正确的结果的关键。二是要有用心做事的"细心"。只有细心才能以最少的精力把事情做得更好。三是用心做事的"恒心"。事物始终处于动态发展之中,只有以恒心时时处处把握事情的本质和事物可能变化的规律,才能把事态的发展方向,从而把事情做得更好、做得更优。用心做事,是我们每个人应有的一种追求和境界。只有用心做事,把事做好,我们才能赢得尊重,体现价值,获得成功。

唯有用心去做每一件事,注重每一个细节,我们才能在生意场上一步步进步,完善。古人曰:"业精于勤荒于嬉,行成于思毁于随","成大业若烹小鲜,做大事必重细节"等等,讲的都是用心做事、成就大事的道理。

同时,必须把"用心做好每一件事"贯穿于我们各项事情的始终。一个人做一件好事并不难,难的是一辈子做好事。同样,一个人用心做一件事并不难,难的是时时处处皆用心。这就要求我们,要不断地加强自身思想道德修养,提高能力素质,磨砺奋斗意志。"用心做好每件事",这个"心"就是平常心、责任心、进取心和事业心。

大事也是事,小事也是事,事情不分大小,都要"用心去做好"。"天下难事,必做于易;天下大事,必做于细。"就是这个道理。

古英格兰有一首著名的名谣:"少了一枚铁钉,掉了一只马掌,掉了一只马掌,丢了一匹战马,丢了一匹战马,败了一场战役,败了一场战役,丢了一个国家。"这是发生在英国查理三世的故事。查理准备与里奇蒙德决一死战,查理让一个马夫去给自己的战马钉马掌,铁匠钉到第四个马掌时,差一个钉子,铁匠便偷偷敷衍了事,不久,查理和对方交上了火,大战中忽然一只马掌掉了,国王被掀翻在地,王国随之易主。百分之一的错误导致了百分之百的失败,一钉损一马,一马失社稷,细节决定兴亡!

一个阴云密布的午后,由于瞬间的倾盆大雨,行人们纷纷进入就近的店铺躲雨。一位老妇人也蹒跚地走进费城百货商店避雨。面对她略显狼狈的姿容和简朴的妆束,所有的售货员都对她心不在焉,视而不见。这时,一个年轻人诚恳地走过来对她说:"夫人,我能为您做点什么吗?"老妇人微微一笑:"不用了,我在这儿躲会儿雨,马上就走。"老妇人随即又心神不定了,不买人家的东西,却借用人家的屋檐躲雨,似乎不近情理,于是,她开始在百货店里转起来,哪怕买个头发上的小饰物呢,也算给自己的躲雨找个心安理得的理由。正当她犹豫徘徊时,那个小伙子又走过来说:"夫人,您不必为难,我给您搬了一把椅子,放在门口,您坐着休息就是了。"两个小时后,雨过天晴,老妇人向那个年轻人道谢,并向他要了张名片,就颤巍巍地走出了商店。几个月后,费城百货公司的总经理詹姆斯收到一封信,信中要求将这位年轻人派往苏格兰收取一份装潢整个城堡的订单,并让他承包自己家族所属的几个大公司下一季度办公用品的采购订单。詹姆斯惊喜不已,匆匆一算,这一封信所带来的利益,相当于他们公司两年的利润总和!他在迅速与写信人取得联系后,方才知道,这封信出自一位老妇人之手,而这位老妇人正是美国亿万富翁"钢铁大王"卡内基的母亲。

詹姆斯马上把这位叫菲利的年轻人,推荐到公司董事会上。毫无疑问,当菲利打点行装飞往苏格兰时,他已经成为这家百货公司的合伙人了。那年,菲利22岁。随后的几年中,菲利以他一贯的忠实和诚恳,成为"钢铁大王"卡内基的左膀右臂,事业扶摇直上、飞黄腾达,成为美国钢铁行业仅次于卡内基的富可敌国的重量级人物。菲利只用了一把椅子,就轻易地与"钢铁大王"卡内基齐肩并举,从此走上了让人梦寐以求的成功之路。

其实,类似于老妇人这样躲雨的经历,相信我们很多人都有过。可是能够遇到给你搬一把椅子的销售人员估计极少能有人碰到。同样,我们换一种角度,如果我们自己是故事中叫做菲利的年轻人的话。相信也很难有人会像他一样去注重、去在乎这个小小的细节,更别说还主动去搬一把椅子。可能大多数人都会选择漠然以对。

可往往很多时候,这种微妙的小事却起到了关乎成败的决定性作用。所以,无论什么时候,无论是大事还是小事,我们都应该去用心地做好它。

成功始于足下

没有祖业可以继承的人来说,从零起步、一举成为大生意人的机会并不多。即使有一家大公司交给你继承,没有做生意才能你还是要倒闭。大生意人都是从小生意做起的。他们把握每一个小机会,积累资金,锻炼经营管理能力,培养人际关系。这样积土成山,终成大器。

神原裕司郎是一位纯朴的日本青年,家庭既不富裕,也没有很高的学历。但他从不自卑。他认为,在一个充满机会的社会,只要勤劳肯干,迟早有出头之日。从少年时代起,神原便外出打工,将赚的钱攒起来。18岁时,他用积蓄买了一辆自动卸货车,每天驾驶这部车子去建筑工地找活干。他不大计较工钱多少,只要有生意他就高兴。所以各地的工头都很欢迎他,他天天有活干。19岁时,神原卖掉自动卸货车,拿出全部积蓄,还向银行贷了一些钱,买了一部大型推土机。这样每天赚的工钱就更多了。由于神原干活认真又不斤斤计较工钱,那些建筑商都乐意包他的车,他无需辛辛苦苦去找工作,工作反而天天来找他。神原每天早出晚归,忙得几乎连睡觉的时间也没有,他的收入也很可观,每天能赚6万日元。苦干一年后,他又买了一部挖土机和一台推土机,雇人来开。此时,他已完全懂得了赚钱和省钱的窍门,他的事业也迅速发展。三年后,他已拥有各种土木工程机械10部,成为一名土木工程承包商,并设立了神原重机兴业公司。到28岁时,他的公司一年可做2.6亿日元的生意,他本人也成为一位知名企业家。

最笨的办法通常就是最好的办法。神原裕司郎并没有特别好的机遇,也没有运用特殊的方法,他只不过珍惜每一个小机会带来的利益,年纪轻轻就成了成功人士。事实上,任何人采用这种笨方法,一步步壮大自己,都会有一番成就。这比使用投机取巧的聪明法子要可靠得多。有时候,我们珍惜眼前的小机会,也愿意诚心诚意把事情做好,可惜却得不到机会。比如,找工作却没有老板愿意雇用,开商店却没有生意上门。这可能不是能力问题造成的,而是信用障碍所致。你不仅需要有能力,还需要别人相信你有能力;不仅需要诚心做生意,还需要别人相信你有诚意。获得信用也许比获得能力更难,需要坚持不懈的耐心。

佐川清出生于日本新泻一个富裕家庭,少年时,因为跟继母关系不好,中学没毕业,就赌气离家出走,在一家快递公司当了脚夫,从此跟这一行结下了一生之缘。当了二十年脚夫后,佐川清已经35岁,虽然没赚到多少钱,却练得力大如牛。他想,自己年龄不小了,应该有一份属于自己的事业。于是,他在京都创办了"佐川捷运公司"。公司只有一位老板和一位员工,都是佐川清自己。妻子有时也会帮他一把。他确立的业务范围是:在京都和大阪之间,做供应商和代销商的快递生意。佐川清以为自己在这一行有二十年经验,做起来一定得心应手。谁知公司开业后,他根本接不到生意。因为客户对他的服务能力缺乏信心。他每天去拜访商店和工厂的老板,希望照顾一点生意给他做,可人家全不买账。整整一个月,他没有做成一笔业务。

佐川清知道,信用是脚夫的生命,他现在刚开始做,人家不相信他也在情理之中。只要能拉到生意,他就有把握将信用做出来。所以,他毫不气馁,仍天天往客户家跑,一次不成再去一次,表现自己乐意效劳的诚意。又过了半个多月,佐川清终于接到一单生意——大阪"千田商会"的老板见他来了好几次,觉得他可能是个认真做事的人,便委托他将十架高档相机送到一家照相机店。佐川清不敢有半丝疏忽,圆满完成任务。这件事经千田老板在朋友中宣传,人们对佐川清的看法大为改观。不久后,佐川清又接到一单生意——大阪"光洋轴承"的业主委托他运送一批轴承。一般的脚夫都不愿承接这种超重物品,佐川清却满怀欣喜地接了单。每个重达50公斤的轴承,他背上背三个,胸前吊两个,身负250公斤,每天七次往来于大阪和京都之间,见者无不为之咋舌!

佐川清吃苦耐劳的精神深深感动了"光洋轴承"的老板,自此,他将公司所有的快递业务都交给佐川清做。后来,佐川清承接的生意越来越多,他一个人忙不过来,开始雇佣职员,还买了两辆旧脚踏车做运输工具。再后来,"佐川捷运公司"发展成一家拥有万辆卡车、数百家店铺、电脑中心控制、现代化流水作业的货运集团公司,年营业额逾3000亿日元。佐川清本人也成为日本著名财阀之一。

无论世道多么艰难,生意人总可以得到一个小机会。但是,能否把这个小机会做成大机会,完全取决于生意人是否有诚意。如果生意人跳出狭隘的私利计算,踏踏实实把事情做好,诚心诚意为他人利益着想,这才是一等一的做人功夫,也是成为大生意人的唯一捷径。

什么才是简单实用,行之有效的赚钱方法呢?小本创业当是首选。诚然,本小则利小,对于一些有赚钱"野心"的人来说,小买卖还不足以满足他们庞大的胃口。但是,真正能够一夜暴富的人又有几个呢?绝大多数人都没有过人的赚钱天赋,因此,在对"大买卖"充满幻想的同时也是无可奈何的。不过,大买卖虽然不现实,可小本生意倒是每个人都可以上手操作的。毕竟,很多所谓的大富翁、大富豪在创业之初也是白手起家,他们都是从小做起,一点一滴中修炼智慧,一朝一夕中积累经验,在厚积薄发中成就大业。所以,有人说"小买卖是大买卖的源头"、"小钱是大钱的祖宗",此话一点也不夸张。这无非在为我们传达一个亘古不变的真理——千里之行,始于足下。没有庞大的资源,没有过人的天赋与经验,那我们就从"小"开始,踏踏实实赚钱,积少成多,努力地去抓住每一次机遇去积累更多的财富。

善于利用原有资源

相信我们所有人都有过想要创业、做生意的念头,或者正在创业、做生意的过程中,亦或是曾经做过。毫无疑问,很多人在想要做生意的时候,都会面临这一个难题,那就是缺乏资金。俗话说,一分钱难倒英雄汉。这句话并不夸张。赚钱离不开资本,做生意更是不能没有本钱。可这钱从哪里来呢?

以前有一个人,家里很穷,穷到家里的破瓦房都不能加上一片新瓦片,已被列入危房,但是因为贫穷而无可奈何。万般无奈之下,他只能寻求亲朋好友帮忙,每当给人提及时,甚至都会忍不住落泪。然而,对于他的困境,却是没有任何一个亲朋好友愿意伸出援手。直到有一天,一个朋友给他出了一个建议。说:"你们家虽穷,但有一块好的地皮,那是一块商业宝地,可以起四间房子宽。如果可以销售一半,就可以筹够钱在另一半起房子。"这片土地是责任地,只能自己起房却不能转售。听说朋友的建议后,他立即刊登告示,要把宝地出租,很快就有生意人上门洽谈租地事宜,租出一半的地皮,合同租期 50 年,租金一次付给 20 万,就这样很快就可以建起了一个漂亮的楼房,还有一点余钱做小本生意,从此过起快乐的小日子。这一次方法运用成功后,本地小学与村委会也都利用了这个优势,不投入任何一分钱在临街面建起了一行行商铺,而他们只改变了一个方式就是,租用者按统一规划自己出资建起商铺,5 年内免收一切费用,5 年后商铺归单位所有,如再租用则再按市场租金合理收租。这样的方法一样成功地借用别人的资金给自己起房,是一个长久的利益投资方式。

这个事例提示,善于利用原有资源,合理运用就可以无本起家,改变现况。

1996 年,王先生来到广州寻求发展。可在这样一个大都市里,他一没有文凭,二没有好的技术和特长,想要找一份工作又谈何容易。就这样王先生四处寻觅了很久,连身上所带的钱财都近乎耗尽。他焦虑万分,准备无奈返回家乡的时候,却突然看到一个肩挑李果的老汉在叫卖:"李果便宜甩卖,两元一斤!""什么?两元一斤?"一听到这个,王先生就忍不住惊讶了起来,这种李果在他们家乡不过才两三角钱一斤,在这里居然两块。惊讶后的王先生马上意识到了其中的商机。便找到了水果批发市场,一问批发价居然也有一块到一块五的价。王先生顿时忍不住兴奋了起来,当时就与水果老板商议说:"老板,这东西我有很多,到我家乡去,我给你六角一斤怎么样?"水果老板听后,立即就同意了并答应随王先生去他的家乡看看,毕竟六角钱的价格对他来说已经非常便宜了。回到家乡后,王先生马上就在自家门口挂上了"四角一斤收购李果"的牌子。很快就有很多村民蜂拥而至,将李果卖给了王先生。而王先生以四角一斤收购的李果,在转手以六角钱的价格卖给了水果老板,赚取其中的差价。没用多久,王先生便赚了一大笔财富。

许先生在路边有一店铺,原来是开饮食店的,因经营不善亏了本,想改行又没本钱,只好关门。整天只见他在街头走过来又走过去,有一天他惊喜地发现，在广西大新县的这个土湖小镇，一种装粮谷用的铁皮桶很畅销，而以往都从邻县进货，没有一个加工厂。于是他跑到邻县天等镇一家铁皮桶加工店与老板做起了交易。由他门面入股，由厂家以资金、设备、技术入股，在土湖合资开一家铁皮桶加工店。这是在土湖的独家生意，厂方考察后很乐意与许先生合作。由此，许先生没有投入一分钱就成功地做起了铁皮桶加工厂的老板。同时他还学会了制作工艺，又学技术又赚钱。一年后，掌握了技术并积累到创业资金的许先生就自己独干了，成功地做起自己的老板。

很多事实证明，只要我们善于利用机会，就可以赚到大钱。关键是敢于行动。

从一百元到一百万元

33 岁，有的人还在寻觅努力的方向，有的人却已经成为某个领域的佼佼者，王汉荣就是后者。没资本怎样创业，28 岁，他完成了从 0 到 1 亿的跨越，吃了深圳汽车用品超市的螃蟹，在宝安开设了当时全市最大的汽车用品中心，大到汽车轮胎、汽车音响，小到防滑垫、汽车香水等上万种汽车用品像普通超市一样敞开摆设、明码标价、自选销售，令消费者耳目一新。

23 岁时他利用一次机遇赚到了人生中第一个 100 万，还认识了一个一生中最重要的人。这一切还得从他 18 岁从农村到深圳打工之路说起，没有那段尘土飞扬的日子就没有今天的王汉荣。王汉荣 4 岁丧父，母亲一手把他们 3 兄妹拉扯大。为了帮补家计，还在读初中的他就跟着哥哥一起收集村里人采的草药，然后转手卖给药材公司，赚取微薄的差价。没资本怎样创业，可就是这样一倒一卖，每个月竟也能赚回数百元，王汉荣第一次尝到了做生意的甜头。1990 年，村子里有位在钟表厂当师傅的远房亲戚游说王汉荣去当学徒，他几乎没怎么想就揣着哥哥给的 150 元来到了深圳。刚到工厂，师傅就分给他一顶帽子和一个口罩，他开始了每天十几小时的工作，用麻布轮和蜡给表带和表壳打磨。王汉荣很清楚地记得，第一个月的工资也是 150 元。

没多久，带他出道的师傅与老板因分成而发生争执，又带着他们跳到了别的厂。不论在什么地方，王汉荣都像海绵一样不断吸收着，学习别人的技术。1991 年底，他已经成了打磨车间的骨干，每个月能拿到 1000 多元工资。第二年,他却作出一个重要决定,跳到一个工资不足千元的机械加工厂工作,原因是凭他的技术能够当上生产组组长。每个人都是需要别人的肯定,我也不例外。这回还是打磨,所不同的是终于跟他未来的事业沾上了边,打磨的是汽车防盗锁。没资本怎样创业,没过多久,这家原本做外销的工厂转为内销,需要开拓国内市场,一个跟他很谈得来的车间主任就推荐他去跑业务,因为他会说广东话方便沟通。

1993 年,深圳汽配厂最集中的地方在翠竹路,而王汉荣工作的工厂在蛇口,每天他都要横穿整个深圳市区。终于在一位远房亲戚的引荐下,他向湖南郴州车管部门推荐了适合当地使用的防盗锁,车管部门要求他尽快送两万多把防盗锁到郴州,货到付款。当时两万多把锁需要 200 多万货款,他上哪里筹这笔钱呢?后来他决定向工厂让利,将其中的差价让给工厂,自己每把锁只赚几元钱。能够做成这笔生意很重要的原因是他不怕吃亏,如果他对利润斤斤计较,也许最后连 5 万元也赚不回来。1994 年,有近两年推销生涯的王汉荣已经有不少固定客户了,这时他在宝安 54 区广深高速公路旁开了间好利时汽车五金门市部。当时,深圳只有一个香港人在做汽车用品的批发生意,汽车用品生产厂家大多集中在台湾、香港,只要找到他们的国内总代理,就能拿到货。有了目标,王汉荣很快与代理公司建立了稳定的联系。

1995 年对于王汉荣是一个质的飞跃,两个重要的机遇出现在他身边,他都好好地把握住了。内地有些地区接连发生高速公路连环车祸,公安部下令上高速公路的机动车必须安装后雾灯,安装公安部指定生产厂家的后雾灯。基本上只要你能拿到符合要求的货,就一定好卖,他的店里每天夜里 12 点多还有人排队等着提货,去给车主安装。因为他能第一时间拿到紧俏的货品,所以行内有越来越多汽配店闻风向他订货,甚至包括广州的汽配店。但这一年最大的收获还是在业务往来中认识了一个高佻、亮丽的广州女孩,一家经营汽车电子防盗产品的香港贸易公司的销售主管。女孩也是从售货员、收银员、销售主管这样一步步做上来的,跟他很谈得来,爱情的种子就在王汉荣心中悄悄萌芽了。每到广州送货,王汉荣就往女孩店里跑。其实女孩也早就喜欢上了这个诚实、有干劲的小伙子。第二年,在后雾灯生意最红火的那一年,他们结婚了。深受香港经营理念熏陶的太太不仅帮王汉荣在后雾灯生意中稳妥地赚到了第一个 100 万,更重要的是鼓励他生意一定要做大、做强。不然也就没有了后来全深圳最大的汽车用品卖场。

在汽车用品批发利润日渐微薄的时候,刚刚兴起的汽车用品的零售利润却相当可观。1997 年,在太太的建议下,王汉荣租下了位于宝安 39 区的旧海关报关大楼一楼 110 多平方米的商铺作为门面,楼上 1000 多平方米的仓库作为仓储式超市。当时,一楼每平方要 70 多元,二楼仓库他拿到了厂房价,每平方米仅 10 多元,即便如此一个月的租金也要两万元。不到 3 年时间,王汉荣的好利时已经在宝安独占汽车用品市场的鳌头。

好利时从此步入了稳定发展期,不仅可以自主生产汽车化工、五金、音箱及布艺等产品,还拥有由全世界范围内的 300 多家采购商组成的采购网络,并向全国 800 多家经销商供货,其中深圳占了八成。此后由好利时投资设立的爱车空间汽车服务有限公司在人气最旺的华强北商业区开业。

因为肯吃苦、不怕吃亏,当初在机械加工厂的车间主任给了他一个当推销员的机会,让他迈上了销售的成功之路。没资本怎样创业,也是因为诚恳、亲切,与许多汽车用品生产厂家都成为了好朋友,共同成长,所以他总能够拿到比别人更便宜的友情价。还是因为诚实、随和,那个漂亮的广州女孩愿意放下安逸的一切,跟随他到深圳,助他事业再创高峰。

"上帝总是眷顾勤奋的人。"成功的前提,在于我们付出了多少的努力。若是我们一贯的懒散,不知勤奋,努力,不思进取。又谈何去把握成功。

"吃"出一个财源滚滚

有凭体力和顽强意志苦拼苦斗发财的;也有靠智慧以非凡的才能,轻轻松松获取事业成功的。河南省南阳市就出了这么一个奇人只凭一张嘴,靠"吃"而发财的。他大学毕业后又留洋海外攻读硕士学位,学成归国之后,却以"品菜"为谋生手段,成了远近闻名的"吃"才,就靠一张会"吃"的嘴,年收入超过 30 万元,"吃"出了精彩人生。

30 岁的闫立文出生在河南省南阳市民主街一户普通市民家庭。父母虽然都是机关干部,但爷爷闫天喜却曾是远近闻名的厨师,尤其是"闫天喜饺子"曾被河南省评为著名小吃,就连他家祖宅"闫天喜饺子馆"也被南阳市定为重点文物保护单位。闫立文从小就爱跟着爷爷"混吃混喝"。爷爷除掌管饺子馆以外,还常被有红、白喜事的人家请去掌勺。闫立文上中、小学时,每逢星期天或节假日,小立文就像跟屁虫一样跟在爷爷的身后,到办红、白喜事的人家去吃山珍海味,因此练就了一口吃的功夫。

　　蒙上他的眼睛，无论夹一筷什么菜放在他嘴里，菜里放了什么调料，这道菜的盐味、火候、刀功及配料怎样，他都能说得头头是道，甚至比他爷爷讲得还清楚。因此人们都说，这孩子长大了不得了，肯定是一个比他爷爷还要有名气的厨师。然而，闫立文仅对吃菜有兴趣，对做菜却不屑一顾，根本不愿动手去做。见他这样，爷爷只好摇头叹气，说他将来肯定成不了厨师，顶多能成为个会"吃"的人。1992 年，闫立文以优异的成绩考上了河南大学。由于他会吃且懂吃，被同学们推举为学生会的膳食委员。因此，他没少为饭菜的质量问题，跟食堂闹意见。4 年间，弄得这个食堂换了 3 任大厨。这在具有百年历史的河南大学是绝无仅有的事情。

　　闫立文大学毕业后，又考了托福，顺利地到美国加利福尼亚州立大学攻读硕士学位。他到美国以后，又迷上了西餐。利用学校的节假日，他不仅跑遍了美国的 50 个州，而且还经常到欧洲各国旅游。而他每到一处，观赏山水风景是次要的，首要任务就是吃。他吃当地的土特产品，吃当地的风味小吃。3 年的读书生活，他几乎吃遍了欧美。父母曾多次劝他趁在国外的机会，打工挣些学费，也好减轻父母的负担，但他对父母好心的劝导总是这个耳朵进去，那个耳朵出来，根本不当一回事，依然"乐吃不疲"。

　　所以，他留学期间一个人的花销比平常两个留学生都多，父母很有些吃不消，但也没有一点办法。2000 年，闫立文拿到硕士文凭之后，又想攻读博士，可他的父母早已为供他留学而债台高筑了，说什么也不肯再继续供养他了。而闫立文呢，除了读书和到处"胡吃海喝"以外，根本没有想过打工挣钱读书的事。无奈之下，他只得回国寻求发展。2000 年 3 月，闫立文回国后，开始到北京、上海、深圳、广州、重庆、西安等城市寻找工作，只要听说哪里召开人才交流会，他立马就奔赴而去，不料却四处碰壁。为找工作，闫立文伤透了脑筋。而且，一个留学硕士，整天闲在家里无所事事，花个零钱还得伸手向父母要，闫立文心中很不是滋味。一年多的时间过去了，闫立文硬是没找到工作，"海归"成了名符其实的"海待"。

　　2001 年 4 月 20 日，南阳市要举办"首届中国玉雕节、中国传统医药学节暨经贸洽谈会"（以下简称两节一会），届时将有大批国际友人云集南阳。而南阳尚未举办过类似活动，缺乏对大批外宾的接待经验，尤其是外宾的膳食问题，成了接待中急需解决的头等大事。这时，有人想到了闫立文。"两节一会"组委会的领导抱着试试看的心理请来闫立文一谈。果然，闫立文对西方人的饮食特点讲得头头是道，组委会的领导非常满意。于是，他就成了"两节一会"的临时接待员，主要负责膳食方面的接待任务。

　　回国一年多,闫立文终于找到了一份临时工作。尽管如此,闫立文仍然非常兴奋。他走马上任后,立马将具有外宾接待任务的银都建国饭店、南阳宾馆、国际饭店、梅溪宾馆等几家宾馆、饭店的餐饮部经理和大厨找来,强化培训了一个星期,然后到这几家饭店,一道菜一道菜地品尝,提出改进意见,直至满意为止。之后,他又教服务员接待外宾时的礼节和饭菜的端法,端到餐桌上的摆放方法,以及客人用餐时,服务人员应该干些什么,怎么干,指导得非常具体。结果这次接待任务非常成功,外宾们吃了饭菜后都翘起大拇指说:在中国很少能吃到这么对口味的饭菜,而且对接待人员的服务也很满意。后来,南阳市“两节一会”签下了10多亿美元的合作项目。大会组委会一高兴,奖励了闫立文现金1万元。

　　拿到奖金那一刻,闫立文眼睛一亮:自己不就是品尝品尝饭菜,给人们提了些意见吗?就值这么多钱?自己还找什么工作呀,这不就是现成的工作吗?况且这工作不仅很适合自己,而且来钱又快,同时随着我国对外开放力度的加大,外国人来中国的会越来越多,而中国在专门针对外国人的饭菜研究方面又相对滞后,若自己干这一行的话,“钱途”肯定错不了……闫立文越想越激动,于是就下定决心干这一行了。

　　闫立文带着要当职业“品菜人”的想法同父母商量,想得到父母的支持,不料父母听后坚决反对。爸爸说:“咱家人好几辈子尽出大厨,到我这一辈好不容易改了门风当了干部,不料又出来你这么个东西,甚至连菜都不会做,偏要将吃作为职业,真是家门不幸!”妈妈则说:“你这孩子从小就是个馋猫,整天跟在爷爷身后胡吃,吃上了瘾,早知道你这么不长进,让你上什么大学留什么洋!”

　　一些好朋友也来劝说他:你一个海归硕士,将来到外资企业或跨国大公司找份工作多好,千万别因为暂时找不到工作就自暴自弃。闫立文想当专职“品菜人”的消息一传出,街坊邻居也议论开了。有的说,自古以来,只听说“吃”穷家业的,没听说过靠“吃”致富的。也有人讽刺说:人家是喝过洋墨水的人,他怕是被洋人弄坏了脑子,想吃好东西想疯了。父母的反对,朋友的劝阻,人们的冷言冷语,也曾使闫立文产生了动摇,他为此苦恼过一段时间。后来,他将自己的苦恼在网上告诉了在美国读大学时的指导老师哈恩伯特·亨利教授。亨利教授建议他先做市场调查,如果市场有需求,就不要顾忌别人说什么。

　　听了亨利教授的建议,闫立文立即跑到郑州、西安等地进行市场调研。在市场调研时,他听到这样一个故事:美国的一家公司欲在西安投资一个几千万美元的项目,当该公司派人到西安考察时,热情的西安接待方用中国人最丰盛的满汉全席招待美国客人,一顿饭就吃了5万多元人民币。然而,就是这顿饭吓跑了投资方。原来,美方认为西安人太铺张浪费,因而将钱投到这里很不放心。结果接待方好心却办了件错事。就是这件事坚定了闫立文当职业品菜人的决心。他想,当时如果有一个懂得美国人饮食习惯的人及时进行指导,说不定花不了几个钱,那个美国考察团的人就能吃好,进而将投资的事情谈妥。从这个意义上讲,品菜不仅仅是解决人们饭菜的口味问题,还牵扯到招商引资等问题。通过这次考察,闫立文更加坚定了做职业"品菜人"的决心和信心。

思想坚定以后,2002年6月,闫立文在南阳市最繁华的中心广场附近,租了两间房子做为自己的工作室,他的品菜工作室正式挂牌开业。开业以后,闫立文就在工作室坐待顾客上门,心想生意肯定错不了。不料,开业3个多月了,一笔生意也没有。

刚开始时,由于人们不知道"品菜"是什么行当,还有人前来看稀罕,一段时间过后,当人们弄清楚品菜是怎么一回事后,就再也没有人登门看稀奇了。看没有人肯登门相邀,闫立文就主动出击,尽管一开始他将品菜的价位定得比较低,品一道中式菜收100元,品一道西式菜收300元,结果他跑了许多家中高档饭店、宾馆,腿快跑断了,嘴皮子都磨破了,竟没有一家肯请他品尝的,就是免费品尝人家也不肯,甚至有人说他是借此为名混吃喝。还有些地方,听他说明来意后,就很不客气地将他扫地出门,弄得闫立文很尴尬。

这时,有好心人前来劝他:"立文啊,就算你嘴上的功夫真过硬,可人们不买你的账怎么办?南阳是个中等城市,中外合资企业还不到百家,我看你还是务实点吧!"父母也催他收拾摊子另谋职业。这时的闫立文真有点骑虎难下:不干吧,肯定给别人留下话柄,弄得自己今后不好做人;干吧,又没有生意,因为开业已借了朋友好几万元,再撑下去恐怕要赔得更多。下一步到底怎么办?闫立文自己一时也没有主意。恰在这时,南阳一所大学的几名外教与学校的厨师闹起了矛盾,外教说厨师做的饭菜味同嚼蜡,而厨师则认为自己的手艺非常上乘,双方公说公有理,婆说婆有理,连校领导都没有什么解决的办法。后来连续换了几个厨师,那几个外教还是不满意。这时,学校的后勤处长想到了闫立文,连忙到他的工作室来咨询。

由于是第一笔生意,所以闫立文做起来格外认真。他随同那位处长到了学校以后,首先找那几名外教座谈,了解他们的国籍与饮食习惯,以及他们对学校厨师的主要意见。然后,他又来到厨房,让厨师做了一份意大利牛排,一尝,闫立文自己也啼笑皆非了。原来,这位厨师按照中国的传统做法,把牛排做得太熟了。闫立文又品尝了厨师的另一道菜,果味布丁,而这道菜又做得太生了。这两道菜如果让中国人吃,可能认为味道鲜美,但这几名外教却实在无法吃下。闫立文尝过以后,中肯地向厨师提出了自己的改进建议。厨师按照他的建议将这两道菜重新做了一遍,再次让闫立文品尝,他还是不满意。后来,厨师一连做了七八遍,闫立文才满意。而厨师自己将闫立文满意的菜放到嘴里一尝,半咸不甜没什么味道不说,甚至连咬都咬不动。他说自己干了20多年厨师,从来未做过这么不像样子的饭菜。可闫立文偏让他端给那几名外教吃,厨师只好抱着试试看的心理端给了外教。不料,那几名外教吃了都说好,还竖起拇指将这位厨师夸奖一番,这才使这位厨师对闫立文心服口服起来。闫立文在那所大学一连指导了一个星期,对十多道西餐菜品尝了100多次,指导厨师学会了12道外教爱吃的西菜。

品菜结束时,由于是第一笔生意,他实行减半收费,只收了人家1.5万元钱。这是他的工作室开张半年多来的第一笔收入。闫立文从这笔收入中,又看到了希望。打这以后,闫立文的工作室的状况才有所好转。

南阳一家报纸对闫立文在南阳某大学"品菜"调解了外教与厨师矛盾的事作了报道。文章发表以后,在南阳产生了不小的影响。原来,这所大学存在的问题,在其他单位也不同程度地存在着。看到报纸,人们纷纷找上门来,邀请闫立文到他们单位,前去品菜和指导对外国朋友的膳食工作。

尽管邀请的人多了,闫立文仍然一丝不苟地工作,力争做到主、客双方满意。为了将工作做得尽善尽美,他还根据外国人吃东西讲究营养的特点,购买了许多营养学方面的中外书籍,深钻细研,撰写了大量的读书笔记,并根据不同人的饮食特点和营养学原理,制订出详尽的食谱。除了口味上满足外国人的需求以外,在营养搭配上也做到科学合理,并将每道饭菜的蛋白质、糖、脂肪等营养成分的含量,甚至钙、磷、铁、锌、硒等矿物质和维生素的含量,都计算得清清楚楚。

在工作中闫立文还发现,外国人吃饭讲究营养,而中国人讲究色、香、味俱佳,两者相比,各有所长,又各有所短。他想,最好能将二者有机地结合起来,互取对方之长,补己之短,使烹饪出的食品,二者兼得,优缺互补。于是,他就对这方面潜心研究,为此,他熬过许多不眠之夜,设计过无数方案,取得了一些成果。取得初步成果之后,他就将这些研究成果运用到品菜和指导膳食的具体实践中去。后来,凡是接受他指导的单位,那里的外国朋友没有不满意的,许多人还和他成了好朋友,有什么心里话都愿意跟他说。因为他的工作卓有成效,所以请他品菜的人越来越多。有几家合资企业,甚至将他聘为长年的膳食顾问。这样一来,闫立文的品菜工作室在南阳渐渐有了名气。

做生意也需要坚持,很多人都是因为遇到挫折,受不了打击而放弃。有时候也许你在坚持一下,说不定迎来的就会是成功。遇到挫折不怕,怕的是你不敢去面对,不去想办法解决。

第十章　商机无限，要做有心人

"机遇往往偏爱有准备的人。"在我们生活中，总会有很多你意想不到的商机，可以说商机无处不在。就看你能不能把握住。卡耐基说："我们多数人的毛病是，当机会朝我们冲奔而来时，我们兀自闭着眼睛，很少人能够去追寻自己的机会，甚至在绊倒时，还不能见着它。"只要你够细心，有准备，就能够去发现商机。就能够创造财富。

广交朋友有商机

所谓朋友多了路好走，想要获得成功就要先学会做人。

一年前，大学毕业不久的景明飞四处举债，开了一家平价水果店。最近，他又开了一家连锁店，两家店现在日均销售额接近 1 万元。景明飞说，创业成功多亏朋友们帮了大忙。

"周末的时候，我特别喜欢坐着公交车出去闲逛，多数时候没有目的，但是每次出去都能有收获。比如，哪里刚开了一家新店，哪里又新建了一个小区，哪条路又要拓宽……"景明飞轻描淡写地说，从老家菏泽来到济南，没用一年的时间，城区大部分的路段他都逛了个遍，一些赚钱的机会也在心中有了个基本的"谱"。

为了开文化东路的水果店，景明飞几乎借遍了所有朋友的钱，共凑了 5 万块钱，随后又从银行贷款 10 万元。景明飞说，当时真是豁出去了。

"开业第一天，顾客的数量超出了我的预期，当天的营业额超过 3 万元。第二天，依旧火爆，接近 2 万元。第三天，卖出去 1.5 万元……"然而，交完房租，垫付完批发水果的资金，所有的钱又都花出去了。"那时真是身无分文，中午的时候，我连给员工买午饭的钱都没有了。"

接下来的六、七、八月份，本地水果大量上市，水果店也迎来生意最差的三个月。"那段时间，我每天几乎都在店里盯着，营业额到多少了，还差多少就能保本了……"小景说，一想到每天近千元的房租，以及员工的工资,他就盼望着水果能多卖一点,再多卖一点。

中秋过后,文化东路的这家店终于迎来了稳定盈利期。"每天固定的顾客有三百多人,周末两天五百人左右,每天的营业额基本稳定在六千多元,盈利状况也不错。"

今年五月十八日,景明飞再次贷款10万元,在华龙路开了一家连锁店。"有了前一个店的经验,这个店的经营我很有信心。"说起自己创业的准备,小景说,在学校学生会的几年,给了他很大的锻炼,也让他有了一定的社会关系。"在我资金最困难的时候,是我在大学里认识的一些朋友帮了大忙,一个做物流生意的朋友,一下子借给我一大笔钱。"而在卖场开业之前,店里的电脑、监控设备、货架都是大学同学帮忙找的货源,以很低的价格拿到的。

除了这些关系,创业时期还需要有得力的助手。景明飞说,自己的哥哥在广告公司工作,店里所有的海报、宣传彩页和价格单都是哥哥帮忙设计的。他弟弟以前做过水果生意,在这方面也算是个小行家,有了这些得力助手,他很快就开起了自己的店。

"可能有的人会觉得,在生意场上交朋友会很累,其实只要真诚相待,生意场上也会有朋友的。"小景说.

如今,景明飞每天晚上都得忙着接货,经常忙到凌晨一两点钟,睡几个小时之后,早晨六七点钟就要起床,然后来到店里。"一年多了,我一直按这个时间表作息。"

去年春节,景明飞和店里的员工们一样,没有回家过年。"当然,春节那个月的销量也是全年最高的,一个月把三个月赔的钱都给赚回来了。"虽然累点,说起自己的辉煌成果,小景还是一脸的自豪。

"选择这个新店,我考察了很长时间。"景明飞说,水果店要想开得好,选址特别重要,这也是他开第一家店时的原则。"这里紧靠大路,对面又是一个小商品批发市场,再加上周围有几个高档小区,人流应该没有问题。"

开业后的第二天,时间刚过中午,店里的营业额就已经突破3000元,景明飞对自己的新店满怀信心。"这家店稳定了之后,我继续再开新店,争取一年开一家,在整个济南遍地开花。"

除此之外,做生意时,广泛的交际也很重要,俗话说和气生财。

生意竞争激烈残酷,需要生意人有广泛的交际。在交际中,生意人可以得到充分的信息,也可以得到广泛的支持。对于生意人来说,"人情"真是一笔不可估量的财富。生意人从事生意活动的目的无非是想使理想付诸于行动,实现自己的价值。而"人情"这东西不仅给你财富,还使你拥有被人群欢迎喜爱的充实感、快乐感。生意人应该掌握一些交际的技巧,以便于扩展自己的人际交往。生意人情是代表某人或因某人请求而做出的姿态,目的就是为了使他觉得欠你一份情。但是如果为别人做好事却被视为"为了偿还什么,那么其效果将会大大减弱"。

有些生意人常常把人家为他们办的好事和他们为人家做的事记录下来,以便有机会"扯平",其实这样做是极不明智的。一位精明的生意人应当十分清楚该如何把握与员工的人情,而哪些人情又是不必要做出的。

维尼和鲍勃是一对生意上的伙伴,一次偶然的机会,维尼得知鲍勃的小儿子是美国著名歌星迈克尔·杰克逊的狂热歌迷。不久,维尼先生恰好参与组织了一场杰克逊的个人演唱会,于是他便给鲍勃打了电话,告诉他有关演唱会的事,并询问他的儿子是否愿意得到一场贵宾入场券。鲍勃儿子得知此事欣喜若狂,而鲍勃对维尼也是万分感激。如果你想打动你的主顾,那就为他的孩子们做点事情吧!孩子的快乐也就是父母的快乐。这有时虽然很容易做到,但让人感觉到你的用心良苦并为之感动却不太容易。对你的主顾来说,这要比你为他本人做任何事还要好得多。

关于你生意上最重要的伙伴家庭,你知道些什么?对此,是否关心,或者花过时间去了解?其实朋友的家庭生活情况往往包含有大量对你有用的信息。如果你想做一个能让人长期感激的生意人,那么你不妨去做对方的中间人,把同你没有直接利害的双方撮合在一起,这样双方都会铭记你的功劳。

但人情不管是大是小,不管是长是短,最重要的一点是:要么你做完它,要么让对方知道为什么我没能做成它。对于这些生意方面的小事,人们似乎记忆得最长久,而没有给予重视或不了了之的诺言则会牢牢地印在别人的脑海里。几年一晃就过去了,直到某一天,人们会突然提起某件事,念起你来,想起你的好处,那么,这种深刻的"良好"的印象会使你的生活、生意都获益匪浅。

记住,"奸商"只能造就一时的得意,却不能让你品味美好人生。只有"与人为善"、"共同发财"才能让你长久而不孤单地成功下去。

小女子在火车上发现的生财之路

　　王佳璐出生在湖南省的一个工人家庭。高中毕业后,她先后在服装店、超市打了几份工,但一直都不理想,便想出去闯闯。一天,远在深圳市福田区一家珠宝首饰厂的同学吴琳打电话来让他过去。末了,她告诉王佳璐,她家有深圳市地图,要王佳璐去拿来看看,先熟悉一下深圳的地形。挂断电话,王佳璐便立即赶到吴琳家中,取来地图,几天后王佳璐便登上了从怀化开往深圳的火车。一路上,王佳璐兴奋不已,拿出那张地图看了又看。车厢里不少乘客也和王佳璐一样是第一次去深圳,看见她有地图,便纷纷过来借阅。王佳璐是个热心人,见别人相求,便大方地将地图借给他们。不想一个传一个,等地图最后回到王佳璐手中时,已变得破烂不堪。

　　到深圳后,王佳璐很顺利地就进了同学所在的工厂。这是一家韩资珠宝首饰厂,虽然工资不低,可加班时间长,更让人受不了的是制度特别严,王佳璐受不了就辞了职。她原以为深圳工厂这么多,找份工作应该很容易,没想到奔波了十几天,一点收获也没有。

　　一天,在街上,一个女孩向王佳璐问路,联想起火车上大家向她借地图的事,王佳璐竟冒出一个大胆的念头:既然工作这么难找,自己何不去卖地图呢?王佳璐算了一下,一趟客车至少有2000多人,只要有十分之一的人买地图,就可以卖出200册,按每本赚2.5元钱计算,每趟就可赚500多元,除去车票开支,可净赚300元。一个月跑10趟,每月可挣3000元,到哪里去找这么好的挣钱门道啊!王佳璐越想越兴奋。刚巧,7月12日是王佳璐爷爷七十大寿,家里要她回去给爷爷祝寿,王佳璐便向吴琳借了800元钱,到八卦岭图书市场买了200本深圳市地图,准备先试试看。

　　第二天,王佳璐上了从深圳开往怀化的火车。一上车放好行李,王佳璐就拿出10本地图册在车厢里推销起来,但令她失望的是,忙活了一整天,除了几个旅游的大学生买了一本外,再也没卖出去一本。出师未捷,王佳璐不知道自己错在哪里。等火车到了湘潭,父亲看见王佳璐提了一大袋地图册,便不解地问:"要你回来给爷爷祝寿,你带一大袋地图册回来干什么?"王佳璐便把自己在火车上卖地图的事儿告诉了父亲。父亲听完对她说:"买地图的人通常都是去那个城市的人,而你在即将离开深圳的人群中卖深圳地图,有谁会买呢?"听了父亲的话,王佳璐为自己的阅历浅薄而感到惭愧,同时也更坚定了卖地图的信心。

在家呆了四天,王佳璐就返回深圳。和上次一样,王佳璐一上车就拿出地图在车厢里叫卖。此时正是毕业期间,许多大学生都到广东去找工作,见有深圳地图卖,纷纷购买,车还没到韶关站,近 200 本地图就被抢购一空。回到深圳,王佳璐一算账,除去成本,净赚 300 多元,虽然钱不多,但王佳璐还是为自己的发现而叫好,她打定主意,要将卖地图的生意坚持下去。

有了第一次的经验,第二次出征前,王佳璐特意用三合板作了一块"出售深圳市地图,每册伍元"的小招牌,这样既不用吆喝,又能让每位乘客都看清楚。这一次的收入竟是上一次的两倍,足足赚了 600 多元,连好友吴琳也改变了看法,对她说:"佳璐,你为什么不沿途再卖些广州、东莞的地图,那样收入就会更高了。"其实,一路上有不少乘客也向王佳璐提出过类似的需求,吴琳的想法正好与王佳璐不谋而合,这令她高兴极了,好友吴琳这时也加入她的行列。

2005 年 4 月的一天,王佳璐和吴琳坐在一起,总结几个月来的成绩,吴琳提议说:"我们这样来回跑,可每次只做单边的生意,另一趟总是白跑,我们为什么不可以在来深圳的列车上卖深圳地图,在离开深圳的火车上卖其他城市的地图呢?"一语惊醒梦中人,王佳璐当即就给爸爸打电话,让他到长沙市图书市场批发了 500 册长沙市地图,用特快托运到深圳。果然,从深圳返回湘潭的列车上,王佳璐她们就卖出了好几百本广州和长沙的地图,由于没有增加开销,这些多卖的地图几乎等于白赚。仅 2005 年 5月,王佳璐和吴琳就沿着这条京广线来回跑了 12 趟,足足赚了 1.6 万元。转眼到了 7 月,王佳璐的弟弟大专毕业,因一时找不到好的工作,索性也加入她们的队伍。王佳璐经过精心考察,为他开辟了南昌至北京的新线路,因为这条线途经北京、石家庄、郑州、武汉、长沙、南昌五个省会城市,购买地图的人自然不少。这样一来,王佳璐的地图生意正式开辟了三条线路,她的收入也就更高了。

短短几年,王佳璐通过卖地图,就赚取了她人生的第一个 10 万元。直至现在,火车甚至一些城市的地铁内都有人还在卖地图。

生意有大小,但赚钱无大小,再小的生意也有赚大钱的时候。

高材生卖猪肉致富

陆步轩,2003 年因媒体报道"北大才子街头卖肉"而一炮走红。3 年后,北大师兄陈生也在广东悄悄盖起了猪舍。如今,陆重新回到了政府部门,而陈却将"卖猪肉"做成了事业。目前,在广东各个城市,分散着 500 多家"壹号土猪"档口,去年销售量近 20 万头,销售额近 6 亿;2013 年初,其迈开扩张步伐,强势挺进上海,并计划跨过长江而北上。

北大经济系毕业的陈生以"劣币驱逐良币"的理论分析当时的猪肉市场格局。"自由市场竞争下,好的猪肉都被劣质品替代,鱼龙混杂。"2006年,他在广东做了大量实地调研,结果显示广州土猪猪肉仅占 1%,湛江市占 30%,县城占 50%,而乡镇一级则几乎是 100%。"这是一种非常不合理的格局,相对富裕的城市人吃不到好的东西,乡下人反而吃的是最好的。"他意识到机会来了。

回到湛江的农村老家,陈生果断撤了鸡栏,开始投建猪舍,先期投入几百万元买了 2000 头猪。这也是其与陆步轩最大的不同,陈生的计划是覆盖从生产、配送到销售终端一体化的整个产业链条。

不幸的是,他的第一步被母亲言中了,在与猪打交道的过程中,知识分子显得捉襟见肘。按照现代企业制度,陈生实施 8 小时工作制,但猪种的成活率只有 85%。"比如很小的一个细节,员工实行三班倒,当两人交接时恰逢猪生崽,两人稍不注意就会导致死亡率升高。"

陈生表示,"坐在城市写字楼里的人都觉得养猪是件简单的事,其实是他们不懂。"2011 年,网易创始人丁磊高调宣布"养猪计划",有人高呼第二年就可以吃上丁磊的猪肉。而陈生同样以"不懂"揶揄他们。

为提高成活率,陈生转向"公司+农户"模式。公司租农民土地集中建猪舍,再以承包方式交给农民,并提供种猪、饲料和药物等,但承包者必须进驻猪场,一旦出现猪死亡,农民损失自担。"这种集中化、规模化的模式绝对不同于其他农牧企业的分散式承包制。"陈生特意强调这一点,"现在成活率达到 98%。"

生产驱动,从源头把控的模式为"壹号土猪"设置了第一道质量防火墙。不过,成本的加大直接推高了终端价格,但从市场销售看,33.8 元/斤(瘦肉)的土猪一号依然火爆。

陈生曾说，卖猪肉这个行业，营销是最难的。"会养猪的不一定会销售，会销售的不一定会养猪，而要从两者间找到最佳结合点，我觉得我们公司两者兼具。"但如果说壹号土猪品牌已经成功，恐怕50%的功劳归于他对市场的改革、改善的能力。

摆地摊摆出百万财富

谈东升在10多岁时就想出去做点生意。12岁时，因为调皮害怕父亲下班回家后责骂，谈东升向舅父借了20元钱，一路逃票扒车，来到远嫁湖北仙桃的姐姐家。此后，他在仙桃包过砖窑，到新疆开过推土机，到福建做过外贸。最终他败走福建石狮，选择到武汉重新创业。那年，谈东升24岁。

1991年来汉后，他仅有57元钱，花30元租了一间房子，开始在汉正街闯荡。他开始在汉正街摆地摊，"那时候经常为抢地摊位置打架。"谈东升说，"还好慢慢撑过来了。"12岁离家出走后，谈东升曾回家待过一年。一次，父亲让他和哥哥将家里种的葱拿到街上去卖。父亲告诉他们兄弟俩，葱的成本是2角/捆，让他们拿到街上卖5角。哥俩到市场后，分开选了摊位。谈东升以3角/捆的价格很快将葱卖完了。哥哥却非5角不卖，结果一捆也没卖出去。年幼的谈东升并不知道这是"薄利多销"。谈东升最初在汉正街摆地摊时，成本5分的钢丝球，别人卖1元两个，谈东升卖1元4个，一个虽少赚2角5分，销量却数倍增长。"虽然不同时间，卖的东西不一样，但做生意的道理却是相通的"。

在汉正街站稳脚跟后，谈东升的生意人潜质越来越多地释放出来，每每在关键时候出奇制胜。1999年夏天，有一种叫"跳跳娃"的玩具风靡武汉三镇，汉正街很多商家抓住了这个商机，大赚了一笔。虽然反应有些滞后，错过了最佳时机，但谈东升没有放过这次学习的机会，风风火火地赶到浙江义乌"跳跳娃"的生产厂家，进行实地考察。玩具往往是"一阵风"。此时，"跳跳娃"在市场上已出现明显滞销。"出厂价也在不停地跌，每天一个价格"。谈东升认为，趁便宜进一批货回去能赚一笔。留守的妻子很清楚武汉市场上的行情，"商品已经饱和，并且大量滞销，汉正街多数商家已经开始向义乌的厂家返货，这个时候怎么能进货呢？"

但谈东升有自己的想法，"武汉已经火过了，但下面的地市应该有一个滞后效应"。他还是背着妻子，运了几车便宜货回武汉。这时，汉正街市场上几乎已经没有了"跳跳娃",而"跳跳娃"在二三级市场的火热如期而至。一时间,偌大的汉正街只有谈东升有货,几车货迅速卖光。虽然错过了第一波行情,但谈东升在最短时间内赚得比谁都多。

在谈东升的店里打过货的人,几乎都会成为他的固定客户。"他们才是我最大的财富"。不管谁到店里来打货,谈东升总会很坦诚地给客户一个合理的价格,并且劝客户先到其他的店里看看价格,"货比三家不上当"。他能这样做,是因为他对自己的产品、价格和进货渠道有信心。多数商品,他有把握做到全汉正街同行业价格最低。他常常挂在嘴边的话是,钱不是一次赚得完的。"从我的手中绝不会轻易放走一个大客户。"

对待大客户的生意,他就像对自己的生意一样关心。总是不定期地给客户打电话询问对方近段时间的经营状况,并且教客户一些经营的方法,及时告诉他们来自市场上游的情况,让他们及时调整战略。汉正街有成千上万家商铺,商品同质化严重。"整个汉正街像我一样卖喜庆礼品的就有近60家"。同是做礼品,谈东升希望有不一样的做法。

"我不太喜欢与终端接触,因为这样会带来账款难收的问题。"在他看来,出路在规模经营上,"我要能够成为汉正街商户的供货商"。"目前,我公司的规模是湖北乃至华中地区最大的喜庆礼品同行中最大的"。这得到了同行张老板的认同,"他的确是汉正街喜庆礼品扛大旗的"。

因为规模优势,谈东升的吉利礼品公司成为全国多家礼品品牌在湖北的总代理。拿到总代理权才是他最大的"王牌"。由于掌握了大量的进货渠道,如今汉正街市场的多数礼品商都是他的客户。

从这个故事中我们可以看出,有些时候我们换一种方式,改变一下策略,往往就会得到意想不到的收获。做生意尤为要学会灵机应变。

执行篇

小生意 大财富

卖油条年收入数亿

大者恒大,是大市场的法则,在中国做生意,一定要有经济规模。

一个"中国麦当劳"概念,让一个名不见经传的老板变成香港大亨李嘉诚以及荷兰霸菱基金锁定的投资对象;紧接着又被菲律宾最大的快餐连锁集团快乐蜂(JollibeeFoodsCorp)以其海外子公司的名义,用2250万美元的价格收购了永和大王85%的股份。这几次资本运作把永和大王的创始人林猷澳,一下子拱上中国大资本舞台。

就在1995年12月12日,永和大王第一家店在上海开张的时候,总的投资才5万美元。而现在,永和大王在全国已有85家店,年营业收入达到了3亿多元人民币。从林猷澳的简历中,我们看到,他毕业于企业管理系,原本在美国的家族生意是印刷业。1993年来中国经商,曾先后担任过一家彩色印刷有限公司及钱柜KTV娱乐有限公司董事长。但是直到做了永和大王,才真正展现出精明的生意头脑。

红白相间的门店标示,一个和蔼的老年人头像,这个酷似美国快餐巨头肯德基的门面设计已渐渐为人们熟悉,这便是1995年在上海开出第一家店铺的"永和大王"。永和大王在上海开张,最初的主打食品就是豆浆和油条。这一惯例也保持到了今天。如今永和大王已经在北京、上海、杭州、武汉、深圳等城市开业80家直营分店、5家加盟店,工作人员总数超过3000名,年营业收入3亿元,成为专业从事中式快餐连锁经营管理的大型餐饮集团。

卖的是单价2元的油条、豆浆,怎么可能做到年营业额3亿元?让"小本"变成"资本",是执行总裁林猷澳改变命运的关键。思考型的林猷澳,每星期打两天高尔夫,脑子里却是永和大王的全中国布局。

快餐业是一项传统产业,但永和大王的成功引来了风险投资者的青睐。1997年底,永和大王的连锁店发展到了9家。一天,林猷澳回到办公室。秘书告诉他,有位香港的蔡先生找他,留言板上记着:"我是长江集团下属的香港加怡风险基金投资公司的董事,对永和大王有投资意向。"

双方洽谈的结果是,永和大王接受对方入股,出售1/3的股权。从此,永和大王发生了根本的变化,真正成为了一家公众性公司,企业管理、财务管理、人事管理已步入国际化的轨道。有了钱,开店的步伐大大加快,

1998 年底达到 18 家。但是,遗憾的是基金的介入并未带来盈利的增加,永和单店的日均收入由 12000 元降至 8000 元,而且首度陷入亏损。此时,加怡按合约到期,要退出。

亏损的公司还有人愿意再投资吗?答案是有的,而且是比加怡更大的基金,荷兰霸菱亚洲私人证券投资基金(Baring)独具慧眼接下了。他们对永和管理层十分信任,除一位财务总监之外,并未派更多人干预永和的运作,并做好了中长期投资的准备。该基金继首次注资 300 万美元之后,至今总投资额达 1 亿元人民币。林猷澳透露:"截至 2001 年底,我们的累计亏损已达到 5000 万元。"连续亏损 4 年,林猷澳自己也没有想到,李玉麟也怀疑开连锁店是否值得。其实,在连锁经营的规模效益没有表现出来之前,是必然亏损的。以麦当劳为例,他们在一个城市要开 70 家店以上,才收支平衡。至于永和,林猷澳表示:"需要至少 50 家店铺。"

林猷澳说:"我们至今在广告上的花费几乎为零,我们是不靠广告宣传拉客的,主要还是口碑。"在 2002 年,永和扭亏转盈,盈利达 800 万元,永和连锁经营的规模效益已经真正开始显现。

永和大王正在按照林猷澳的打算顺利发展,而 2004 年一场收购加快了林猷澳的计划。菲律宾最大的快餐连锁集团快乐蜂(JFC.PH)以其海外子公司的名义收购包括霸菱全部股份在内的永和大王 85% 的股份,从而成为永和大王新的控股方,收购价格为 2250 万美元。"霸菱选择这个时候退出是其投资基金的性质决定的,并不是一个好时机,"林猷澳称,"即便如此,霸菱退出时获利甚丰。"

无疑,快乐蜂的入主有足够的理由让林猷澳产生更多的希望,因为要成为中国第一,麦当劳是必须越过的对手。快乐蜂入主后,永和将经常性地派团队去菲律宾学习和培训。目标是在全中国开到 1000 家店以上,成为中国第一快餐品牌。

做生意要有魄力,做大生意尤为如此。有人说,敢于冒险的人才能够赚到大钱。这句话也许并不一定正确,但也不可否认。有时候事实就是如此。敢于拼搏,敢于冒险,才会迎来更大的机会。

亿万富翁的成功秘诀

一个没上过一天学、仅会写自己名字的农村妇女,白手起家,居然在短短的 6 年间,创办出了一家资产达 13 亿元的私营大企业!

创造这个新童话的农村妇女名叫陶华碧，今年已经 66 岁了。说出她的名字，许多人也许茫然不知，但提起她的"老干妈麻辣酱"，却几乎是家喻户晓，人尽皆知。陶华碧就是打工者们几乎天天必吃的"老干妈麻辣酱"的创始人，生产这种食菜的大企业的董事长。这个大字不识 4 个的农村"老干妈"，连文件都看不懂，她是如何创办和管理好拥有 2000 多名员工的大企业？

由于家里贫穷，陶华碧从小到大没读过一天书。为了生存，她很小就去打工和摆地摊。1989 年，陶华碧用省吃俭用积攒下来的一点钱，用四处拣来的砖头盖起了一间房子，开了个简陋的餐厅，取名"实惠餐厅"，专卖凉粉和冷面。当时，她特地制作了麻辣酱，作为专门拌凉粉的一种作料，结果生意十分兴隆。

有一天早晨，陶华碧起床后感到头很晕，就没有去菜市场买辣椒。谁知，顾客来吃饭时，一听说没有麻辣酱，居然都转身就走。她不禁感到十分困惑：怎么会这样？难道来我这里的顾客并不是喜欢吃凉粉，而是喜欢吃我做的麻辣酱？这件事对陶华碧的触动很大。机敏的她一下就看准了麻辣酱的潜力，从此潜心研究起来……经过几年的反复试制，她制作的麻辣酱风味更加独特。

1997 年 8 月，"贵阳南明老干妈风味食品有限责任公司"正式挂牌，工人一下子增加到 200 多人。此时，对于陶华碧来说，最大的难题并不是生产方面，而是来自管理上的压力。虽然没有文化，但陶华碧明白这样一个道理：帮一个人，感动一群人；关心一群人，肯定能感动整个集体。果然，这种亲情化的"感情投资"，使陶华碧和"老干妈"公司的凝聚力一直只增不减。在员工的心目中，陶华碧就像妈妈一样可亲可爱可敬；在公司里，没有人叫她董事长，全都叫她"老干妈"。到 2000 年末，只用了 3 年半的时间，"老干妈"公司就迅速壮大，发展到 1200 人，产值近 3 亿元，上缴国家税收4315 万元。

100 个人眼中有 100 个哈姆雷特，那亿万富翁呢？在绝大多数人眼中，亿万富翁无非有这些构成要素：家传祖业，比如洛克菲勒；科技先锋，比如比尔·盖茨；资本高手，比如丁磊……还有那一大批通过房地产、保健品等"时代机会"发起来的企业家。说到底，靠的都是些大机会、大知识、大实力。

但"老干妈麻辣酱"的陶华碧靠了什么？论实力，丈夫早逝，上世纪 90年代之前，她还拖着两个小孩到处打工和摆地摊；论机会，做的是麻辣酱，是传统不过的产业；论知识，就更谈不上了，她不仅没有留过洋，读过大学,甚至连珠三角地区一些"洗脚上田"的小学毕业、初中毕业的老板都不如——只认识三个字,而那还是当了老板以后才学的!

陶华碧何以成功?"老干妈"何以不断壮大?这是一个秘诀,但却又有一个人人皆知的答案。说是秘诀,"老干妈"创业6年而至13亿元年产值巨大规模,"什么都没有"的陶华碧,不可能没有成功的秘密;说答案人人皆知,则更是实话——对机会敏感。李嘉诚的最初成功是抓住香港地产和港口发展的机会,丁磊拿捏的是互联网,朱保国稳住了保健品……陶华碧则是上世纪90年后期,在大家认为"没有大钱做不成生意"的年代,做成了大生意。想当初,她抓住的不过是卖凉粉时,拌酱料畅销的小小机会。

诚信。"做生意要诚信",这几乎谁都知道。但事实上,很多人还是做不到。陶华碧以前没提听过文绉绉"诚信",但她以一个农民的朴实本质,做到了诚信也做大了生意。凝聚力。企业初创,仅几个的苦干、巧干,甚至有一点蛮干就可以,但往后呢?员工多了,就要大家拧成一股绳,很多优秀企业配有股权激励、企业文化;异曲同工,陶华碧有"情感投资",以情感人。陶华碧不识字,不懂算账,这不要紧,她请来自己的儿子,更放胆请来很多专业管理人员,还将他们送出去培训、进修……

只认识三个字的陶华碧,每一点心路都暗合最新最全的管理大全。因而,"老干妈"的成功是神奇,而远远不是神话。

从"老干妈"的故事中,我们也可以认知到,做生意最重要的是善于抓住机会。

"鞋王"成功崛起的生意经

安踏总裁丁志忠可以称之为是"第一个吃螃蟹"的人,因为安踏是国内第一个用体育明星做广告的运动鞋产业。也正是因为他的这个决策,才造就了安踏今天的成功,始终处于领先地位。

丁志忠说,安踏不会做中国的耐克,而是要做中国的安踏、世界的安踏。

上世纪80年代,丁家穷,看到人家生活好,就想一定要比人家好;看到别人开上了摩托车,自己也想拥有。但要想得到这些,就必须做生意赚钱。这是丁志忠走上生意人道路的原始出发点。初中毕业的那个夏天,17岁的丁志忠提出要到北京发展,家里人都不理解。父亲让他说出理由来。丁志忠就说，每天都有外地人拿了钱来买东西，几乎什么都能卖掉，我们为什么不主动把晋江的商品拿出去销售？

丁父的鞋厂那时候也是刚办起来，经济并不宽裕，但却被儿子说服，掏出了1万多块钱，让丁志忠买了600双晋江鞋到北京去卖。为了把晋江的货摆进北京西单商场的柜台，丁志忠天天去找商场的人，一开始别人就说不同意，还对他说："你才多大啊，就跑出来做生意？"丁志忠硬着头皮说自己有20岁了，人家都不相信。他也不管别人的脸色，特别真诚地介绍起晋江产品的优势来，连续去了一个多月，商场的人终于答应去晋江看看。丁志忠高兴得不得了，赶紧先回晋江准备。最后，在北京所有的大商场，丁志忠都为晋江的鞋厂争取到了专门的柜台。

仅两年的时间，丁志忠打通了北京最权威也是最艰难的销售通道北京王府井商场。丁志忠总结了两大成功理由：腿勤、嘴甜。

销路打开了。一边是晋江丰富的货源，一边是宽广的销售渠道，不是可以就此稳赚了吗？但1991年，丁志忠却又重新回到了晋江。原来，晋江鞋在北京的低价销售深深刺激了丁志忠。当时，市场上比较有名的"青岛双星"、上海火炬牌等鞋已经有相当一部分是在晋江生产，说明晋江货质量没有问题。晋江货出问题的地方是没有品牌！

带着四年赚下的20万块钱，丁志忠在晋江重新开厂起步，那时候，他的想法已经很明确：一定要把企业做大，把品牌打响。1999年，一场国内鞋业的广告大战和体育明星大战孕育而生，丁志忠成为第一个吃螃蟹的人。160万，"我选择，我喜欢"，孔令辉成为安踏历时两年的形象代言人；500万，在央视投放广告的预算价格。结果随着孔令辉在奥运会上的出色表现和他极具个性的"我选择，我喜欢"，安踏迅速完成了品牌树立和传播，并极大地拉动了市场的成长。

从2000年到2004年，连续4年，安踏运动鞋市场综合占有率居全国第一。

虽说如此，但是丁志忠至今还是否认安踏的成功是因为广告。因为他认为，广告策略只是企业市场战略的一部分，做广告能让品牌的知名度获得提升，请形象代言人能让品牌的个性更鲜明，信赖度更高，但这些还不是品牌的全部。品牌要真正在消费者中深入人心，需要独特的品牌内涵和稳定强大的市场网络作支撑。而这些都是一个日积月累的过程，一个成功的品牌要经过多年的市场考验。

"父亲教会了我怎样做人。我至今印象非常深刻的是，他很早就告诉我，你做每件事情，都要让别人占 51% 的好处，自己永远只要 49%。"丁志忠这样说道，当时他一直不能理解，这不是明摆着吃亏吗？哪有这样做生意的？后来他慢慢理解了：这样做看起来是暂时吃亏了，但他却赢得了客户的长期合作。让客户更加认同，更加尊重，更加信任。这个原则在今天的安踏里仍然有很深的渗透。

"一个人只要强烈地坚持不懈地追求，他就能达到目的。"司汤达这样说过。我们做生意也是一样，如果没有持之以恒的坚持，哪怕再好的机会也无法去把握。

靠收废纸起家的女首富

2006 年 10 月 11 日，胡润富豪榜发榜当天，49 岁的张茵身在美国。几乎在一夜之间，张茵这个名字红遍了大江南北。而"女首富"张茵的出现也打破了一直以来富豪榜的翘楚之位皆为男士的格局。单看照片，张茵的笑容温和亲切，没有杂志封面上男性老板常见的咄咄逼人。她是两个孩子的母亲，并生长在拥有 7 个兄弟姐妹的大家庭。最传统的生活背景，却依旧培养出张茵惊艳的商业才能。

没有人能够想到，张茵成为"首富"的基础不过是回收废纸。虽然是中国最为古老的四大发明之一，可在现代商业社会中，纸业已很久没成为热门的财经话题，更不要提废纸回收。"收废纸的"，在无数个城市和乡镇，这仅仅是可以勉强糊口的职业而已，如果它也算职业的话。

公开资料显示，张茵出身于军人家庭。1985 年，27 岁的张茵放弃了国内优厚的工薪和住房，仅带了 3 万元人民币来到香港闯荡，她一边从香港回收废纸，一边在广东开设纸品工厂。当时，废纸回收贸易已经在香港火爆起来，但"行规"却是往纸浆里掺水以获取更高利润。据说是为了信守对授业恩师的承诺，弱女子张茵从一开始就带头抵制这种做法。

对道义的坚守，总要付出代价。张茵触犯了同行的利益，为此曾接到黑社会的恐吓电话，就连合伙人也欺骗她，偷偷往纸浆里掺水。但最终，一个女子的坚持和正义，感动了众多收废纸的商贩，她在香港的业务此后得以顺利展开。1990 年，张茵又从香港移民美国，与丈夫刘名中一起建立了美国中南控股公司，为其在中国的工厂购买并提供可回收废纸。10 年里，这家公司先后在美国建起了 7 家打包厂和运输企业。美国评比的妇女企业

500 强中,张茵的公司排名 54 位,她成为名副其实的"废纸回收大王"。

一个富豪的诞生过程可以被简单勾勒,其中辛苦却不是几段文字所能形容的。当然,是资本市场最终成就了创业者的财富梦想。从一开始决定回收再利用废纸的时候,张茵就一直相信商业社会的飞速发展,会增加对纸原料和包装材料的需求,她更固执地相信,"废纸就是森林"。最初,张茵的资产只是广东东莞偏僻乡镇里的一台造纸机器。如今,玖龙纸业的总市值达到 375 亿元,而张茵拥有 72% 的股份,上市让她的财富疯狂扩张,并最终赢得首富称号。

张茵不但是中国排在前茅的富豪,在世界上所有白手起家的女性中,她的财富也最令人称羡。根据胡润的估计,张茵的身家已经超过了美国脱口秀节目主持人奥普拉·温芙瑞与《哈利·波特》一书的作者 JK·罗琳,这两位都凭借其富有程度、女性智慧和独创精神享誉西方社会。对中国人而言,女富豪也不再是一个陌生词汇。发表富豪榜的《胡润百富》杂志评论说,近 100 年来,特别是"男女平等"的观念确立后,中国女性所扮演的角色有了巨大的变化,女性不再紧锁深闺之中,而是纷纷走上工作岗位,这不但影响了经济成就,也影响着社会面貌。但要等到改革开放之后,女性真正影响商业社会的故事才渐渐增加,张茵的成功就意味着,女性获得财富的方式不是等待其父亲和丈夫的馈赠,也不光是在大机构里谋得白领、金领的要职,还可以去创业、去经历风雨、去影响社会,而其间所获得的巨大财富既是对女性商业才能的表彰,也是对这种社会变化的肯定。

从"杂役"到巨富的传奇之路

郑裕彤,在香港超级富贾中排名第三,个人身价达 300 亿港元。港人听到他的名字都会和家喻户晓的"周大福珠宝"相联系。而在他旗下的香港新世界集团更是集酒店、房地产、黄金珠宝业等多元化全方位发展的跨国集团。

郑裕彤不善高谈阔论,不了解他的人,总以为他辉煌业绩的背后是数不清的运气。对此,他说:"一个人的一生,幸运碰上一两次是可能的,但不可能永远幸运。如果你希望永远幸运,你一定要付出永恒的'勤'与'诚',那幸运才会常伴你左右。"

郑裕彤虽然拥有今天的辉煌,却也曾有过儿时苦苦熬过的贫寒。1925

年8月27日他出生于广东省顺德县(今顺德市)一个贫寒的家庭。幼时一家人仅靠父亲开小店勉强糊口。原来父母亲希望他专攻学业,但是只念到初中便被迫辍学。13岁那年,由于日本侵略军进犯广州、香港,百万市民受战火纷飞的侵扰,衣食不稳,性命难保,纷纷出外投亲靠友。当时,澳门是葡萄牙殖民属地,因不少日本移民在葡萄牙殖民统治区的南美洲寄居,因此,日本侵略军唯独没敢践踏澳门。万般无奈之下,父亲郑敬诒也将儿子送往澳门,到挚友周至元开的"周大福"金铺去当伙计。金店算是一种特殊的行业,不知底细的人,老板是绝对不敢滥用的。周家曾与郑家交往甚深,懂事的阿彤自小就给周家留下良好的印象,赶上"周大福"金铺正好缺可靠的伙计,便接纳了小阿彤。

金店里分大伙计和小伙计,小伙计就是当杂役,郑裕彤从杂役干起,每天扫地、擦灰尘、洗厕所、倒痰盂等里里外外的清洁工作,等一切准备停当后,他再和姗姗来迟的大伙计们一起开店门做生意。对于一个只有十四五岁的孩子来说,这段工作显得十分忙碌辛苦,但懂事的小阿彤却一个心眼想着不辜负老板的"不弃之恩",老老实实,勤勤恳恳地工作。

"周大福"金铺因入行较晚,因此店面在当时名气不大。入店后不久,阿彤的勤劳与在工作中体现的智慧逐渐被周至元所赏识。一天,周至元派阿彤去码头接一位亲戚。码头上,来自香港以及东南亚的海船不断靠岸,人流熙熙攘攘,川流不息。忽然,一位南洋商人向路人打听在哪里可以兑换港币。许多人都懂得这是一个良好的商机,年纪尚小的阿彤也热情地上前搭讪,他用浓重的顺德口音说:"到周大福金铺可兑换,价格公道。"阿彤说话时口齿稍显笨拙,却在众口之争中赢得了信任。这样,商人望了望老实巴交的阿彤,随他来到了"周大福"开创了一笔新的生意。而后,周至元发现阿彤在这方面显得过人的智慧,于是继续派他发展这项工作。此后仅半年时间,周至元就提升郑裕彤正式在金行当学徒了。当时,由于广州、香港沦陷,不少金铺迁移澳门,金铺几乎随处可见,竞争十分激烈。郑裕彤似乎天生便是为黄金珠宝而生,他对做珠宝生意极有兴致,很快就掌握了坐店营销的要领并痴迷似的钻进了行当。

他常利用上下班的时间,看看路途经过的金铺来作对比,用行话说这叫"看铺"。而周老板并不知阿彤如此痴迷。长此以往,阿彤经常上班迟到,因而引起了周至元的注意。一日,在上班途中阿彤路过一家金铺,发现橱窗里摆放着好几款别具一格的饰品,不由得停住脚步,良久地揣摩起来,竟又耽搁了上班的时间。当他急匆匆赶回金铺时,老板已经在店内等候多时,阿彤知道自己犯了大错,战战兢兢地说明了原因,结果老板不但没有责备,反将上街"看铺"的特权交给了他。这样只要生意不忙时,他便上可以上街去"看铺"了。照规矩,在金铺学徒需要 3 年才能出徒,可郑裕彤却未满 3 年就荣升为金铺掌管,负责铺面的日常经营了。

后来郑裕彤才知道,父母亲与同在广州绸缎庄做过伙计的周至元一家是患难之交,情同手足。周、郑之妻又同时有喜,于是两家"指腹为婚"约定了亲家。天公作美,周家生了女儿,郑家生了男儿,恰好成了天生一对。到"周大福"金铺学徒时,父亲担心儿子以"郎婿"自居,而不求上进,没有告诉他这件事。三年后,在周至元的主持下,郑裕彤果真与周家的掌上明珠周翠英结为连理。那年夫妇俩同是 18 岁,其后 50 余年直至今日,夫妻俩始终相敬如宾。

1946 年,21 岁的郑裕彤到香港设立了"周大福分行"。他跑遍了全港各家金银珠宝行,集各家之所长用于领导分行的经营,使分行生意十分看好。但郑裕彤并不满足,他清醒地认为:"在商场上'守业'就等于'败业',要在不断创新中前进才能图谋发展"。因此,他又一改原有的资本结构模式,邀集同事,组建"周大福珠宝金行有限公司",这也是香港金饰珠宝业最早的有限公司机构。

郑裕彤虽说接受的是金铺旧式的带徒教育方式,但是他并不保守,甚至超前具备现代人的经营理念。在他全新思想指导下,"周大福珠宝金行有限公司"不再为总裁独有,而是资产共有,风险共担,利益共享的现代企业。在他的思维方式中,独具特色的洞察力,令同事们人人称道。

当时在香港,金铺比比皆是,竞争十分激烈。那时,黄金成色一律为九九金,而郑裕彤却大胆投入资金,首创制造了九九九九金,率先开创了金饰制造的新工艺,同时也领导了消费领域的新潮流,此项壮举为"周大福"今后的发展奠定了雄厚的经济基础。郑裕彤锐意进取,不断开拓新市场,短短几年,"周大福"分行便已增至 11 家。有人说他是靠运气发的财。郑裕彤却说:"香港是个充满无限机遇和挑战的地方,机遇对每个人来说都是平等的,面对挑战是每一个人都回避不了的。关键在你如何去辨识,有无足够的心理准备。"当郑裕彤将"周大福"推上一个新台阶后,他又开始向新的领域进军了。

郑裕彤具有极强的驾驭市场的能力。在香港,郑裕彤享有"珠宝大王"的美称,而这还不仅仅指他的金饰,更有后来使他进入世界珠宝之林的钻石业。郑裕彤十分关注国际珠宝饰品的流行款式,他在观察中发现,许多极有身份的西方女士,喜欢佩戴钻石饰品,黄金饰品已不被她们所器重,得出此结论后,他开始把目光转向了钻石业。

按照国际上的规定,持有"戴比尔斯"牌照,方可批购钻石,而全世界也不过只有500张这种牌照。就是这张"戴比尔斯"牌照,曾吓退了一大批钟表商,一些业内人士称:"要从戴比尔斯购到钻石,简直比从天上摘星星还难"。郑裕彤并未因此而退却,他绞尽脑汁,顿生主意,他决定在南非买下了一间持有"戴比尔斯"牌照的公司。不但使他顺利拥有"戴比尔斯"牌照,并且到70年代,郑裕彤已成为香港最大的钻石进口商,每年的钻石入口量约占全港的30%。实际上,郑裕彤开创钻石业所取得的功业,起到了引导香港珠宝业挑战传统,寻求发展的一场空前的革命。

多年来,郑裕彤创下的业绩,早已传为佳话,他以自己60年勤奋进取的实际行动,证实了心"诚"体"勤"是成功的不败原理。

华人首富李嘉诚的故事

说起华人首富,几乎人人都知道是李嘉诚。而且15年来没有人能撼动到他"首富"的地位。

而李嘉诚又是如何走到今天的这个地位的呢?白手起家,坐拥亿万资产,蝉联华人首富的名号多年,无不让人艳羡,佩服。光鲜的背后是什么?他的成功又是凭借的什么?

在李嘉诚3岁时,祖父就去世了,从此家里的经济条件越来越差,生活越来越困难。父亲几次被迫丢下教鞭,到南洋去做生意,然而都没赚到钱,最后还是回到家乡来教书,艰难地维持着一家人的生活。李嘉诚放学后,常常到码头边去捡煤屑。父亲生了病,也没有钱去医院,还要坚持工作,有时候一边批改学生的作业,一边大口大口地吐血,使小嘉诚深感心痛。抗日战争爆发后,李嘉诚一家人离家逃难,先后在汕头、惠阳、广州等地流浪,经常露宿车站。父母和小嘉诚都不得不到大街上卖香烟、糖果、针线挣点钱,忍饥挨饿过日子,最后一家人逃到香港避难。李云经积劳成疾,终于病倒在床。1943年,还不到40岁的李云经就离开了人世。刚上了几个月中学的李嘉诚从此失学了。

在那兵荒马乱的年月,到处都是失业的人,李家寡母孤儿,就更难找到工作了。母亲设法批发一些塑料花去卖,每天只能赚到几角钱,根本无法养活一家五口。李嘉诚是家中的长子，对母亲非常孝顺，他不能不帮助母亲承担家庭生活的重负，所以到处找事情做。一位茶楼老板看他们可怜，答应收留小嘉诚在茶馆里当烫茶的跑堂。16岁的小嘉诚，从此踏进纷纭复杂的社会，开始了顽强拼搏的人生旅程。

南方人起得早，睡得晚，茶楼天不亮就要开门，到午夜还不能休息。每天"披星戴月上班去，万家灯火回家来"，要工作十几个小时，对一个未成年的少年来说，这实在是太难熬了。小嘉诚也抱怨过自己的"命"不好，甚至希望哪天日本鬼子的枪走火，把他打死算了！但是他想到母亲和弟妹，感到自己有责任为家庭分忧，就是再困难也得拼下去。有一次，因为太疲倦了，他一不小心把一壶开水洒在地上，溅湿了客人的衣裤。当时他很紧张，等待着客人的巴掌、老板的训斥，可是那位客人反而为他开脱，不准老板开除他。这件事给李嘉诚的印象很深，几十年以后，当他成为香港有名的大富豪后，还感慨地说："如果能找到那位客人，我一定要让他安度晚年。"他还说："这也是一次教训，谁叫自己不谨慎？父亲曾多次告诫我，要作男子汉，就要'失意不能灰心，得意不能忘形'。顶天立地的男子汉，第一是要能吃苦，第二是要会吃苦。"

李嘉诚在茶楼里一泡两年。他对这段生活从来没后悔过。他说，茶楼是三教九流聚会的地方，各种各样的人，各种各样的事，都能看到听到。久而久之，就使他练出了一种眼光，一个人是从事什么职业的，他的性格特征、生活习惯、为人处事，一见面就能猜出个八九不离十，也知道了该怎样与这样的人相处。他读书不多，但是学会了利用环境观察别人，这也算是社会心理学吧！这时练出的本领，对他生的事业都起到了很大的作用。贫困的生活使李嘉诚过早地成熟了。

来往茶楼的客人里，最让李嘉诚羡慕的是实业家。他发奋向上的欲望越来越强烈，发誓也要做一个实业家。可是，像他这样没有后台、没有本钱的人，该怎样才能投身实业呢？李嘉诚17岁那年，大胆地迈出了新的一步。他找到一份为塑胶厂当推销员的工作，便辞掉了茶楼里的活。

推销员，被很多人称作"成为富豪的必由之路"，但也被认为是"天下最复杂的职业"。做推销员要有特殊的本领。首先是要能跑，这一点，李嘉诚不在乎，在茶楼里跑堂，他能连续12小时不落座，也不感到腰酸腿痛。为了节省路费，他上下班从不乘车，十来里路，总是走来走去；出外联系业务，一个上午，能在香港大街上打个来回！做推销员的另一件本事是脸皮厚，能磨会缠，使客户不得不买自己的商品。不过李嘉诚从不愿意死皮赖脸地缠人家，他总是事前想好几套方案，使人家自然而然地接受他的商品。有一次他推销一种塑料洒水器，走了几家办公室都没有人要，他灵机一动，对办公室的人说，洒水器可能出了点问题，想借人家的水管试一下，于是乘机在办公室里表演起洒水来，结果引起了人们的兴趣，一次就卖掉了十几个。有人认为，推销员一定要能说会道，李嘉诚却不以为然。他不喜欢高谈阔论，讲话也是不快不慢，没有那种所谓外交家的口才。但是他非常注意市场和消费者使用这类商品的情况，别人不需要或者已经有了的东西，你去推销当然是白费劲！当时他把香港划分成很多区域，把每个区域的居民生活情况和市场情况都记下来，这样就知道什么产品该到什么地方去推销。短短一年以后，李嘉诚推销商品的数量超过了厂里那些老推销员。

由于李嘉诚推销有术，别人做不成的生意他能做成，他所在的那家塑胶厂的效益也就越来越好。生产同类产品的厂家，发现竞争胜负的关键竟在这小小的推销员身上，便想花大代价把李嘉诚挖过去。李嘉诚的老板得到消息，唯恐李嘉诚真的成了别人手中的工具，于是抢先下手，把李嘉诚提拔为业务经理，并破例给了李嘉诚 20% 的红股。李嘉诚通过报刊了解国外市场的变化，通过茶馆和娱乐场所掌握本地的行情，心中有数，指挥有方，他手下的推销员都能根据他的指导完成任务。而李嘉诚也因此熟悉了塑胶行业生产经营的全过程，并且开阔了视野，增加了交往，提高了管理能力。正如他自己所说，"吃透了这一方云雨"。

3 年以后，正当厂里准备重用李嘉诚的时候，他却坚决地辞职了。20 岁的李嘉诚认为自己已看清了形势，做好了准备，他要放手大干一番了。

白手起家的李嘉诚，用自己几年来积蓄的 7000 港元，又向朋友借了些钱，在维多利亚港附近的一条小溪旁，租下了一间灰暗的小厂房，买下了一台老掉牙的压塑机，办起了"长江塑胶厂"。有人开玩笑说，这个厂只有这块招牌是新的，别的全是旧货！但是李嘉诚不这样想，他选择"长江"作厂名，是有深刻用意的。他说："如果你不广泛吸纳细小的支流，就不能成为大河。一个干实业的人，就必须有广阔的胸襟与别人一起工作！"厂子刚创办，缺乏资金，更缺乏人才，采购、设计、生产、推销，都得李嘉诚亲自过问。每天一大早，他出门去联系业务，这时他是采购员兼推销员；到他回厂后，厂里一天的生产才能开始，这时他是师傅、老板；晚上搞设计，以便工人们第二天能照图施工，他又成了工程师……那时他几乎每天都要工作16 个小时！

年轻的李嘉诚就像别的创业老板一样，希望事业发达，他急于扩大再生产，缺少资金，就向朋友去借。但是他也碰到了所有初涉市场的企业家惯常碰上的问题：产品出现积压，资金周转不灵。他没有阔亲戚、富朋友，人家借给他的钱，都是准备自己办事用的，所以一定要如期归还。可是李嘉诚借来的钱已经变成了产品，而产品还没能变成钱，他拿不出钱还人家，一度面临破产的危机。据说他有一天晚上围着工厂转了大半夜，几次向河边走去，但终于又走了回来。他没有自杀，第二天，他又找来一个经销商，希望这个人能支持他渡过难关。可是那个经销商边看边摇头，围着厂子转了一圈，在河边撒了一泡尿，走了。朋友们都劝李嘉诚，算了，干脆把厂子卖掉，还了债，自己到别人的厂里去做工。凭他的能力，一定能得到老板的赏识，待遇不会差的。李嘉诚不愿意这样做。他冷静地总结自己失败的原因，主要是操之过急，生产与销售配合得不好。他果断地收缩生产，把得力的工人派出去搞推销。他自己也背着产品跑遍了香港，拜访了上百个代理商。长江厂的产品毕竟质量好，很快就得到了几个代理商的支持，他们预付了一笔定金给李嘉诚，使他终于渡过了这个难关。

李嘉诚又发现，各大商店几乎都没有塑胶花卖。香港人是喜欢摆设的，应该会欢迎逼真、漂亮又便宜的塑胶花；而塑胶花的生产技术要求并不高。他毅然决定，大量生产各种各样的塑胶花。果然，塑胶花很快进入了千家万户，也为李嘉诚带来了可观的收入。

长江塑胶厂的兴旺，不久就引起了同行的嫉妒。有人专门跑来拍了长江厂那间破厂房的照片，登在报纸上，宣传说，长江厂就是这么个破烂样，怎么可能生产出好东西来呢？然而那帮人却没想到，这反而使长江塑胶厂引起了人们的关注。不少本来并不经销长江厂产品的代理商，跑来考察过以后，都认为这个小厂厂房虽旧，但组织得力，生产合乎规范，产品质量信得过，可以同他们做生意。结果长江厂的订货单大大增加。更让李嘉诚惊喜的是，有一些外国商人也跑来了。李嘉诚从这些商人口中，得到了一个黄金般的信息，就是欧洲人最喜欢塑胶花。苏联人扫墓不用纸花，而用塑胶花，表示生命虽已结束，但留下的思想、品质、精神是长青的；北欧人则喜欢用塑胶花装饰庭院、房间；美洲人连汽车上和工作场所也会挂一些塑胶花。于是从 50 年代中期开始，李嘉诚大量生产塑胶花，销往欧美市场。工厂的年利润也猛升到上千万港币。

古人说"三十而立"，30 岁的李嘉诚，已经成了老少皆知的"塑胶花大王"。他从一个茶楼跑堂成为千万富翁，只不过用了 10 年多的时间。长江塑胶厂的牌子换成了长江实业有限公司，昔日的破厂房也变成了高大厂房，工人们都穿上了制服。正在塑胶花畅销全球的大好局面下，李嘉诚却敏锐地意识到，由于塑胶行业高利润的吸引，越来越多的人拥入塑胶行业，这就势必导致激烈的竞争，"好日子很快会过去"，于是，他开始寻找下一个机会了。

这一次他找到的是房地产业。香港本来就是弹丸之地，自50年代末期经济开始复苏，世界各国冒险家、投机家纷纷拥入香港，由于经济和人口的迅速增长，土地资源很快出现了短缺的苗头，所以地价一直处于上升状态。李嘉诚和夫人经过反复商讨之后，果断地决定转向房地产业。幸运的是，这时，恰好有一个经销塑胶产品的美国财团，为了得到充足的货源，愿意以300万港元的高价买下长江塑胶厂。李嘉诚在心里盘算，他的厂子最多只值100万港元，就是再经营三五年，也不一定能赚到200万港元，于是毅然卖掉了塑胶厂，用这笔资本开始买进房地产。几年之中，房价果然暴涨，先走一步的李嘉诚一下子从千万富翁跨入了亿万富翁的行列！

60年代中期，内地发生了"文化大革命"的动乱，闹得香港也人心惶惶，整个社会乱成一片。很多富翁纷纷逃离香港，争着廉价抛售产业。李嘉诚正在建筑中的楼房也被迫停工，因为那时就是建成了也没人会买。如果按照当时的房地产价格来算，李嘉诚简直可说是全军覆没了！处在惊涛骇浪中的李嘉诚，临危不乱，沉着应变。他仔细分析局势，不相信香港会就此垮掉，他认定动乱是暂时的，中国肯定很快就会恢复稳定，香港还将进一步繁荣发展，而房地产的价格必然会回升。因此，在别人大量抛售房地产的同时，李嘉诚却反其道而行之，将自己所有的资金用来大量收购房地产。朋友们知道后，都为他担心，纷纷劝他不要做傻事。李嘉诚毫不动摇，他说："我看准了不会亏本才敢买，男子汉大丈夫还怕风险？怕就别干实业这一行！"

李嘉诚又一次成功了。70年代初，香港的房地产价格开始回升，李嘉诚从中获得了200%的高利润！到1976年，李嘉诚公司的净产值达到5个多亿，成为香港最大的华资房地产实业。对亿万富翁李嘉诚来说，单纯追求财富已经没有什么意义了。现在，他把已经垄断香港经济几十年的英国资本集团，作为自己的竞争对手，决心同他们一争高下。当时，尽管长江实业有限公司开始向多元化和综合化发展，要同拥有众多产业的英资企业集团相比，实力仍然相差太远。但是，李嘉诚这条"小蛇"，却已经雄心勃勃地准备去吞食那些"大象"！

　　70 年代末,李嘉诚预见到旅游业将成为热门行业,一流的宾馆将会有很高的出租率,于是拿定主意,以迅雷不及掩耳之势,收买了拥有美国资本的永高有限公司的 56% 的股权,随后又收买了其他股东的股权。永高公司的主要产业是位于香港中区的有 800 个房间的希尔顿大饭店。李嘉诚接收饭店之后,正赶上香港旅游业有史以来的黄金时代,果然大赚一笔,为他下一步与英资集团竞争创造了条件。

　　1977 年,香港地铁要在中区闹市的中环站和金钟站举行兴建投标,这是香港最繁华的地段,也是世界上最值钱的地皮之一,每平方米标价高达 10 万港元,总价估计在 2.44 亿港元,被称为"地王"。英国、日本、法国、美国和香港等地共 309 家公司前来参加竞争。李嘉诚胸有成竹,提出了最佳方案,一举战胜所有对手而中标。一时新闻界热炒李嘉诚,说这是"华资地产凌驾英资的先声",是"华资地产崛起的新纪元"。李嘉诚也因此获得了可贵的信誉。第二年,李嘉诚中标所建的环球大厦和海富中心先后建成拍卖,都是在一天之内就售完,而且价格打破了香港房地产的历史纪录,为李嘉诚赚得了数亿港元的财富。紧接着,李嘉诚又设法买下了一家老牌英资水泥厂和英国和记洋行经营的黄埔造船厂,古老的英资商行终于有一家成了华资集团大旗下的"臣民",这桩经济界的奇迹,又一次成为香港的爆炸性新闻。

　　时势造英雄,在香港富豪的"龙虎斗"中,李嘉诚以独特的经营方针和策略,把握时机的准确和果断,超凡的毅力和信念,步步为营,节节高升,最终登上了香港首席大富豪的宝座,成为称雄香港的"超人"! 1992 年,美国的《福布斯》世界富豪排名,李嘉诚以 38 亿美元的个人财产列世界第 35位,成为全球华人中的首富! 李嘉诚的成功没有偶然也不是巧合。他靠的是别人没有的气魄和毅力,靠的是超凡的眼光与胆识。

从"106 块金牌"到"146 亿"的商业巨人

　　在体育界,他创造了至今无人打破的体育纪录,被人称之为体操王子,而在商界,他成了民族体育产业第一人,他就是李宁体育用品有限公司的创始人李宁,以下是李宁从体操王子到商界巨人的创业故事。

　　李宁的人生如今有两座高峰,一座是至今无人打破的体育记录,他也因此被誉为"体操王子",并成为二十五名"20 世纪最佳运动员"中唯一的中国人。而任何想要赶超李宁的运动员想要获得这一称号都将再等待一个世纪，李宁的另一座高峰则是他的商界地位——民族体育产业的第一人。这两座高峰任选其一放在任何人的身上都可以成为最闪亮的光环，但是无论是体育界还是商界，李宁却只有这么一位，而对于李宁来说，无论是运动员还是商人，他的生活都是与体育密不可分。

"我是一个有着 14 年企业经营史的企业家，请不要再把我看作一个明星偶像。"已经从人们视线中淡出多年，昔日夺得 106 块金牌的体操王子李宁又重新站到了台前，说这话的时候是在 2004 年 6 月李宁体育用品有限公司在香港上市而举行的招股说明会上。台上站的已不再是当年那个意气风发、有着迷人笑容的清纯少年，而是一个身体结实而偏矮小、两鬓泛白、一脸沧桑的中年人。"我现在是一个商人，"他一再解释说。

从 1988 年李宁退役到 2004 年李宁上市，16 年弹指一挥间。而李宁本人从昔日的体操王子，到今天大受资本市场追捧的财富明星，这种转变不可谓不大，而且这种转型的成功，在中国为数众多的世界冠军中，屈指可数的只有李宁一个。他是如何做到的？他经历了哪些苦与痛、快乐或忧伤？从一个优秀运动员向一个成功商人转化，心路旅程有多远？

退役后，李宁一度不知该何去何从。这时，摆在李宁面前的路和很多退役运动员一样，不是做教练就是担任政府官员：广西体委邀请他担任广西体委副主任，海外某国聘请他为国家队教练，甚至演艺界也邀请李宁加盟……

正当李宁无所适从的时候，李经纬出现了：我觉得你是不是应该把目光放长远一点，想得深一点，跳出运动员退役后不是出国就是当官的模式，重新设计一条道路，并让它也成为一种模式！李经纬后来在回忆时这样说：当时，李宁想到深圳创办一个体操学校。我说，光靠赞助不行，一定要有经济做后盾，这样才是稳定的、长远的发展思路，所以我建议他是否靠搞经济来发展体育。

李宁成了总经理特别助理，对于李经纬的建议，李宁慎重地考虑了很长时间。当时全民经商的热潮正在兴起，而从 26 岁的李宁的本性出发，他更希望在大社会中历练一番，体会更丰富的人生，毕竟从 7 岁进入体校，17 年的青春光阴都是在单双杠上度过。他觉得自己正年轻，还应该学习更多的知识，有更丰富的人生经历。

李经纬盛情邀请李宁加入健力宝，借李宁个人的明星效应来提升健力宝，借健力宝的资金实力来生产李宁牌运动产品。1989 年时健力宝正如日中天,是唯一可以同可口可乐等洋品牌抗衡的国产运动型饮料,也是中国运动员的指定饮料,有着中国魔水之称,年销售量近50吨。李经纬的盛情、健力宝的品牌,还有中国体育产业的潜力以及当时李经纬所描绘的远景确实深深地打动了李宁。

1989年4月21日,广东健力宝集团有限公司举行隆重的聘任仪式,李经纬将一本广东健力宝集团有限公司总经理特别助理的大红聘书郑重地递到李宁手里。在几十位专程从各地赶来的记者面前,在闪耀的镁光灯下,李宁有一种难以抑制的激动:我之所以投身健力宝事业,除了想为我国退役运动员闯出一条于国、于民、于己有利的新路子外,还想同最先开拓了中国体育实业的健力宝人一起,在更广阔的领域内,开发中国潜力无穷的体育实业。

也许,这样的事在今天看来算不了什么,但在当时,不仅需要眼光,更需要胆略。尤其对于有着106块金牌的体操王子,自己拿着档案去到广东三水这样一个并不知名的小镇,是需要几分勇气与胆识的。尽管当时舆论对于体操王子经商颇有微词,但李宁义无反顾。1989年5月,李宁加入健力宝。自此,李宁走上了一条崭新而艰苦的道路。

初到健力宝,李宁主要分管公关宣传、市场策划、筹办运动服装厂等工作。凭着一种天生的直觉,以及多次出国比赛所培养出来的眼界,李宁提议重新制作有冲击力、富于体育动感的健力宝广告片,而且由他亲自出演。这个建议,连同在当时属于天文数字的60万元的广告费用,得到了李经纬的全力支持。广告在中央电视台黄金时间播出后,获得了巨大的社会反响,这一年,健力宝的销售量增加了3000万元。

勤奋努力,思维敏锐,朴实善良,有强烈的事业心。这是当年的李经纬对李宁的评价,也是他给予李宁信任和支持的基础。李宁是运动员,不懂经济。到健力宝来,我把他扔在游泳池里,让他自己去学。李宁年轻、聪明、人品好,能学会游泳。我只是在岸上看,做救生员,不行的时候,再伸手拉一把。然后我再放开,再看。几次下来,李宁就会游得比我好,超过我。

加盟健力宝之后不几个月,李经纬就鼓励他将服装厂的计划上马。但资金从哪里来呢?虽然当时健力宝声名显赫,但健力宝最初的广告费居然完全靠借钱来支撑,甚至借钱来赞助体育记者跟团出国采访。没有开厂的钱,李宁和李经纬决定找一些国外厂商,搞成中外合资,而且外商能帮助打开海外市场。

在李经纬的陪同下,李宁出外游说,寻找投资。因为体操王子的名人效应,很快他们就与外商签署了三份合作意向书。李宁本人也没想到事情进展得竟如此顺利。不久,新加坡康基实业有限公司到三水实地考察,双方签订了合同。中新合资的健力宝运动服装公司于是成立,主要从事李宁牌运动服装的生产经营,李宁出任总经理。

经过紧张的施工,不到八个月,一幢5000平方米的厂房就在三水市竣工了。屋顶上,一块巨大广告牌非常醒目:李宁牌。光有牌子肯定远远不够,如何让大家了解并接受这个牌子呢?毕竟有过17年的运动员生涯,李宁马上想到了即将在北京举行的第十一届亚运会,想到了备受瞩目的亚运会火炬接力。

但是,亚运会火炬接力处对买断亚运会火炬接力开出了300万美元的高价,无论是李宁还是健力宝根本承受不了。这时,李宁的公关能力及名人效应再次发挥作用,他调动他在国家体委的老关系,并用一种爱国情绪感染了工作处的领导,如果火炬接力的承办权落到外国公司的手里,那将是12亿中国人的耻辱。经过一番谈判,最终,亚运会火炬接力传递活动,由健力宝主办,费用只要250万元人民币。

1990年8月,在世界屋脊青藏高原,李宁作为运动员代表,身穿雪白的李宁牌运动服,庄严地从藏族姑娘达娃央宗手里接过了亚运圣火火种。整个亚运圣火的传递过程,有2亿人直接参与,25亿中外观众从新闻媒体知道了健力宝和李宁牌。从这一刻开始,李宁牌真正横空出世了。

这不仅是一次公关策划的成功,更是李宁商业才华的一次完美亮相,是李宁发展史上的第一大手笔。这次赞助的成功极大地增长了新生的李宁公司的实力,刺激了李宁的进取心。

李宁在商业上的悟性,让其老板李经纬欣赏不已:李宁在商业上的才华和他在体操上的才华一样出色,而初次出手大获全胜也让李宁的自信心倍增。于是,在1991年由健力宝投资1600万,广东李宁体育用品公司正式成立,独立负责李宁牌运动服、运动鞋的经营。

1992年底,李宁公司分别在北京、广东成立三家公司,各自从事运动服装、休闲服装和运动鞋的生产经营。而李宁牌系列产品逐渐赢得了众多荣誉,成为1991年以来中国体育代表团参加历次重大国际比赛的专用装备,李宁牌服装和运动鞋系列不仅被推选为中国明星产品,而且被评为全国服装行业十大名牌之一。

明星效应无疑会对提升品牌知名度有作用。然而,从市场反应来看,并不是所有明星品牌都可以像李宁公司这样成功,即使他们的创立者在体坛同样有着赫赫战功。李宁公司成立早期有健力宝这样一个很好的合作伙伴,使它在起步时,更具备了成功公司的雏形,这区别于目前众多凭借个人资源建立起来的体育公司。零点咨询公司董事长袁岳对媒体说。因此,李宁以及李宁公司的成功,除了明星效应外,其成功应该更多得益于商业运作。

初入商海,李宁采取 OEM 贴牌方式生产李宁牌运动鞋,但因为缺少经验,第一批鞋做砸了!当时,李宁投入运动鞋的开发费用只有50万元,其中20万元用于001系列鞋的生产。得知鞋全部不合格的消息,李宁飞回北京,召集相关部门开会。

这是李宁在生产控制上打的第一仗,首仗即折,李宁的心情之沉痛可想而知,但是他毅然决定全部销毁这批产品。让我们从头再来!他握着拳头对部下说。那年,李宁不到28岁。从那时起,李宁就认识到专业人才的重要性。绝不能让自己或自己人成为公司发展的阻碍,李宁说。

李宁公司刚创办时,是李宁和几位退役的队友,还有李宁的家人如哥哥、嫂子、表弟等一起在操作,那时的李宁是个十足的家庭公司。到了1992年,李宁就开始有意识地聘请专业人才加盟。为李宁公司发展起过关键作用的第二任总经理陈义宏,就是被李宁从当时有名的运动服生产企业十佳公司请来的。

陈义宏最早在1991年加入李宁,从生产总监开始做起,一步步升到总经理职位。陈义宏以及一批专业人才的加入,创造了1993年到1996年李宁公司的第一次辉煌,公司营业额每年以100%的比例增长。

1991年到1994年期间,李宁继续走赞助体育活动的路线,并开始了多元化产品尝试,李宁运动服、李宁鞋,甚至李宁皮带、李宁领带等,产品不一而足。虽然李宁公司1993年就有了赢利,年营业额以近100%的速度增长,但是在李宁的心中,有一个永远的结,那就是孩子的身份。李宁公司是健力宝的全资子公司,而健力宝的控股股东是广东三水县政府,是国有资产。在李宁心中,他更希望公司朝着现代企业模式发展。这在当时看来并不易,起码有两个核心问题必须解决,一是对公司进行股份制改造,另外一个是将李宁商标从健力宝中分离出来。

李宁下决心和李经纬以及三水市政府摊牌、分家。李经纬相当大度,完全支持李宁自立门户。1994年底,只是在股份和品牌采取了一些变动措施,李宁公司就顺利脱身。而健力宝历次投入的1600万,李宁分三次用现金进行了偿还。

从 1993 年到 1996 年，李宁集团每年销售收入增长幅度都在 100%以上，1996 年更创下了 6.7 亿的历史纪录。业绩如此快速地增长，发展令人如此兴奋，即使是性格平和的李宁也禁不住豪情万丈，制订了 1998 年达到10 个亿，2000 年达到 20 亿的销售目标。但是，不幸的是，成长的喜悦到了 1997 年戛然而止了。亚洲金融危机袭来，中国经济通货紧缩，李宁产品卖不动了。此后数年，李宁公司的销售收入一直徘徊在 7 亿左右，市场地位逐年下降。

2001 年 3 月，张志勇出任北京李宁公司总经理，也是李宁公司历史上第三任总经理。一系列的改革措施获得了成效。2001 年公司营业额为 7.3亿元人民币，纯利为 4960 万元人民币；2002 年、2003 年则分别为人民币9.6 亿元和 12.76 亿元。随着公司营业额的持续上升，和外资的进入，公司上市进程再次被提到了日程上。经过 7 个月的筹划，李宁公司终于 2004 年6 月 28 日正式在香港主板市场上市，公开发行 2.47 亿股，并于 7 月 9 日再次增发新股 3697.6 万股，而李宁及其家族拥有资产在 10 亿港元以上。

让我们从头再来，李宁经常爱说这句话。每一块金牌都是从头再来，从运动员到商人，对李宁更是从头再来。正是抱着一种一切从头再来的归零心态，李宁才能一步步超越自己，超越过去。

"芭比娃娃"的诞生与风靡全球的经历

露丝·汉德勒是雅克布家 10 个孩子中最小的一个，天生丽质、小巧玲珑。露丝·汉德勒的父母是一战前来到美国中部的波兰移民，她老爸是个赌徒，牌桌上三天两头失利经常弄得十二口之家揭不开锅。说来也巧，露丝·汉德勒是在她大姐出嫁那天出生的，而且她妈生下她就得了大病，大姐为了替妈妈分担，将小妹妹抱去了自己的新家抚养，这一抱竟然是一辈子，换言之，露丝·汉德勒是由她大姐抚养成人的。

穷人的孩子早当家，大姐在镇上大卖场的角落里开了个小小的快餐铺子，靠手脚勤快赚点小钱维持一家人的生计，在露丝·汉德勒的眼里，大姐就像是一个大英雄、活榜样，事事都要学着大姐的模样做。露丝·汉德勒八岁就开始在大姐的快餐铺子里当帮手，到十四五岁的时候她就能独当一面，要是大姐身体不适不能来店里张罗，她一个人照样把快餐铺子打理得像模像样，瞧这露丝·汉德勒，她从小就是这么能干和要强的。

小生意大财富

洛杉矶是个大世界，要是有机会在好莱坞里混口饭吃，天天能见到银幕上的那些大明星们，那该有多爽啊！不过人人都说露丝·汉德勒没有学历、没有关系，混进星工场去的可能性微乎其微，但是露丝·汉德勒是个要强的人，她想要做的事谁也拦不住。终于有天觅到个进好莱坞影棚观光的机会，出来时，露丝·汉德勒已经在里面找到了一份文秘工作，让在门口四处找她的小姐妹们个个跌破了眼镜！

露丝·汉德勒在好莱坞里还没来得及站稳脚跟，埃利奥特·汉德勒也搬来了洛杉矶。露丝·汉德勒用赚来的工资买了一块漂亮的手表送给埃利奥特·汉德勒，随礼盒附了张纸条："我真希望你能娶我！"埃利奥特·汉德勒哪里招架得住露丝·汉德勒的主动进攻，于是两人借来了朋友们的婚礼服装，就这么将人生大事给操办了，气得大姐干瞪眼、直落泪，心想小妹的这一辈子算是全完了……

婚后，露丝·汉德勒继续在好莱坞打工苦苦支持埃利奥特·汉德勒的事业，而埃利奥特·汉德勒边打零工边学艺术，虽然日子平淡清苦，但好歹有情人终成眷属。有一天，埃利奥特·汉德勒激动地告诉露丝·汉德勒他的一个新想法：用一种当时刚刚发明出来的新材料有机玻璃来做工艺品，比如胸针、挂件、耳坠、烟灰缸之类的，而这一定特有创意，可在当时学校的烧制设备都是供学生上课和实习用的，轮不到埃利奥特·汉德勒一人占用。

为了自己所爱的人能实现心愿，露丝·汉德勒二话没说掏出所有的积蓄替埃利奥特·汉德勒买了一台烧制窑炉，将公寓客厅天翻地覆地改造成了一个作坊，结果招来房东的最后通牒，勒令他们马上搬走。没办法，露丝·汉德勒只好借钱又租下隔壁洗衣店里一小破房间作为埃利奥特·汉德勒的工作室。数月后，心灵手巧的埃利奥特·汉德勒制作出了一批样品，露丝·汉德勒把它们装进手提箱，上街到一家家的礼品店去敲门，希望有人能识货下订单。

不过创业哪有这么容易？日子一天天随着露丝·汉德勒不断地吃闭门羹而逝去……好在她有着天生的创业者气质，勇于冒险、绝不放弃。终于有一天，她走进了一家名贵的珠宝店，店主见了露丝·汉德勒手里的样品，双眼大放异彩，执意要露丝·汉德勒带他去见见这位工艺大师，露丝·汉德勒心里倒发虚：要是珠宝店老板见到埃利奥特·汉德勒作坊的穷酸相，这桩生意八成会被搅黄了，不过好歹说不过店老板，露丝·汉德勒只好带他去见埃利奥特·汉德勒。算是伯乐相中了千里马吧，那老板非但没有嫌弃埃利奥特·汉德勒作坊的寒碜，还当场下了一笔不小的订单，小夫妻俩的作坊终于有了第一个客户、第一张订单,就这样,年轻的创业者上了路!

但是好景不长,露丝·汉德勒突然怀孕了,而且检查出来她天生容易流产,需要立刻停止工作,居家卧床休息……埃利奥特·汉德勒虽然是个艺术天才,却不是个擅于经营的人才,小作坊离开了日理万机的露丝·汉德勒之后每况愈下。走投无路的埃利奥特·汉德勒只好引入了几个新的合伙人,他继续从事自己的设计,其他人打理生产、渠道、销售,小作坊生意蒸蒸日上,过了一两年,小作坊的年销售额达到了几百万,但是埃利奥特·汉德勒却从此闷闷不乐,因为新来的合伙人们图的只是批量生产增加销售,根本无心顾及产品设计创新和保证品质。

这时的露丝·汉德勒,已经是两个孩子的妈妈了。当她听说了埃利奥特·汉德勒的不悦,就建议埃利奥特·汉德勒将自己的股份转让给那几个新来的合伙人,他俩再找机会东山再起。埃利奥特·汉德勒听了露丝·汉德勒的建议后便去找那几个合伙人谈判,没想到对方一点没有挽留他的意思,反而出价一万块钱,让埃利奥特·汉德勒即刻走人。区区一万块钱,就能买走一家年销售额几百万的公司差不多1/4的股份。埃利奥特·汉德勒确信了自己没听错后,回来一五一十地将事情告诉了露丝·汉德勒。露丝·汉德勒泰然自若,一字一句的说:"卖了,咱们拿这一万块钱,重起炉灶!"

机关算尽反误了卿卿性命,那几个合伙人自以为是捡到了天底下最大的大便宜,却白白地放走了一个创业公司的核心天才设计师,第二年那家公司便宣布关门大吉。

而露丝·汉德勒和埃利奥特·汉德勒这对小夫妻呢,又开始了他们俩没日没夜的打拼。为了让埃利奥特·汉德勒能够专注设计好产品,露丝·汉德勒身兼数职,她是妻子是母亲还是公司的销售、主管、采购员、货车驾驶员,这是一对配合得多么协调的创业伙伴啊!

创业不容易啊,虽然销售在增加,员工也添了不少,但是公司还是入不敷出时常出现赤字,没有办法,在找不到VC也没遇上天使的情况下,露丝·汉德勒只好到兄弟姐妹中去求情借钱。露丝·汉德勒拍着胸脯保证:赚到钱了,第一件事情就是先把借款给还了,要是还不出钱的话,她和埃利奥特·汉德勒就在兄弟姐妹家里轮流打一辈子勤杂工,终于,一位家境稍微宽裕的姐姐借给了露丝·汉德勒十万块钱,小两口于是把这笔钱一股脑儿的统统砸进了创业公司里。经过差不多十年时间的打磨,露丝·汉德勒和埃利奥特·汉德勒设计、生产、销售过无数种产品,包括艺术镜框、孩子们扮家家玩的小家具、音乐盒、三脚小钢琴、玩具手枪……虽然没有什么惊天动地的杀手铜产品,但是这家创业公司多少已经发展成小有利润的专业玩具生产商。当露丝·汉德勒提着赚回来的钱去见兄弟姐妹的时候,她给了两个选择:一是连本带息将借款全部归还,二是债转股、将借款转成公司股份。兄弟姐妹们想听听露丝·汉德勒的建议,露丝·汉德勒说,当然是债转股喽,要是你们同意的话,我现在可以让你们用这笔钱买下这家公司一半的股份。兄弟姐妹们居然都听话同意了,几年以后,他们当年借给露丝·汉德勒的十万元钱,变成了全世界最大的玩具公司美泰儿(Mattel)的50%股份!

露丝·汉德勒有一种预感。直觉告诉她,世界上每个小女孩心里都藏着一个"大女孩",一个偶像、一个自己希望将来长大成为的那种类型,不是嘛?就像露丝·汉德勒小时候心目中的大姐,要是她那时候有一个大姐模样的洋娃娃,露丝·汉德勒一定会爱不释手。所以,洋娃娃为什么不可以做成一个成年女孩的模样?为什么不能让她们有曼妙的体型?为什么不能把她们做成风情万种、打扮入时的漂亮女人?

再看看当时市场上给女孩子们玩耍的洋娃娃,一个个用绒布塞得鼓鼓囊囊的,大大笨笨的脑袋,圆圆肥肥的肚子,直统统上下一样粗细的手臂和脚杆儿……好笨好丑,也不管它什么比例、时尚、品味、制作工艺之类,反正不过就是丢给女孩子们玩耍的布娃娃嘛……当然,更微妙更深一层的意思就是,女孩子嘛,将来长大了就是在家生孩子、带孩子、打理家中日常烂事儿的,谁费心还管提什么美丽、时尚、个性以及她们心中的偶像。

女孩、男孩玩游戏,其实都是在做"角色扮演",预习她们将来长大成人的体验,哪个女孩不希望自己将来长得漂亮,懂得如何搭配衣着,知道如何打扮入时,能够展现自己的个性和风采。露丝·汉德勒越想越激动,她要给全世界的小女孩手里送去一个"大女孩"模样的洋娃娃,这可是个了不得的大市场,而市场上从来没有过这样的产品,是从来没有人想到过生产这样的产品,还是露丝·汉德勒的想法实在是有点儿太不入流了?

的确,这个简简单单的想法在上世纪五十年代那个时候并不这么简单地使人信服的。世人都是保守的,在一个想法变成了现实之前,在他们没有亲眼看到千千万万小女孩急切的伸手去拥抱她们的"大女孩"洋娃娃的时候,没有人相信露丝·汉德勒这种奇异怪诞、甚至有点胡思乱想的想法。创新真是一件极难极难的事情!人们只能望着过去自以为聪明,有谁能真的看见未来?

埃利奥特·汉德勒否定了妻子的创意,拖着露丝·汉德勒来到公司设计部,当着众人面把露丝·汉德勒的想法讲解了一番,结果居然人人反对,没有人觉得露丝·汉德勒的想法值得一试。接着埃利奥特·汉德勒又拉扯着露丝·汉德勒来到公司组装线上,这里的大部分工人都是自己有孩子的妈妈们,埃利奥特·汉德勒又把露丝·汉德勒的想法给大家解释了一番,然后问是否有人愿意为自己的女儿买这样的玩具?结果得到全场异口同声的说"不!"居然她的想法遭到了100%的反对,就连一句阿谀奉承的话也没有听见,到底是众人皆醉我独醒呢,还是露丝·汉德勒的想法是一个从未得以证实的想法,或者完全可能是一个根本就不成立的想法?

在公司上下一片哗然中,露丝·汉德勒强行启动了自己的疯狂冒险计划,她命令设计师们完全按照自己的意思设计一款心目中的"大女孩"形象:鹅蛋型的脸蛋,大大的眼睛、弯弯的眉毛、翘翘的鼻梁、高高的胸脯、细细的腰身、修长的四肢……体型设计一改再改,最后定型为一个三围39-21-33的绝对美女的"迷你版",还替她配备了一个五颜六色的衣柜,一共二十套盛装;露丝·汉德勒命令生产部门采用最好的材料最新的工艺技术,每件衣服做到细节的逼真,连脸上的眼线都必须画得一丝不苟;她还命令市场部制作大投入的电视广告片……无意中,露丝·汉德勒发现自己的大女儿芭比平时喜欢涂涂画画,画面里充斥了各式各样"大女孩"的形象,露丝·汉德勒收集了厚厚一叠芭比的画,它们将会是佐证,证明露丝·汉德勒的想法是对的,证明"每一个小女孩心里都藏着一个大女孩"。

露丝·汉德勒又一阵激动,最后决定用女儿的名字来命名这批洋娃娃的品牌:"芭比"。

尽管露丝·汉德勒花费了九牛二虎之力,花尽了公司里的每一份余钱,但她周围上上下下的人仍然没有一个相信这件名叫"芭比"的玩具会成为一件热门的抢手货,那么,最终只有让市场来裁决了,对于露丝·汉德勒来说,此事此时已经万事俱备,只欠东风。

1959年初春,一年一度的国际玩具交易展在曼哈顿中城的玩具中心揭幕,成千上万来自世界各地的玩具订货商冒着寒风在这里欢聚一堂……"芭比娃娃"也靓丽登场,露丝·汉德勒特意租下了最显眼的展位,精心布置,她还特意在马路对面租下一个酒店套间,移走了房间里的床和家具,搭起了一个私密的展室,专门接待重要的玩具分销商。露丝·汉德勒亲自出马,在这里守株待兔。

露丝·汉德勒的冒险行动终于以纽约国际玩具交易展的全线败北而告终。拖着疲乏不堪的身体,在众人的窃声讥笑中,露丝·汉德勒回到了她洛杉矶的办公室。她也信服了，芭比是个没人要的娃娃，什么"每一个小女孩心里都藏着一个大女孩"，那是痴人的梦想，那娃娃是不会有人要的，现实摆在面前了，众人皆醒我独醉，别痴想了，活在当下吧！赶紧解散"芭比"设计团队，让他们各回原来的岗位，该做什么还做什么去，赶紧打电话让生产线停下来，取消预订的生产计划，以免公司蒙受更大损失……正当露丝·汉德勒从弥漫的梦幻里重返现实的时候，埃利奥特·汉德勒上气不接下气地敲门进来："露丝，露丝，我们全错了……芭比娃娃的订单铺天盖地像雪花一样地飘进来啦……"

原来，芭比娃娃的媒体广告是滞后投放在国际玩具交易展之后的，虽然大部分分销商没有在展会上预订芭比娃娃，但是，各地的小女孩和年轻妈妈们在电视报纸上看到了芭比娃娃的广告，即刻蜂拥地到玩具店去抢购，这热闹的情形让商家们都傻了眼……所有人，包括精明的分销商们，个个岂止是傻了眼，而是瞎了眼，事实证明只有市场是眼睛雪亮雪亮的！

露丝·汉德勒站起身来，从台子上捡起一个"没有人要的"芭比娃娃，推开窗户向地平线上望去，远方高楼大厦的窗户也都打开了，一个个小女孩从窗口向露丝·汉德勒伸出双手在尖叫：每一个小女孩心里都藏着一个大女孩！

50年过去了。芭比娃娃成了美泰儿公司里千金不换的骄傲公主；芭比使得美泰儿公司跃居成为世界上最大的玩具公司；芭比带着美泰儿公司走上了IPO的道路；芭比让露丝·汉德勒成为世界500强里的第一位女CEO；芭比的销售额经久不衰，如今每秒钟就有两个芭比娃娃被顾客买走；芭比是历史上最有名、销量最大的一件玩具；芭比遍布了150多个国家；芭比参加选美、奥运、宇航……芭比，她是每一个小女孩心里藏着的那个大女孩！

有时候成功就是在于执著的坚持。敢于尝试才能获得成功。

一个温州青年神奇的财富成长故事

吴云前为自己是温州人而自豪。他说，温州人从商的很多，这与地域文化有关。在温州，创造属于自己的财富才会被人尊敬。如果你整天无所事事、游手好闲，会被大家瞧不起。很显然，吴云前早已获得了人们的认可和尊敬。

在他眼中,到处都是钱。关键在于如何去发现、如何去赚钱。与己无关的事情,不予考虑。但是,又很善于从旁人漫不经心的事儿中挖掘出赚钱的契机。

他跟父亲借了 2000 块钱,跟另外两个朋友一起去了青海。那一年,他 17 岁。在青海湖边一个小小的城市,他开了自己的裁缝店。那里没有百货公司、人烟稀少。他从兰州进布料,当了一个小裁缝。第一年,不赔不赚。他觉得这个地方不适合创业,父亲回信说让他再坚持一年。第二年,赚了一万。于是,他不顾父亲的意见,把所有东西全部卖掉,还了父亲的 2000 块钱,随后来到大连。

1989 年,如今矗立着百年城的地方,是一所小学。当时,19 岁的吴云前说:我要把学校拆了,盖成全东北最好的商场。那时候,身边的朋友以为他在说胡话。从当时到 2002 年百年城正式开业,中间历经了 13 年。延续在青海开裁缝店的经验,吴云前在大连开了一个小服装厂。他说,那个服装厂的性质跟现在的 ZARA 有点像。出货快,一个星期就能上柜台,什么好卖再做什么。逐渐的,服装厂越做越大,生意很好。

可是,吴云前并不满足。盖一个购物中心所需的原始积累,这样一个服装厂根本不够。于是,1992 年,他把目光投向布料生意。大连是一个海岸城市,做布料批发、纺织品贸易,有得天独厚的优势。做布料生意,比服装生意赚得要多很多。在有了一定资产之后,吴云前同时进行了两项投资。首先,因为城市规划,那所学校搬走了。吴云前在那块地上投资了 30% 的股份,成为了第二大股,但是,并没有控股权。考虑到这一点,再参考那时候北京的酒吧业兴旺、上海出现了钱柜。吴云前把二者相结合,在大连开了一个名为"空中布景"的综合娱乐场所。一层是主题餐厅,二层是 KTV。

由于当地消费水平有限,并且没有形成健康卡拉 OK 消费的习惯,吴云前的第二个投资失败了。亏损了 5000 万元之后,第一大股宣布退出项目,趁这个机会,吴云前收购了它的股份,把原计划 48 层的大楼改成了八层,请著名设计师来打造这个全东北最好的购物中心。他说:"当我看到很多世界顶级品牌因为找不到合适的落脚点,将专卖店开到富丽华和香格里拉时,我看到了机会。我瞄准的,是那些最具消费能力的消费者。"

于是,在大连建市 100 周年的 1999 年,投资 7 个亿的百年城破土动工了。2002 年,百年城正式开业。在大连的 15 年,吴云前成就了一个温州青年神奇的财富成长故事。

"我没有什么秘诀,我只是一直在坚持做一件事情!"吴云前说。这些年来一直在大连做生意，赚了不少钱，也走过不少弯路。但他说，温州人做生意有一个理念：不怕赔，就怕停！因为赔了可以赚回来，而停了就意味着赚钱的机会没了。

"温州人从来不认为什么生意小，纽扣小吧，打火机小吧，但是温州人就把这些小生意给做大了"，吴云前说。他曾开过服装店，做过纺织品贸易、经营过服装、餐饮，现在从事商业地产开发。这些年他跨越了很多行业，他总是在熟悉一个领域后，突然又去尝试进入新的领域。保持创业的激情，不断尝试新的领域，可能就是他所说的"一直坚持的一件事情"。

谋略篇

小生意 **大** 财富

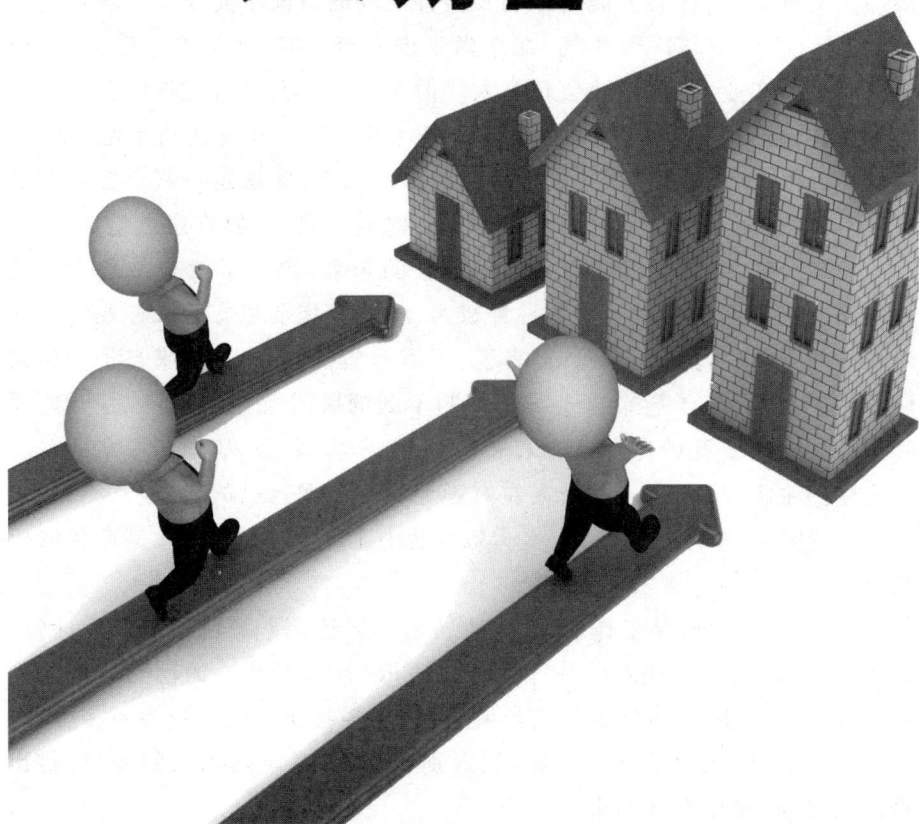

第一章 会规划才会有发展

做任何事情都要有规划,纯粹的蒙头蛮干是行不通的。详细合理的规划不仅会使事情做起来更加轻松,也能避免一些不必要的麻烦。做生意也是如此,做好规划才能有更好的发展。

如何正确地进行人生规划

做企业有企业规划,做生意创业有从业规划……然而对于我们每一个人来说,最首先的都应该是有一个属于自己的人生规划。

20岁以前,大部分的人是相同的,升学读书升学读书……建立自己基础。在父母亲友,社会价值观影响及误打误撞的情况下完成基本教育。

选择读书,应该一鼓作气,在您尚未进入产业时,能读多高就多高,毕竟何时进入产业,您都是社会新鲜人。但是一旦您已经有工作经验而又有心进修,当然管道很多,相对的挣扎也多。因为您不知现在的年纪、条件、资历……再去做进修这样的投资是否值得?如果,您认定一辈子要当上班族,学历对您而言相信是很重要的,否则,时间宝贵,不容许您再走错路。

20~25岁,您要懂得掌握与规划自己的未来,决定了就是一条无悔的不归路。刚得到法律付予您的种种权力,相对的您要尽您的义务及学习面对责任的承担。这时候的您,是喜悦、矛盾与痛苦交战,喜悦来自于开始被赋予一些自主权,矛盾来自于与父母割不断的脐带关系,痛苦的是开始要尝试错误。您要开始为自己的未来规划,如升学、就业、感情……拿回自己对人生的主控权,而非一直受人左右影地的去摇摆自己的未来。

25~30岁,您像一块海绵,努力吸收也甘心被压榨,为的只是自我的成长。

这时候的您,应是工作取向,薪水待遇。升迁调职您应该是斤斤计较。因为唯有努力付出,相对的您才敢积极争取,社会新鲜人的动力应该让您冲出自己的一片天,也因为没有经验,所以不懂挫折。因为资源不多,所以一切尽人事,听天命。现在的您:领取别人的薪水,学习别人的经验,付出自己的青春,建构自己的未来。

30~35 岁,您要学习判断机会、掌握机会,不能再有尝试错误的心态。

这时候的您,应是事业取向和家庭取向,工作应该从体力转换为脑力。您应该看到的是远景,而非现况,面对的是宽广人生,而非局限于自我。结婚是许多人面临人生第一次的重大抉择,面对婚姻,很多人以为结婚就是一个责任的结束,殊不知正是学习的开始。就像一些刚上市的公司,以为目标达成了,忘了自己的企业责任,忽略本业。反而是一个恶梦的开始。人的本业不就是经营自己的家庭,赚钱的目的不就希望给家人更好的生活,但这可不能成为忽略家人的借口,一个经营不好家庭的人,纵使赚到全世界,他得到的只是表面的掌声,在他人生的这个圆,永远有一个缺口。

35~40 岁,您要享受给人希望,功德无量的格局。

这时候的您,应是企业取向,工作只是一种休闲,更可转化为对他人的责任。如果您专注于研究,您应该不只穷毕生之力。24 小时不眠不休地去做苦力您应该有成立研究机构,带领一群人做更多研发的雄心壮志。如果您是企业主管,您应该不只停留在汲汲营营,斤斤计较,您应该有能力担负主导周遭的员工、家人,带领他们享受更好的生活。格局的大小,会影响您成就的多少,做一个有影响力的人,而非被影响的人。

职业规划应要注意的五大因素

打造自己理想的职业规划,规划自己理想的职业前景,多少人为之苦苦追问一生相求。有人身在桃林,肩落桃花,好运连连。有人却身陷误区,雾里看花,一片茫然。看来,要想找到属于自己的理想职业方向,需要同时具备几个相关的必备要素。

您在为自己做职业规划时,是否考虑了以下几个相关因素?您具备怎样的实力,您有怎样的素质,您的自身潜力在哪里等等。

一、心理因素——理想职业之基础

性格决定命运,脑袋决定口袋。这一点您了解过吗?可是,在选择职业时您仔细想过没有,您的性格是否适合自己所从事的职业。时下,本科生扫地、硕士生卖货、博士生打杂。初听感觉笑口难掩,可是细细想来不免有种淡淡的悲哀。诚然,上述群体学历颇高令人羡慕,但是最后的结局却让人大跌眼镜,发人深省。一个不容忽视的问题令人深思,他们究竟怎么了?人才是否浪费了?读书是否无用了?

有些人性格内向整天郁郁寡欢，使人望而生畏，无形之中与人产生距离。人际关系淡化，缺乏必要的适时沟通，久而久之脱离了群体。在今天这个强调团队精神的职场里，他们能不"掉队"吗？人要学会合作，要学会融入群体，因为只有这样，才能集思广益取得胜利。否则，孤芳自赏只能孤掌难鸣。到头来一无所获，两手空空。永远不能适应变化的时代需求，适应变化的职场需求。

二、信息因素——理想职业之过程

信息时代的到来，就在眼前，这一点您清楚吗？我们每个人都生活在一个信息社会里，感受于信息带给我们的便捷。无论您承认与否，信息无时无刻不在影响着我们每个人生活的方方面面。这一点从某种意义上讲，对选择理想职业显得至关重要。有针对性地广泛收集来源于不同渠道的职业信息，通过理性分析及时做出科学决策，从而取得理想职业打造属于自己的一片理想天空。有人把握契机先行一步，而胜人一筹。而有人错失良机与机遇擦肩而过，抱憾终身。

三、判断因素——理想职业之关键

就像赛场上一个优秀的足球运动员一样，他的临门一射对于取得胜利来说至关重要。同样有针对性地收集于特定的相关职场讯息，经过理性的、科学的分析后，如何因地制宜、把握时机，占据主动性及时出击，适时做出抉择，而不至于错失良机追悔莫及。这一点您能深切体会吗？判断来自于对各种信息要素做出适时分析，有的放矢对症下药，将有利于自己的一些信息要素加以提炼，得出最后结论，直至取得一个令人满意的结果来。

四、潜力因素——理想职业之延续

就象一个教练选择运动员一样，他首先需要了解该运动员是否符合该项目的标准，是否有潜力可挖，是否是可造之才，在做了相关综合测评后，才能决定是否培养他。选择理想职业，同样也需具备潜力因素。因为人是最大的资源，如何有效地利用和开发人的潜力，最大限度地发挥人的效应，使人在一定意义上保持长久的职业竞争力，让自己永远走在职场的前列，领先于他人。这就需要我们无时无刻都要充分挖掘自身的潜力，成为我们取得职业成功的法宝。

五、学习因素——理想职业之法宝

一个人的学历在很大程度上讲决定着其个人的未来发展方向，也决定着其本人能否适应本职工作，能否在本职岗位上做出一些成绩，取得一些成就,开创自己的美好前程,走好自己的美丽人生。学习在今天看来是一个终身的话题,面对日益加剧的职场竞争趋势,只有不断学习有针对性地充电,不断补充新的"血液"才能满足不断变化的职场需求,避免遭遇淘汰的厄运,驰骋于风云变幻的职场。

做生意并不是盲目的选择某个行业,便就可以雷厉风行般的实施。在这之前的前提是你必须懂这一行,若是你两眼一抹黑,什么都不了解就开始行动的话。那最终导致的结果也只会是失败。很多生意人在选择行业的时候,都会选择与之前自己所做过的职业有关。因为做过所有有经验,因为有经验所以懂行,行动起来自然也就会轻松许多,水到渠成,更容易接近成功。

白手起家,铸造商业传奇

在杭州城站火车站对面、车来车往的高架桥下,一座不起眼的灰色小楼,在城市的喧嚣中默默伫立。如果不看招牌,你很难相信,这里便是中国内地首富宗庆后工作的地方。"娃哈哈是在这里诞生的,25 年了,宗总舍不得搬家。"娃哈哈的员工说。

42 岁开始创业,从贷款 14 万元、靠三轮车代销汽水及冰棍开始,到拥有财富 800 亿元,成为"2012 年中国内地首富"——25 年来,宗庆后心无旁鸯,以超乎常人的耐力,坚守着自己的实业帝国。

"很多年过去了,我依然清楚记得那一天的情景:1987 年夏天的一个下午,天气闷热,杭州的小巷子里见不到人影。我骑车出了家门,去干一件有些冒险的事情——靠借来的 14 万元钱,去接手一家连年亏损的校办工厂。"提起往事,宗庆后有些动容,他说,创业初期的条件十分艰苦,可以说是白手起家。借来的 14 万元钱,也不敢全部用完,只用了几万元钱,简单地粉刷了一下墙壁,买了几张办公桌椅,就开张了。

有了自己的事业,宗庆后憋足了劲儿,但当时,他的"事业"却是蝇头小利的小生意,"我们代销冰棍、汽水,还有作业本、稿纸等,主要是为学生服务。一根冰棍 4 分钱,卖一根只赚几厘钱。"早年创业的艰辛,已深深刻在宗庆后的记忆里。

随着时间的推移,宗庆后的业务范围也越来越广,开始为别人代加工产品。风里来雨里去忙活了一年,年底一算账,居然有了十几万元的进账。

尽管赚了一些钱,但宗庆后认为,企业没有自己的产品,终究不是长远之计。

1989 年,宗庆后带领校办工厂的 100 来个员工,开始开发投产娃哈哈儿童营养液,并成立了杭州娃哈哈营养食品厂。"当时,国内食品市场的产品种类相对较少,就连方便面都是稀罕玩意儿。"娃哈哈儿童营养液一经面世便迅速走红。

1991 年,宗庆后做了一件更大胆的事:兼并了拥有 2000 多名职工的国营老厂——杭州罐头食品厂,娃哈哈食品集团公司正式成立。1991 年企业产值首次突破亿元大关,达到 2.17 亿元。

1994 年,娃哈哈响应支援三峡库区移民工作的号召,投身西部开发,兼并了四川涪陵地区受淹的 3 家特困企业,建立了娃哈哈第一家省外分公司涪陵公司。此后,娃哈哈迈开了"西进北上"步伐,先后在全国 29 个省市自治区建立了 160 多家分公司。

1996 年对于娃哈哈来说,是具有划时代意义的年份。这一年,宗庆后瞄准瓶装水市场,娃哈哈纯净水诞生。有经济学家曾认为,娃哈哈纯净水的出现,是宗庆后搭建商业帝国最重要的一块砖。

娃哈哈成立 25 年,其产品包括含乳饮料、瓶装水、童装等共十大类 150 多个品种。宗庆后坦言,25 年来,娃哈哈在发展过程中经历了数不清的坎坷,甚至也曾走过弯路,但专心做实业、专注做品牌的信念始终没丢。

25 年来,娃哈哈一直保持快速发展势头,年均增长超过 60%。总资产增长了 57 万倍。集团旗下的娃哈哈系列产品,销量一直稳居全国第一,在实体经济面临"空心化"、国际金融危机及欧债危机双重影响下,宗庆后如何立于不败之地?

宗庆后给出的答案是:一切源于我们的"专注"。"认真做好一件事,这是最简单,也是最难的。25 年来,我们的信念从未动摇,快速积累财富的虚拟经济我们视而不见,一心一意做产品、搞实业,一心一意为中国老百姓提供最实惠的必需品,是我们不变的追求。"

在企业内部管理机制上,宗庆后可谓创造了一个很难复制的模式。宗庆后曾说:"世界上很多成功的大企业,都有一个强势的领导人,都是'大权独揽'。"所以,一直以来,娃哈哈的"专制"在业界也是出了名的:娃哈哈集团直到现在也不设副总经理,生产、销售等各个领域的管理则是由各个部长负责。

宗庆后强势的另一面,则体现在娃哈哈对渠道的控制上,这也是宗庆后管理经销商的成功之道。娃哈哈拥有遍布全国的近5万个经销商,如何管理好这个至关重要的终端体系,很大程度上是娃哈哈成败的关键。宗庆后的解决之道是创立了"联销体",即编织了一张遍布全国各地6000多个一级批发商以及三四万个二级、三级批发商的销售终端营销网,与经销商结成利益同盟体,变一家企业在市场上与人竞争为几千家企业合力一起与人竞争。

第二章 会布局才动全盘

俗话说"商场如战场"。打仗需要战略,做生意需要策略。对于生意人而言,任何时候都不会缺少商机,就看你能不能去发现它。小生意如果想要做大,做强。除了需要商机之外,还要善于对自己的生意精心布局。

眼光、信心、毅力才是最重要的资本

不少人想当老板而又没有去当老板,他们常常挂在嘴边的三个理由是:缺乏资金、没有路子、从未干过。三位被评为"巾帼创业明星"的女老板介绍自己创业经验时,则一致认为:眼光、信心、毅力是比资金、路子、经历更重要的创业资本。

江苏风神汽车维修公司总经理李淑华,1992 年夏天偶然听到南京市外经委一位工作人员说,有位美籍华人想在宁投资,但不知做什么项目好。说者无心,听者有意。李淑华当晚就找到有关专家请教有市场前景的投资项目,并以最快速度草拟了项目计划书,第二天她胸有成竹地敲开外商所住的金陵饭店房门,滔滔不绝地分析市场行情,终于打消了外商的疑虑,满心欢喜地把钱交给她经营。当初身无分文、如今已是年创利税三四百万元的中型公司老总李淑华回忆自己创业经历时,感慨地说:"捕捉商机的眼光比资本要重要得多。"

南京塑料制品厂厂长谢淑兰,1990 年初从朋友处得知河海大学研制成一种可用于重点工程的塑料排水板,便主动登门寻求合作,当对方得知该厂是一个福利工厂,88 名工人中有 50 多人是残疾人时,就一口回绝了她。但谢淑兰并不灰心,她前后跑了十多次,对方感动之余终于同意让他们厂试制。由于先期设备投资需要 20 多万元,加之不少残疾工人担心对方会变卦,便纷纷劝她三思而后行。为争取该项目已受了一肚子委屈的谢淑兰一听急了:"我们残疾人自己都不相信自己,还指望谁能相信我们?"一席话直说得大伙都惭愧地低下了头。经过无数次试验,当谢淑兰在最短时间内拿出样品后,河海大学有关领导惊讶之余终于决定与他们合作。如今该产品已成功打进许多省,还远销新加坡、非洲等国,年产值 2000 多万元。

相比而言,南京香源食品公司总经理沈小平的创业经历显得更为坎坷。1992 年她在南京热河南路开办了一家酒店,由于风味独特,一时食客盈门,但一场大火顷刻间将她两年多的心血付之一炬,还欠下数十万元的银行贷款。沈小平没有一蹶不振,她很快从打击中站了起来,多方筹措资金办起了食品厂。一年后,产品终于在南京市场上有所起色时,产品秘方又被工厂两名职工偷走,一时间假冒该品牌食品泛滥,导致他们厂 20 多万元食品积压。又一次的打击使沈小平欲哭无泪,痛定思痛的她一方面利用法律讨回公道,一方面拖着虚弱的身体挨家挨户跑市场,如今该厂食品已成功打进南京数家大超市,并远销东北等地。沈小平深有感触地说:"市场不相信眼泪,重要的是要有毅力。"

做生意不怕没有资金,就怕你没有勇气。若是你连敢尝试,敢冒险的勇气都没有,还谈何其他。没有经验不要紧,重要的是你善于学习,肯努力。这个世界上没有无缘无故的成功。

做生意必须要有的四大要素

很多朋友看了这个那个的创业壮举,受到了这样或者那样的影响都摩拳擦掌的准备如何如之何的创业。好男儿志在四方,是好事。可是,也应该清醒的看到,在庞大的创业大军中,能最终取得成功的却也是寥寥。所以,在鼓励大家积极找机会创业的同时,还是要慎重的结合自己的实际情况。

对于成功的创业者而言,如果我们仔细研究他们的发展过程,就会发现所谓的成功不外乎几点因素。

1.眼光

俗语讲"男怕入错行,女怕嫁错郎",对于创业者而言这句话同样有效。在选择所要从事的行业和事物之前,一定要全面慎重的考虑,眼光这里是相当重要的。你可以选择人民必不可少的行业创业(如衣食住行等),也可以选择朝阳产业来发展(如医药、汽车配套等),千万别为了所谓的寻求蓝海而去那些冷门行业做先驱。

2.思想

我们常说的脑子灵活,处事全面,遇事不慌,解决恰当是我们日常的行为准则,其实对于一个立志自主创业的人而言,这也是必不可少的条件。自主创业者,在确定了自己所要立志奋斗的行业和具体事情之后,要潜心研究做这个事情需要的专业知识和技巧,不断提升自己分析问题解决问题的能力。

3.魄力

以前有一位朋友,大学毕业后就想开一家老家风味的手擀面馆,当时很多人都觉得不可思议,纷纷劝他。但是,他铁了心的要自己干,没钱就四处借钱。不会擀面,就自费跑到山西面馆做学徒几个月,直到把如何配料和面,怎样切面等做好。经过半年多的准备,在都市村庄里面开起来属于自己的小面馆。前期不懂得核算客流等情况,每天准备的菜都多,浪费严重。同时,也不知道这个都市村庄也拆迁,高价接手的店面干了不到半年就遇到了强制拆迁。自己辛辛苦苦干起来的小店,一夜之间变成了废墟。但是,他没有气馁,又四处借钱在一个小区下面盘了一个更大的店面。一晃几年过去了,当别的同学投身企业的顶多混个高级打工仔的时候,他的小店已经可以一年为他带来百十万的收入了。

不得不感慨,很多要吆喝着准备干什么,打算干什么的人,往往说得多做得少,注定不会有什么好结果。做生意创业,还需要魄力,认准一个事情得有一股子不服输的精神,一头扎到底的人,才有获得回报。

4.资本

当然,要想做生意创业,硬实力也必不可少,这里说的硬实力就是资本。毕竟自己当老板做一个事情,方方面面都需要投入,场地、设备、产品、人员工资等等。所以立志创业的朋友,在确定好自己要从事的行业和事情,有了对这个事情清晰的认识之后,还要冷静认真地衡量做这个事情要投入的金钱和承担的风险。虽然做生意有挣有赔很正常,但是毕竟自主创业者都不是大款,谨慎还是很必要的。

目标决定成就

马克原来只是美国一家软件公司的普通职员。从他大学刚毕业走进公司的第一天起,他就为自己定了一个目标:用两年的时间当上产品开发部的经理。从那天起,"部门经理"就像一面旗帜,他没有一天不按部门经理的标准来要求自己。

马克的准备是辛苦的,他往往要比其他职员多做许多工作,休息时也要参加许多相关专业的培训课程。目标真是一个奇妙的东西,它使马克每天都被疯狂的工作激情驱使着。虽然有些累,但劳累过后,看着自己的卓越业绩,他便体会到了更深的幸福和快乐。

不到一年,马克就被提拔到了主管的岗位。他工作起来更加努力了,虽然为此他牺牲了许多娱乐和休闲的时间。但因为有了目标,他感觉不到工作的劳累,相反把它当做一种享受。他的工作能力和工作业绩不断得到了公司总裁的肯定,在当上主管不到半年的时间里,再次被提升为部门经理,成了公司里提拔最快又最年轻的经理。但他很快又给自己制定了下一个目标——产品总监。

马克为什么能从普通职员岗位上,迅速升至主管,继而又升职为部门经理呢?这是因为他用目标随时鞭策自己,并不断围绕目标充分准备与积累的结果。所以说,如果我们要走向成功,就不能朝三暮四,必须要有一个明确的目标,然后为之努力,方能取得效果。

现实生活中,有些人做的事情很多,但因为他们没有一样做的精,到头来才什么成就也没有,原因之一就是经常确立目标,经常变换目标,所谓"常立志"者就是这这样一种人。要知道,一个人在太多的领域内都付出努力,我们就难免会分散精力,阻碍进步,最终一无所成,所以说,心中只有一个目标是一个人成功所必须的,没有目标的人整天都不知道自己要干什么,这样的人是不会有很大的作为的。

伟人的一生都是从一个伟大的目标开始的。一个人生存的根本也就是目标,一个人只有拥有了一个自己愿意为之奋斗一生的目标,自己的生活才会有意义,做事情才会有激情,对待工作才能认真负责,最终才能走上成功的道路。所以,不管做什么,给自己设定一个明确的目标是很有必要的。

并不是说心中只有一个目标是一个简单的人生目标，可以把自己的理想分解开来，分解成无数个小的目标，把那个最近的目标永远保留在心中，一个一个的实现，把理想分解了，也就是把成功分解了，把人生分解了，人生是需要一步一步地走下去的，或许这样做起来会更容易一些。

无论是任何人，做任何事，只要有一个专一的目标，具有坚持不懈、绝不放弃的心态，才会有成功的那一天。

约翰·吉米是美国一家人寿保险公司的保险员，他花65美元买了一辆脚踏车到处拉保险。不幸的是，成绩始终是一片空白。可是，吉米毫不气馁，晚上即使再疲倦，也要一一写信给被白天访问过的客户，感谢他们接受自己的访问，同时，也会力求请他们加入投保的行列，每一字，每一句都写得诚恳感人。

但是，任凭他再努力、再劳累，也没有发生效果。两个月过去了，他连一个顾客也没有拉到，他所面临的危机开始慢慢逼近他……

他常常是劳累一天回来，连饭也没心情吃，虽然娇妻温顺体贴，但是，一想到第二天，他常常会全身直冒冷汗。

他在自己的日记中写道："从前，我以为一个人只要认真、努力地工作，就能做好任何事情。但是这一次，我错了。因为事实证明并不如此！……我辛辛苦苦地跑了68天，然而，却连一个客户也没有拉成。唉！保险工作，对我很不合适，不如换个地方找工作吧……"

但他的妻子劝告他说："坚持下去，就有盼头。"吉米听了妻子的劝告。

吉米曾想说服一个小学校长，让他的学生全部投保。然而校长对此毫无兴趣，一次一次地将吉米拒之门外。当他在第69天再一次跑到校长这里来的时候，校长终于被他的诚心所感动，同意全校学生投保。

他成功了！凭着自己那坚持不懈的精神，后来，他成了一位著名的保险推销员，正是因为他的目标让他坚持了下去。

只要功夫深，铁杵磨成针。相信只要我们坚持自己的目标，并努力坚持下去，成功离我们就不会太远；只要我们努力并坚持下去，梦想就不会成为幻想。找准目标，努力并坚持下去，有了这样的好习惯，相信终有一天我们能获得成功。

滴水穿石，在于落下的每一滴水，都是向着同一个方向，落在同一个定点上。它们方向明确，目标专一，如果它们不是这样做，恐怕穿石之功就不会归功于小水滴了。同样，我们在为远大理想奋斗的过程中，一个明确的目标也是所必须的，绝不能见异思迁。成功者与一般人最大的区别不正在于成功者都有一个专一的目标吗？他们明确自己追求的目标，为之付出一切，从不动摇和改变。而多数人恰恰相反，很少有明确的追求目标，即使有愿望，还时常是朝三暮四。

　　古今中外，哪一个成功的人不是都盯住一个目标而成功的？他们就是凭着自己的毅力，凭着自己的努力，追求自己唯一的目标，从而取得了别人取得不了的成就。

第三章　行动之际谋略为先

商场就犹如是一个没有硝烟的战场，能生存下来的胜利者都可谓是大智大慧的人。无论大小生意，都讲究一个谋略，唯有善于谋略的人，才能从危机重重的商战中突出重围，最终站在胜利的金字塔顶峰。

学会审时度势

洛克菲勒具有过人的思维，他遇事总是冷静分析，不盲目跟风，审时度势，做出自己的判断，然后决定自己如何去做。

洛克菲勒在谈到他的创业史时，只说了一句话："压倒一切的是时机。"那么把握时机靠什么呢？最重要的当然是胆量、思考和预见能力。

美国宾夕法尼亚州发现石油后，成千上万的人像当初采金热潮一样拥向采油区。一时间，宾夕法尼亚土地上井架林立，原油产量飞速上升。克利夫兰的商人们对这一新行当也怦然心动，他们推选年轻有为的经纪商洛克菲勒去宾州原油产地亲自调查一下，以便获得直接而可靠的信息。这时洛克菲勒21岁，他只身一人来到宾夕法尼亚州考察石油的生产情况和行情。当时，宾夕法尼亚的石油刚开采一年多，而且石油的用途由于技术的局限还并不广泛，只是当做照明用油和工业润滑油。

洛克菲勒来到产油地。眼前的一切令他触目惊心：到处是高耸的井架、凌乱简陋的小木屋、怪模怪样的挖井设备和储油罐，一片乌烟瘴气，混乱不堪。透过表面的"繁荣"景象，他看到了盲目开采背后潜在的危机。但是，凭直觉，他认为这"黑色的血液"将来有不可估量的前途，于是他决定在石油领域好好地干上一场。

洛克菲勒没有急于回去向克利夫兰的商界汇报调查结果，而是在产油地的美利坚饭店住了下来，进一步做实地考察。他每天都看报纸上的市场行情，静静地倾听焦躁而又喋喋不休的石油商人的叙述，认真地做详细的笔记。而他自己什么也不说。他对合伙人克拉克说："现在还为时过早"，"他们只知道一个劲地抽油，而根本不考虑到市场，照这样下去，不出多久，一定会供大于求，油价一定会跌下去。"

经过一段时间考察,他回到了克利夫兰。他建议商人不要在原油生产上投资,因为石油需求有限,油市的行情必定下跌,这是盲目开采的必然结果。他告诫说,要想创一番事业,必须学会等待,耐心等待是制胜的前提。

果然不出洛克菲勒所料,"打先锋的赚不到钱"。当时石油需求量很少,但是盲目开采出的石油又太多,这样造成生产过剩,油价一跌再跌。那些钻油先锋个个损失惨重。

这个时候,洛克菲勒了解到产油地正在计划修建铁路,铁路一旦修成通车,运输费自然会减少许多。他觉得时机已经成熟,于是便找克拉克投资原油。克拉克听了,还以为是洛克菲勒发疯了,"现在泰塔斯维原油暴跌,你还想投资,我怀疑你是不是脑袋出了问题。"不管洛克菲勒如何劝说,如何分析时势,克拉克就是不愿意投资。

这时,洛克菲勒遇到了英国化学家安德鲁斯。安德鲁斯与克拉克是同乡,曾经在大不列颠大学做过油母岩研究,他决心要从宾夕法尼亚州的石油宝库中搞出精炼油来。在他的说服下,安德鲁斯-克拉克石油公司成立了,而克拉克只是名义上的主管人。洛克菲勒抓紧时机,大批地购进原油,经过加工运输到各地,这样他的石油生意日益发展起来。

不过,他和克拉克之间的矛盾越来越深了。克拉克是保守的人,只热衷于既有的成果,畏首畏尾,对敢于创新的洛克菲勒来说无疑是块拦路石头。最后他们终于闹翻了,决定把公司卖掉,而由两人中出价最高的人独立掌管。他们两人都知道石油前景广阔,在拍卖公司产权时都不肯放弃他们原来在安德鲁斯-克拉克公司的股权。洛克菲勒更是确定了必胜的信心,他决定不管花费多少代价,一定要掌握公司的领导权。彼此喊价的情景十分激烈。最终洛克菲勒以 7.25 万美元的价格使克拉克把股权让给了自己。

26 岁的洛克菲勒终于取得了胜利。他后来在回忆这个具有决定性意义的时刻时说过:"这是我平生所做的最大决定。"从此,他把公司改名为"洛克菲勒-安德鲁斯公司",满怀希望地干起了他的石油事业。凭着过人的思维和审时度势的能力,他建立起了克利夫兰规模最大、销售总额最多的炼油厂。

要想成为一名成功的生意人,一定要有过人的思维和与众不同的预见性。在难得的重大机遇面前,细心地审时度势,预测出市场未来的发展趋势,大胆地做出英明正确的判断并勇敢地实施,这样才能使你抓住机会,赢得更大的发展。

商场如战场,经营商业与用兵之道是相通的,所以我们亦可以说:"商"者,诡道也。这便是说,做生意要做到审时度势、应时而变,万万不可墨守成规,不知变通。

生意场上要成就大事业,就必须要思路开阔,不拘成法。

生意场上,各种情势总是处于不断的变化之中的,所谓此一时,彼一时也。成功的商人要学会审时度势,应时而变。这是因为此时可用且用之有效的招数,彼时不一定用之有效。凡事不可因循守旧、墨守成规,一种情势下绝不能采取的做法,移到另一种情势下,也许恰恰适用。生意场上要善于灵活变通,因为商场中没有陈法可以遵循的,墨守成规,等于作茧自缚,也等于自杀。所以,一个生意人要在商场中做出大事业,一定要有随机应变的意识。因为"商"者,诡道也。

面对危机,沉着应对,大凡成就大事业者,其取得非凡成功的重要原因,不仅在于他们具有超人的才干,更重要的是,他们能够审时度势,应时而变,面对危机,身处逆境能够镇静从容,沉着应对。他们往往能够从事物的发展变化中,抓住机遇,化逆境为顺境,使自己摆脱危机,走向成功。

如何借"鸡"生蛋?

现代经济活动中,自身经济实力不足却又要发展事业,许多人也会来个"借鸡生蛋""借得钱来,投资生产,赚回钱来,发展壮大自己的实力。这种经营谋略,也叫"负债经营,无钱走遍天下。"然而,时至今日,当人人都懂得借鸡生蛋时,"鸡"就不那么好借,就得讲究许多技法。给人"信"字,这是借鸡技法中的根本大法。

在广州,有一位数百万元资产的私营企业主岳亚贤,当年家里穷得叮当响。靠做不做都 36 元的工资,别说摆脱个穷字,连生计也难,他下决心要做番事业。没有本钱的创业,想到邻居潘婶有好几个儿子在香港,就向其借钱。开始借 10 元,讲好一礼拜还,但他根本没动那钱,只是锁在箱里,到期准时归还。

过了个把月,他又向潘婶借 20 元,她讲定归还日,他一样不用,到期原钱加息奉还;如此一次次借了还,还了借,大半年时间过去了,还真的没动用过所借用过的任何一分钱。待潘婶一再夸其"有信用"时,岳亚贤顺水推舟地向她讲了自己的打算办个"方便居民生活小卖店"的想法和难处。潘婶也真爽快，笑着安慰他："放心，你亚贤要办店，借你个万儿八千没问题。"就这样，岳亚贤凭着良好的"信誉"筹到创业资本。

钱，是投资创业的硬资本，对于无钱或财力不足的人来说，能借到钱，就可心想事成。中国银行有 2000 多亿个人存款，如果你这个商人有信誉，就永远不必为缺钱而发愁。

"壹加壹"制衣店在广州诞生的时候，陈展鸿才 20 岁。不过十年的时间，"壹加壹"就由一个家庭制衣作坊发展成为时装设计公司，进而组建"壹加壹"实业有限公司，没有本钱的创业，10 年间，陈展鸿由一个个体户变成了拥有 20 多家企业的大老板，资产达几千万元，每年仅出口服装就创汇 1500 万美元左右。

发展如此迅速显赫，除天时、地利、人和之外，高超的操纵市场的技巧亦不可低估。

"壹加壹"的产业包括服装、电器、鞋类、餐饮等，但服装是大头，服装收入占总收入的 80%。而服装款式，面料的更新是以季计、月计，如何在迅捷的交替中把准市场的脉搏是至关重要的。陈展鸿说，他采用的是"排炮战术"，即每设计出一种新颖服装，必是放一排"排头炮"投放到市场检测一下市场的需求情况，再根据第一排炮的轰动效果，决定第二批、第三批的投放量。

"壹加壹"的过人之处还在于有节制地"轰击"市场，每种新产品投放到市场总留有余地，决不"轰"得过火，适可而止。陈展鸿的想法是顾客买东西就跟吃饭一样，某种东西一下子吃得太饱，就会对这种东西腻味，再也提不起它的兴趣。一种产品是一次性的，但商标则是长期的。没有本钱的创业，如果对"壹加壹"商标"腻味"了，以后的市场则难以打开，所以"壹加壹"在每一种新产品最畅销时，下一个新品种又成熟了，这样，就可以不停地以"快"和"新"轮番轰炸市场。

为保证"壹加壹"产品的"快"和"新"的特色，陈展鸿十分注重信息，并力争在最短的时间内把信息变成产品，抢占服装"新潮头"。目前，"壹加壹"仅西装的款式就有 20 种之多。没有本钱的创业，靠"快"和"新"还不能在市场稳操胜券。市场的真正主宰是顾客，只有赢得顾客，才能赢得市场，才能保证"轰"得有力。

于是，"壹加壹"又推出"量身定做"和"终身保修"的办法。出国访问的、结婚的和一些身材特殊的顾客，可以到"壹加壹"量身订做合体的高档西服。凡是在"壹加壹"购置西服,还可以"终身保修"身材发胖的、不合身的西服还可以拿来修改到合身。这招"壹加壹"专营西服的服装店由一间扩展到了七间,还满足不了需要。

他是一个失败者、说谎的人、商场上的逃兵,没有人把他放在眼内,因为他根本没有与人争胜的条件。那么,苏宏达如何出人头地。没有本钱的创业,在成功的大道上遥遥领先。苏宏达算不上年少有为,他35岁时,仍是工厂的一名杂工,每月收入仅可维持一家三口的生活,还需要妻子替人家做些零散的缝纫工作,帮补家计。

35岁,是宏达生命的转折点,一天,他经过住家附近的地产经纪公司,发觉里面的职员在打瞌睡。虽然那时楼宇买卖情况热闹,偏偏就只有那个地产公司一片冷清,门口张贴的楼宇资料也是寥寥可数,还附出公司的顶让消息。宏达突然灵机一动,认为这是不可多得的好机会,虽然他没有足够的金钱搞一些小生意,但岳母颇有积蓄,他决定跟她好好商量。开始经营业务的时候,他把顾客介绍费降至最低,只抽取其半成佣金。

另外,他采取"死缠烂打"的政策,不怕浪费唇舌,不断为上门的客户介绍适合他们的房子,直至客户找到满意的房子为止。很多顾客前来地产公司想购买房屋,其实心中也没有什么主意,如果推销者懂得抓住他们的心理弱点,诚心诚意为他们服务,顾客自然会一切依赖你,不愿再跑到别家地产公司选购的了。

做任何事情都有个技巧,正所谓"四两拨千斤"。只有找到其中的技巧,诀窍才能最为便捷快速的找到成功。

借力与助力

一个人是否有实力不要紧,只要他善于用人,照样能干成一番大事业。善借外力的人容易成功,借别人的力量、金钱、智慧、名望甚至社会关系,用以扩充自己的大脑,延伸自己的手脚,提高赚钱能力,正所谓借他人之光照亮自己的"钱"程,我们可以将此称之为"借光计"。

曾子说:"用师者王,用友者霸,用徒者亡。"成就大事的人,都不是孤军奋战者,他知道个人的能力再强也是微弱的,"好汉也要三个帮",众木成林,众志成城。

有一天,一个小男孩和妈妈一起到杂货店买东西。老板非常喜欢这个可爱的男孩,就打开一个糖果罐,要小男孩自己拿着吃,但是这个小男孩却没有任何动作。几次邀请之后,老板亲自抓了一大把糖果放进他的口袋里。回家以后,妈妈很好奇地问小男孩:"为什么不自己去抓糖果,而是要等着老板抓呢?"小男孩的回答非常巧妙:"因为我的手很小啊!而老板的手比较大,所以他拿得一定比我拿得多!"这个孩子非常聪明,他知道自己的能力是有限的,更重要的是,他明白别人比自己强。凡事不要只靠自己的力量,学会利用别人的力量成事,是一种谦卑,更是一种智慧。这虽然只是一则简短的小故事,可它所蕴含的道理却是值得人们去深思的。

刘备原本是一个编席卖鞋的小贩,靠的就是借人之力,而三分天下的。他先是投靠军阀,后又桃园三结义。但他最大的成功是聘用了诸葛亮。号称"卧龙"的诸葛亮是荆襄一带的士族首领,具有相当强的号召力。得到诸葛亮,等于得到一大批文臣武将,刘备的实力因而大增。在这些高级人才的帮助下,他才确立了自己的战略方针,继而一步步走向胜利,最后终于在大西南建立了自己的国家。

一个人,纵然是天才,也不会是全能的。因此,一个人要想完成自己的事业,就必须要利用自己的才智,借助他人的能力和才干。成大事者的特点之一是:善于借力、借势去营造成功,从而能把一件件难以办成的事办成。在生活中,无论你从事什么行业,都要学习借力之术,因为并非每个人都有丰富的资本,和别人比起来自己的资本是微不足道的,这时你就要善"借"。一定要根据自己所处的环境与局势,做出明智的决定,要有独特的思路,善于借别人的力量,而不被别人看出,让自己获得最大的效益,这样才算是一个真正的成功者。

三国时期的诸葛亮就是一位善借的能手,如孙刘联兵火攻曹军的"万事俱备,只欠东风"一例就是典型,还有"草船借箭"也是巧在"借"字。事实上,人类自从走上文明之路时起,一直在寻求借力的办法,正因为不断地创造了各种"借"的办法,所以使人类不断地走向了文明。

杠杆原理便是人类"借"力的一种发明,其后又发现了滑车的原理。随着时代的不断前进,人们知道把大小不同的滑车加以组合,用更小的力量举起更重的物体。今天,只要一个人坐在起重机的坐垫上,就可以操动几十万斤的货柜、钢架。人类依靠头脑的作用,使人的力量发挥出最大的限度。

在人类的一切活动中,任何一项成功的事业,都是运用了滑车的原理,借助其他的力量使自己的能力发挥出最大效果的。所有大企业都有一个共同的特长,就是有一种识人的眼光,能够抓住别人的优点,把每一个员工的位置都分配得十分恰当,使每个员工的智慧和力量都能淋漓尽致地发挥出来。

美国钢铁大王卡耐基曾预先写下这样的墓志:"睡在这里的是善于访求比他更聪明者的人。"的确,卡耐基能够从一个铁道工人变成一个钢铁大王,是他能够发掘许多优秀人才为他工作,使他的工作效力增值了成千上万倍的结果,同时,也帮他成就了辉煌的事业。

任何人、企业都不能一步登天,但"登天"的办法却是多种多样的,办法得当,则可快捷省劲。善于"借"力量,则是一种快捷高效的方法。

世界著名食品零售商巨头肯德基,与南昌百货大楼联营办了一家分店。2000 年 8 月 1 日开业以来,创造了亚太地区同类城市同样经营面积连锁分店的三项记录。一是日均销售额 12 万元的业绩;二是从开门营业到关门停业,均有消费者排队等候的火爆场面;三是单天销售额突破 15 万元的最高纪录。令人惊喜的是,肯德基不仅自己的经济效益可观,还为其合作者带来大量人流和资金流,南昌百货大楼生意也快速增长,这说明,相互依靠,相互借力,可以互利双赢。南昌百货大楼是一家老牌大型商业零售企业,多年来已形成稳定的人流物流,但缺乏新的消费热点拉动。肯德基名气大,但在南昌没有根基。他们选择联营的方式,南昌百货大楼腾出处于黄金地段的部分副楼,作为肯德基的营业场所,两楼相互联通,来往十分方便,到百货大楼购物可以顺路去看看肯德基,肯德基一开业,生意立即就能火爆;肯德基名气很大,在南昌又是新鲜事,在肯德基饱餐一顿后,顺便逛逛百货大楼,又给百货大楼带来了新的客源。两家相得益障,生意做得甚是红火,达到了"双赢"局面。

在这个世界上人不可以没有父母,同样也不可以没有朋友。俗话说,朋友多了路好走。在生意场上,朋友更不可少。

德谟克里特说过:"一切亲人并不都是朋友,而只有那些有共同利益关系的才是朋友。"这句话在现在这个商品社会里真是让人无比受用,人与人之间的利益关系被描画的淋漓尽致。

雀巢公司是全球规模最大的跨国食品公司,至今已兴盛发展了 120 多年。它所生产的食品,尤其是速溶咖啡,时下人见人爱,风靡全球,是其拳头产品之一。然而,就是这样一个饮誉世界的雀巢帝国,在 70 年代却险些信誉扫地,"一命呜呼"。

在二十世纪 70 年代末 80 年代初,世界上出现了一种舆论,说雀巢食品的竞销,导致了发展中国家母乳哺育率下降,从而导致了婴儿死亡率的上升。由于当时雀巢的决策者拒绝考虑舆论,继续我行我素,加上竞争对手的煽风点火,到了80年代,竟形成了一场世界性的抵制雀巢奶粉、巧克力及其他食品的运动。雀巢产品几乎在欧美市场上无立足之地,给雀巢公司带来了严重的危机。在残酷的事实面前,雀巢公司的决策者不得不重金礼聘世界著名的公共关系专家帕根来商量对策,帮助雀巢公司渡过这一难关。

帕根受此重托后,立即着手调查分析。结果,他发现,造成这场抵制雀巢食品运动的根源,就是在于雀巢公司以大企业、老品牌自居,拒绝接受公众的意见。另外,由于雀巢公司的推销活动,对公众是保密的。这使得雀巢公司与公众之间的信息交流不通。所有这一切,都犯了公共关系的大忌,也就难怪误解、谣传遍起。

帕根根据调查分析的结果,制定出了一个详细周密的公共关系计划,呈报给雀巢公司。帕根的这一计划,把行动的重点放在了抵制最强烈的美国,虚心听取社会各界对雀巢公司的批评意见,开展大规模的游说活动,组织有权威的听证委员会,审查雀巢公司的销售行为等,使舆论逐渐改变了态度。在"近攻"取得初步胜利的基础上,帕根建议接任雀巢公司总经理之职的毛奇,开辟发展中国家的市场,把它作为雀巢产品的最佳市场。在开拓市场过程中,雀巢公司吸取了以往的教训,不是把第三世界的发展中国家单纯看作雀巢产品的市场,而是从建立互利的伙伴关系着手。

雀巢公司每年用60亿瑞士法郎,从发展中国家购买原料,每年拨出8000万瑞士法郎,来帮助这些国家提高农产品的质量。同时,还聘请100多名专家,在第三世界国家举办各种职业培训班。比如,在印度的旁遮普邦,雀巢公司进入莫加区建立了一个奶品工厂。由于那里的家庭所饲养的产奶水牛,不仅营养不良,而且很多都染有疾病。大多数农民只能生产仅够自己所需的牛奶,根本没有任何剩余牛奶可供出售。于是,雀巢公司设立了一个免费的兽医服务处,以批发价格向农民供应药品,并提供低息贷款支持开掘新水井,增加用水的供应。

这样一来,使更多的草料长起来了,牛犊的存活率也从40%提高到75%。在这一计划开始时,那里只有4460户牛奶直接供应者,在计划实施之后,牛奶供应者超过了3.5万户,每年向雀巢公司售奶可达11.7万吨。牲畜疾病已基本绝迹。这个奶品工厂发展所创造的繁荣,已带来电力、电讯、农机、交通事业的发展。使昔日的贫瘠之地,变得欣欣向荣。

如此一系列的活动,使雀巢公司在发展中国家里树立起了良好的形象,因而销路大增。又取得了"远交"的胜利。

雀巢公司所做的这一切,只不过是为了自己的利益。实施这些措施既可以讨好了发展中国家这棵摇钱树,又树立了自己的美好形象,还能为自己带来利润,到 1984 年,雀巢公司的年营业额高达 311 亿瑞士法郎,雄居世界食品工业之首。真可谓是一举三得,这样的好事谁不愿意做啊。

当然,这种善于借力从而导致成功的例子还有很多。

2000 年,美国福布斯杂志评出的 50 位中国富豪中,其中第 24 名的张果喜,就是善于借别人的力量为自己办事的高手。

张果喜素有"巧手大亨"之称,他看准了佛龛在日本市场的潜力,就召聚公司员工进行分析、达成共识,使产品在日本市场一炮走红,成为日本佛龛市场的老大哥。

公司为了经营的需要,在日本委托了代理销售商,但一些富有眼光的日本商人看到经营这种佛龛有大利可图,为了赚到更多的钱,就想绕过代理商这一关,直接从果喜实业集团公司进货。张果喜仔细地考虑了这件事情。从眼前利益来讲,从厂方直接订货,就减少了许多中间环节,有利于厂方的销售,然而却破坏了与代理商之间的关系,同时佛龛在韩国和中国台湾地区也有相当大的生产能力,代理商如果背向自己,与韩国或中国台湾地区生产厂家挂钩,岂不影响本公司的利益吗?

张果喜果断地回绝了那些要求直接订货的日本朋友,并且把情况转告给代理商,向代理商表示,公司在日本的业务全部由代理商处理,公司不通过其他渠道向日本出口佛龛。

代理商听后,很受感动,在佛龛的推销和宣传方面下了很大的功夫,并且在日本市场打出了"天下木雕第一家"的金字招牌,从而使张果喜公司的佛龛在日本市场上站稳脚跟。

上面这些都启发我们,人的智慧是无穷无尽的,尽人之力远不如尽人之智。"好风频借力,送我上青天。"凡是拥有借助外界力量这一思路,均可事半功倍,更快捷、更容易地达到成功的目的。

张先生刚创业时,是一家劳保用品小公司的老板,但他有一股干劲,急于想要把公司做大。他打听到有几家大型生产企业正好要采购一大批劳保用品,于是想通过这次机会把产品打入大型企业。派业务员去接洽了几次都无功而返。后来分析原因,是由于自己的公司小,没门路没靠山,人家看不上眼。张先生思来想去,终于想到一计,就是借助外力。

他告诉业务员们,公司将在某日搞一次大型公益的产品赠送发布会,届时省市里的有关领导和一些企业负责人将到会,并且将有众多媒体参与。他让业务员分别去接洽这些企业的主要负责人,邀请他们赴会领取免费的产品。交代完工作,张先生开始了他的行动。

首先,他先预定了一家五星级酒店的会议厅作为发布会的现场,以此来充场面。接下来,他分别找了两家报社的名记,进行了一点"疏通",于是报纸上就有了他们为了工人着想而要进行公益赠送活动的软新闻。然后,他通过一些朋友联系上了一些省市里的领导,分别对那些领导说:我们的产品赠送是一次大型的公益活动,会有一些大型企业和一些省市领导及主流媒体参与,你是我们尊重的领导,所以想邀请您赴会。听到"尊重"两字,那些领导怎会不去,于是就有一些领导欣然接受了邀请。

这之后,他又通过报纸把这些消息综合的展现出来,并且有目的的让电视台了解到,于是电视台也介入了进来。

最后,他又分别亲自去见了那些大企业的领导,把这些综合信息以交流的姿态传达给他们,还不忘吹嘘一番:我公司是有省市领导支持的,产品是有很多大企业青睐的,我们和媒体的关系是相当好等等。

其实,这些都只不过是他打的一些小幌子而已。经过了一系列的准备,他的产品公益赠送活动在一片赞扬声中召开,省市领导出席,大企业、小企业的主脑们济济一堂,媒体煞有介事的推波助澜。最后的结果就是风光无限,订单多多,张先生所做的一切总算获得了成功。

张先生所用之术就是借别人之力来充自己的场子的诡道奇谋。张先生精于经商之道,他借助多面"旗帜"的综合作用,借势发力达到销售产品的目的,最主要的是收获了无价的后续潜力资源。经商者头脑中如果具备了这种思路,又何愁赚不到钱呢?

当然,借助别人的力量并不是投机取巧,而是要善于借助别人的力量来帮助自己,帮助自己完成想做和要做的事。其实,这个世界上很多事都不是依靠自己的力量可以完成的,这时我们就要去借助外力,借他人之力去实现自己的目标。

很多时候,"借"外来之力可以产生 1+1>2 的倍增效果。如果你善于借助别人的力量,善于利用别人的智慧,多用点脑子来观察周围的事物,多静下心思考周遭发生的一些现象,你将会从"山重水复"跨越到"柳暗花明"。

第四章　在蛛丝马迹中寻找战机

我们在做任何事情的时候都难免会碰到各种困难，做生意尤为如此。当今，无论哪一个行业，都充满了激烈的竞争，市场瞬息万变。这也使得生意越来越难做。而在这种情况下，我们就更加要细心钻研，从蛛丝马迹中找出战机，获取胜利。

必须要知道的细节问题

现在做生意必须要专心。这些需要注意的禁忌还是必须懂得。

一、坐门等客。经商不跑不活，商品市场瞬息万变，商品交流讲究时效性，坐门难见客。只有跑动，才能得知市场信息，找准时机，方能盈利。

二、没胆量。俗话说，只要有七分把握便可行动，余下的三分把握靠你去争取。遇事下不了决心，错过时机不得利，要知道经商中十拿九稳赚钱的事是不多的。

三、商品越贵越不卖。商品不可能只涨价不跌价，贵到一定程度，只要赚钱便卖，无论赚多赚少都要满足，若坐等高价，十有八九要吃亏。

四、把钱存起来。赚了后不愿再投入，把活钱变成死钱，只有得寸进尺，不断扩大经营规模，发展壮大自己事业才能更上一层楼。

五、好高骛远。看不起小本小利，想一口吃成胖子，这样永远也发不了大财。创业只有从小到大，慢慢积少成多，一步一步地走，最后才能爬上财富的顶峰。

六酒香不怕巷子深。许多人只注重生产而不注意推销，认为东西好了自然有人慕名而来，这是被动的销售手段。只有主动拉客，扩大影响，才可多销而盈大利。

七、人家咋干咱咋干。缺乏创造精神，总跟在别人身后，被人牵着鼻子走，别人把利收完了，你再干就获利甚少或一无所得。只有抢先一步占领市场，才能获胜。

八、热信息热处理。得了热门信息，便急急忙忙盲目行动，不做好充分准备，打无准备之仗败多胜少。只有认真分析研究市场，待胸有成竹，方能上马。

九、喜热厌冷。总以为什么东西干的人越多越有利,要知道"萝卜多地皮紧"。只有看准"不起眼"之处,爆冷门,才可能拥有市场。

十、厚利销售。销售商品只顾销量多,利厚价高令人望而却步,结果厚利销少。只有把利看得轻些,价格合理才会有顾客,薄利多销方能赚大钱。

创意妙招,音乐也能生财

美国高盛市场研究人员曾在该国西南部的一个超级市场,对影响顾客购买心理问题做过一些有趣的实验。实验结果表明:顾客的行为往往会同音乐合拍,当音乐节奏加快、每分钟达 108 拍时,顾客进出商店的频率也加快,这时,商店的日平均营业额为 12000 美元。当音乐节奏降到每分钟 60 拍时,顾客在货架前选购货物时间也就相应延长,商店的日均营业额竟增加到 16740 美元,上升 39.5%。有的人还在饭店进行过试验,在营业时间播放轻快的音乐,顾客会不知不觉地加快用餐速度,从而提高了餐座的利用率。更为奇妙的是:在瑞士苏黎世歌剧院的对面有个餐馆,经常与听完歌剧进馆上演的节目密切相关,上演瓦格纳的《漂泊的荷兰人》时,那沉重的音乐往往使人疲惫不堪,剧终后,人们都匆匆回家休息,谁都没有闲情逸致去光顾餐馆了;当上演《茶花女》时,感动至极的人们为了平静情绪,都要进餐馆呆一会儿,吃点东西;上演《乡村骑士》时,餐馆酒的销量大增。根据音乐与商业经营的微妙关系,精明的美国奥尔良商人罗纳德先生,在自己经营的商场里,从早到晚总是播放着轻柔舒缓的慢节奏音乐,从而使他的营业额猛增了 10% 以上。他高兴地说:"商场里的音乐节奏,对商业营业额的影响实在太大了!"

生财之道有很多,其中不乏有很多让人意想不到的奇特点子。

日本东京市三叶咖啡屋老板挖空心思,利用人眼对颜色产生不同的感觉,达到了节省咖啡用料进而赚取更多利润的目的。他让 30 多位朋友们都喝 4 杯完全相同的咖啡,但盛咖啡的杯子颜色测不同,分别为咖啡色、红色、青色和黄色 4 种。

试饮结果,居然对完全相同的咖啡得出了迥然不同的评论:对咖啡色杯子里的咖啡,三分之二的人都说"太浓了"对青色杯子里的咖啡,大部分朋友认为"既不浓也不淡,正好";而对红色杯子里的咖啡,十人之中九人说"太浓了"。三叶老板据此想出了节省咖啡用料的方法,很简单,将咖啡屋里的杯子一律改用红色。这样,不仅节省了咖啡用料,还给顾客留下了特好的印象! 因此生意兴隆。

无独有偶,美国纽约一家大饭店,地处繁华地段,门面富丽堂皇,食物价廉物美,服务周到热情,但开业后,生意冷冷清清,顾客一进店门调头就走,饭店老板百思不得其解。一位名叫史密斯的教授,实地观察后,认为问题出在饭店的墙壁、餐桌、地板全是火红色上。教授对饭店老板说"你看过斗牛吗? 牛的天性是较温和的,但为什么它一进斗牛场,就发疯似地猛扑斗牛士呢? 原因就在于那不断舞动着的火红的斗篷,引起了牛的烦躁直至狂怒!"

饭店老板听后,恍然大悟:怪不得没人来我这里浅斟慢酌,谈情说爱呢! 连我呆久了,也会有暴躁不安的感觉。老板立即决定停业。在教授"只需把墙壁改涂成淡绿色就行了"的建议的基础上,又自作主张随心所欲地把所有的地方都改涂成了淡绿色。不料,在营业中又出现新烦恼:顾客就餐完毕不肯离去,大大影响了餐餐座的利用率。于是,店老板又去向史密斯教授请教, 教授说:"我只是让你改涂墙壁, 谁让你去改涂桌椅、地板呢?"据此,又作了一番改进后,果然,餐座利用率提高了,生意自然也愈发细火起来。

原来,餐厅保留红色,一方面能促进顾客的食欲;一方面,如果就餐完毕,逗留时间过长,这种红色又会在心目中变成一团令人烦躁的"火",促使顾客快速离开餐桌。这就是"色彩"能够生财的奇妙所在。

在澳大利亚的一个超级市场上,就有一位靠商业气象学发了横财的经理,名叫约·道尔顿。早年,道尔顿在瓜果经营中,发现销售额居然与天气变化有极大的关系。于是,他求教于统计学家,一起分析了西瓜销售与气象的关系符合概率论的某种分布函数。他还与气象台签订合同,以便及时得到长、中、短期天气预报与气象要素情报。

有两年,道尔顿的公司每年都在酷热的月份到来之前,根据天气情况和气象预报,和瓜农签订大批的买卖合同,并购进大量西瓜存放在冷库里。由于那两年夏季高温持续时间长,西瓜十分畅销,该国各大城市瓜果紧缺,唯独道尔顿公司货源充足,到了第三年,由于道尔顿事先获得了夏季将出现长期阴雨天气预报。正当未掌握天气情况的人按惯例争先恐后对西瓜囤积居奇时,他却大批削价处理西瓜。结果,阴凉天气形成"马拉松"后,同行中只有道尔顿不为西瓜大批腐烂而苦恼。接下来,道尔顿不仅因此变成了资本雄厚的大亨,还成了澳大利亚著名的商业气象学家。

在我国,也有不少懂得利用气象预报把握时机、做活生意、取得可观效益的精明人。据报载,湖南省一家皮鞋厂的厂长,在看到荧屏上映出"长沙,雪,-4℃"时,随即在地图上圈出怀化、宁乡等20多个地区,并及时要办公室发出20多封电报,结果收到不少要货的回电,一下子推销掉皮鞋几千双。

说到底,还是细节问题。只要你够细心,能够发现生活中一切可以利用到的细节,然后去加以把握运用就能创造出意想不到的财富。

有竞争,才会成功

竞争无处不在,竞争是世界的常态。因而,要想在这个世界上有所作为,没有竞争能力,是不行的。

竞争是社会和自然界的普遍法则,优胜劣汰是普遍的规律。竞争还能促进种群的繁荣,促进物种的进化,反之,没有竞争物种还会退化甚至消亡。

适者生存,能者为王。没有能力,不适应竞争,任何人也帮不了你。那么做生意如何才能在竞争中取胜获得成功呢?这就要求我们必须具备竞争能力。

能竞争才能制胜于商场,竞争给我们以压力,又给我们以动力。它促使我们不断努力奋斗、积极进取,不断地在各个方面完善自身、增强实力,以求得发展和胜利。因此,竞争能力可以说是我们每个人必备的能力。

在这个社会里,每个人每天都要面对着很多的竞争,承受着很多压力,想在竞争中生存,你就得有一种比别人更强烈的竞争意识和竞争能力,能够承受着更大压力。这样才可能有机会保命,才可能有机会出击……所以提升竞争能力,也是商场取胜的关键。无论大生意还是小生意都是如此。

什么东西再好卖,本来就不是一定的。再好卖的东西也有卖不出去的人,再不好卖的东西也有人卖的出去!没听说过2个欧洲推销皮鞋的人,到一个非洲岛上的故事吗?

世界上做生意的人那么多,商店一家挨一家的,可见总想找到别人没有卖又可以卖的好的东西是不现实的。但是把一样的东西比别人卖的更好的做法是容易做到的。世界上大多数成功的企业也是这么做的。沃尔玛,家乐福,还有浙江义乌市场,不都是卖和别人一样的东西,只是比别人卖得多,卖得好成功的吗?

社会经济的发展都是有方向性的,这个方向性就是经常说的趋势,做生意就是要赶趋势,干对了赶好了就可以成功。那我们来说说现在的趋势的什么。发达国家的今天就是我们的明天,看看今天的美国,欧洲,日本就可以找到我们以后的发展方向了。这个趋势就是无论是生产型企业还是销售型企业都一样面临的问题。

那就是:第一、专业化。第二、品牌化。第三、规模化。第四、行业由现在的分散向大企业集中。知道了以上4大趋势。就看你能不能抓住这个机会了,如果你可以抓住这个机会就可以一跃而起来,成为所在行业的领导者,不然你就只能给别人当配角了。因为规模化和专业化的发展,每个行业的平均利润是在快速降低的,所以我们看到现在的沃尔玛在一个行业里即使是在中国,也不例外的是靠低价格获得胜利的。所以我们要想成功的崛起,第一个就要考虑用低价格为武器,杀开一条血路。因为创业者往往是生手。如果我们不以更低的价格,更好的服务进入恐怕是难以有立足之地。所以更需要一开始就具有破坏性动作,只有把原来的市场都搅混了,鱼儿才有机会被你抓住,不然每个行业原来都各有各的市场,各有各的顾客,谁又会主动的找你做生意呢? 根据以上的规律,可以看出我们要想创业成功在一个行业,可以总结出这样的竞争策略有以下几点:

第一、更低的价格。

第二、更专业化的服务。

第三、更专业化的形象。

第四、更全的产品系列,也就是更大的规模。

第五、更注重树立品牌。

大学生三个月赚 500000 元

杨榕祥还是一名在校大学生,三年前,祖祖辈辈都是农民的他考上了大学,穷山沟里突然飞出了金凤凰,到学校报到的那天,家乡的父老乡亲们放着鞭炮把他送到村口的那一幕令他至今难以忘怀,那一刻,他在内心深处发誓一定要努力学习,将来成为一名有作为的人来改变家乡贫穷落后的状况。

进入大学后,丰富多彩的校园生活深深地吸引着这个懵懂的少年,然而,生活上的拮据使他受到了不少的约束。当时,他周围的人家里都特别宽裕,他们每月的零花钱似乎永远也用不完,而他一个月仅有区区100多元的生活费,这还是全家人省吃简用才凑出来的,于是每次他都借故不与同学一起吃饭,而是自己悄悄买份干饭配着5元一大罐的萝卜干度过。但是,即使他再怎么节俭也无济于事,不安分的心促使他热烈地想溶入多彩的校园生活,就这样,他开始尝试着在校园做点小生意。

跟许许多多在校学生创业史一样的老套,他先是在校园里卖电话卡,但因竞争激烈而草草收场,也跟同学一起倒卖过贺卡,但因不了解行情而进了一批过时的货,不但没挣到钱还赔进了一笔,他还在学校送过报纸,做过家教等,但每次的收入都很微薄,每次他都在感叹:以前书上不是有许多跟他一样做过小生意的学生最后都取得成功吗?而他为什么就不行呢?他也想过放弃,但他也知道做事绝不能半途而废,他不禁陷入了沉思之中。

转机出现在一次夏天,那时正值暑假,他到了姥姥家去看望多年不见的亲戚。姥姥家在海边,这里的人全都靠出海打鱼为生,因此,这里的人们对大海都有着一份特别的感情。他的到来令姥姥十分的开心,看着他满头大汗,姥姥一边心疼一边端出了一种透明的小食品,配上蜂蜜说是给他止渴,他接过一试,有一种从嘴凉到心的感觉,好像是喝了冰水一样过瘾,于是他接连吃了几碗才放手,吃完后他对姥姥说:"您用冰箱冰的是什么东西呀,怎么吃下去那么冰凉甘甜,比雪糕还好吃。"姥姥笑着说:"这哪里是冰的哟,姥姥家还没有电冰箱呢,这是你舅舅在海底捞的一种藻类植物,这种植物只有南方沿海几个地方有产,你刚才吃的就是用这种藻草做出来的。"他听了半信半疑,接着问:"您真的没有用冰箱冰过吗?为什么它那么冰凉呢?"姥姥说:"因为这是一种深海植物,它本身含有一种冰凉的成份,你不信,等一下姥姥再做一份让你尝尝。"此时,他已对这种深海藻草发生了浓厚的兴趣,于是他央求姥姥再做一份让他瞧瞧是不是有像她所描述的那样神奇。姥姥真的当场拿了一把藻草放到锅里煮了起来,煮沸后,就把藻草捞了起来,姥姥说:"等到它凉却了之后结成块之后就可以食用了"。

大约半个小时后,一锅的水真的自行冻结成块,似水晶般晶莹透明,舀出来一试,味道果真一样,这回,他的脑海里突然一闪:自己不是到处在寻找机会吗?这么好的一个项目不就摆在自己的眼前吗,漫长夏季,热气袭人,在现代都市里,人们住着有空调的房子,喝的有冷饮、冰镇啤酒等,唯独餐桌上的凉菜欠缺特色,他在想,如果能将这种特色的海草植物开发出一个品牌的话,市场前景将非常广阔。于是他当晚就打电话到离姥姥家不远的特区厦门,那里有一个他高中的同学在那边工作,他叫同学帮忙打听市场,看看市面上有没有同类产品出售。很快,同学回复:没有。此时,他再也忍不住了,从姥姥家带了几斤的藻草赶到了厦门,开始生产这种消暑食品了。此时,在他内心深处仿佛有一个声音在对他说:"好好把握这次机会,你会成功的。"食品做出来后,他还别出心裁地给它取了一个很别致的名字——"海晶凉粉"。

由于这种藻草的膨胀性很大,一斤藻草就可生产一百多斤的海晶凉粉,辅料只不过是少许的白砂糖或蜂蜜等,因此成本极其低廉,每斤综合成本不到 4 毛钱,而市场售价在 1~1.5 元之间,利润空间很大。为了将产品顺利推上市场,他决定选一个人流量大的地方免费发放三天。消费者反应的热烈程度让他始料不及,三天共发放了近六千份的海晶凉粉,发放食品的门口排起了长队,大家都想尝尝这种纯天然的海洋食品。由于有了前三天的免费品尝,从第四天起,"海晶凉粉"专卖店正式挂牌成立,一天共售出三千份左右,扣除原料、房租、水电、人工费等,净利润在 2000 元以上。这一晚,他失眠了,因为,这是他第一次真正意义上的成功呀!

在营业了一个多月后,他的周围突然冒出了许多跟他一样的专卖店,原来这种藻草的产地离厦门本来就不远,而且也不是什么秘密,只是它的价值一直没有被人们发掘而已,因此,很快就有人跟了上来。

此时,他知道这个行业虽然由他一手打造出来,但如果不能做大的话,那么将很快被淹没在竞争的潮水中,他开始思索着如何把此产品做得有特色。一天,他在百货超市买东西的时候无意间看到了深受青少年朋友喜爱的水果冻,那缤纷多彩的水果冻颜色给了他启发:为何我不把这海晶凉粉也做成各种颜色来增加卖点呢?说干就干,他回去后马上请教了一位食品局的同志,那位同志对他说市面上的水果冻都是加了色素而制成的。于是他就在海晶凉粉中加入了纯天然色素,调制成各种色彩的凉粉,此举果然奏效,顾客都被多彩的颜色给吸引住了,而且深受青年人的喜爱。同时,他还发展了一批经销队伍,由于有专卖店的强烈示范作用,因此许多经销商都很乐意经销这种本小利大的小食品。

通过以上几步,他又迅速恢复了在市场上的绝对优势地位,还把其他竞争对手远远摔在后面。整个夏季一过,他所经营的海晶凉粉起码为他带来了几十万元的利润。

有一次,店里来了一个特殊的客人,原来,这位客人是南京来厦门旅游的游客,他在尝了海晶凉粉后,大声叫好,又看到专卖店的火爆销售场面后,硬是要拜他为师,要他传授这手绝活。他一听笑了:"这哪是什么绝活,手艺非常简单,只要你会煮开水,你就会生产这种海晶凉粉了,其实,这种凉粉与市面上其他凉粉有很大不同, 它是选用深海藻草植物精制而成,不用冰箱就能自冻成型,成品似水晶般晶莹透明,口感绵韧清脆,营养丰富,味道、颜色均可根据个人爱好任意调整,爽心爽口,消暑降温,老少皆宜,当然,最重要一点是它不含任何食品添加剂或化工原料,属纯天然海洋食品。"那位游客听了半信半疑,于是,他就带着他参观了生产的全过程,当那位游客看到这个深受欢迎的食品生产工序原来如此简单时,他提出了一个杨榕祥本身也没有想到过的问题:他要回南京开专卖店,由杨榕祥负责供应藻草原料。那位游客的话让他眼前一亮:自己怎么就没想过要把这个如此简单但利润空间又大的小食品推广到全国呢?一语惊醒梦中人,于是他当场就和这位南京游客达成协议,由他提供原料,南京游客回当地开专卖店。回去后不到十天,那位游客就打来电话激动地说:"本地市场一片空白,销售势头火爆,请速发 100 斤原料。"他一听,心头上悬着的终于放了下来,此产品果真南北适合。此前,他已经通过互联网与全国各地许多朋友联系过,要他们帮忙打听当地市场,结果朋友回答 99% 以上的市场是空白的,这进一步坚定了他要把此产品推向全国的念头……

现在, 他已经成功地发展了近 50 个加盟商,而且个个销售情况都很好,有的已经挣了不少钱了。当然,在招商中也遇到了不少的问题,他感慨地说:"由于这只是一种名不见经传的小食品, 总投资不过几百元就可很好运转起来,因此很多人都不相信一个投资与回报如此不相称的项目是真的,这是因为很多人都不知道这种海晶凉粉的潜在市场,就像前几年台湾珍珠奶茶一样,谁会相信一杯成本不过几毛钱的奶茶却造就了数以万计的千万富翁一样,而且至今仍在受到热捧,现在报刊杂志上也有许许多多的广告都在介绍各种投入低而回报高的小项目,但最后不是上当受骗就是关门大吉,又有几个是真正成功的?"对此,同样走过不少弯路的杨榕祥最深有感触。机会面前人人平等,创业其实不难,很多时候我们一直都在寻觅,然而,你发现了吗?机会原来就在我们身边,关键看你有没有这个能力抓住它。

有时候往往一件不起眼,不被人关注的小事情、小事物,却就蕴含着巨大的商机。

小提手带来的千万市场

一个中国农民,在韩国旅游时购买了几大袋著名的韩国泡菜。由于提在手中感到十分勒手,他便在路边随手折下一根树枝做提手,谁知被韩国警察罚款50美元!他沮丧极了,感到给中国人丢了脸。为此,他竟偏执地想要发明一种方便拎购物袋的小小提手,去赚韩国人的钱!他的这个"荒诞"设想,不知被多少人嘲笑过,可他仍然坚持鼓捣出了这个小玩意儿。

这个小小提手,一经面市,就迅速打入韩国市场,一举挣得200多万元。清华大学教授宋荣振甚至预言:这种提手的市场价值将达千万元!

做这个小小提手,恐怕大多数人都能想得到,也做得出,可为什么那么多人就没想到,它竟蕴藏着如此大的商机呢?这个普通农民创造的财富神话,又给了我们怎样的深刻启示呢?

胡振远,是北京市顺义区小店乡的一个普通农民。2001年春,他受朋友邀请,前往韩国旅游。赴韩国前,朋友们纷纷要他带点韩国泡菜回来。可是到了韩国,他买好泡菜后却在回旅店的路上遇到了麻烦。他拎着足足有30多公斤的4大袋泡菜,走着走着,双手很快就被勒得血红,感觉火辣辣地痛,于是,他便在路上顺手折下了一段松树枝,用其作提手。谁知,韩国警察认为他损坏树木,以破坏韩国生态环境为由,罚了他50美元!50美元折合400多元人民币啊!这件事使他觉得既划不来,又给中国人丢了脸。事后,他总想从韩国人那儿挽回面子,可怎么挽回呢?这时,他突然想到:自己在韩国超市购物时,常常看见顾客提着购物袋都出现勒手的现象,心想如果自己能发明一种方便人们提拿物品的工具,不是既能解决人们购物后的烦恼,又能让韩国人不小看自己,还能赚他们的钱吗?

受用树枝提东西的启示,他很快就在头脑中形成了一种提手的构思。旅游完毕一回到国内,他便开始琢磨,并将这个想法设计了出来。他首先设计了一个类似小扁担状,中间是提杆,两边是挂钩的小型提手。第一次制作时,他采用了铁质材料,以为这种材料制作出来的提手既结实耐用又承重力强。但做出一个样品后,他拿在手上感觉很笨重,携带不方便,而且铁质材料在冬天还会随着气温变低而发冷,让使用者有冰凉的感觉。于是,他又转而做了个塑料提手。他使用了几次后,觉得效果不错,就拿着它去买鸡蛋。谁知,他提着鸡蛋正洋洋得意时,提手却忽然断裂,摔破的蛋液溅了他一脚。显然,塑料提手承重力不够!以后他又试过用木质材料做提手,可强度还是不够,而且不利于环保……结果,他折腾了好长一段时间,也没有找到合适的制作材料。

经过两个月的执著寻找,胡振远终于寻觅到了河北省玉田县一家生产聚丙乙烯的加工厂。认定聚丙乙烯基本符合做提手的要求后,他便决定将此作为提手的材料。他拿着一个用橡皮泥做成的提手雏形,让模具工程师按照样品制成模具,然后要求对方实验生产。制一套模具要 5000 元钱呢!模具工程师怎么也不理解他为何要花这么高的成本,试制这样不起眼的小玩意儿。但尽管不理解,工程师还是按照样品和图纸制出了小提手的模具。

第一个样品制作出来后,胡振远发现小提手的质地较软,便请工程师再设计第二套模具。结果,这次又发现提手的承重力不强,在提手两边挂上 6 块砖头,拎着没问题,但一抖动就断裂了……这样进行了几次破坏性试验之后,他开始研究在聚丙乙烯材质不改变的前提下,如何使小提手拥有更大的承重量。通过利用钢管比钢筋承重力大的原理进行一些改进,把横杆部分由实心改为空心,这一次生产出来的样品终于令他基本满意了。

实验完毕,胡振远实验性地生产了一批小提手,就把样品送给邻居们试用。这个利用杠杆原理设计的提手小巧玲珑,携带方便,即使上面挂上十几斤重的物品也丝毫不感觉是负担。很多大爷大妈试用后,觉得用它买菜购物十分方便,提再重的东西也毫无勒手的感觉。在菜场,一些提着大包小袋的老人和妇女,见有人用小提手携带物品,感觉十分省事,便追着问是在哪儿买的,试用的大爷大妈们便帮胡振远推销起来。

就这样,胡振远发明的小提手很快就受到了老人和妇女们的喜欢,产品还没正式推出,许多人就找上门来,纷纷向他购买。提手经过试用后产生的良好反响,证实了胡振远的预见。他不再担心提手不能变成商品,更不用担心没有市场了。为了防止假冒,还没有正式生产、推销提手,他就在2001 年底拿着生产出来的样品,前往国家专利局,申请包括以小提手为基础、利用杠杆原理可以推广到更多领域的十几项产品的专利。

没想到,专利局说如果一次申请这么多项专利,需要交纳几万元专利申请费!胡振远一惊,心想:我还没生产和卖提手,一下就要"破费"这么多钱,值吗?但想到产品一定会销得火爆,他便把心一横,向朋友借了几万元,果断地向专利局交纳了申请费用。做完这一切,他这才在北京市昌平区找到一个合作工厂,并花 2.7 万元购买了一套模具生产线,授权该厂进行正式生产。

2002 年初，胡振远设计的第一批小型提手生产出来了，他决定首先向韩国市场销售。但为了做到万无一失，不再在韩国人面前丢脸，他决定先拿着提手去北京做实验。有一天，他一早起来，背上小提手就往超市、菜场和消费者密集的地方赶，一看见拎着东西的大爷大妈，就主动向他们推销，并进行现场演示，让他们感受提手的方便实用。人们在使用了提手后，切实体会到了这个东西的方便，果然纷纷掏钱购买。

胡振远制作的提手每只售价 0.50 元，既方便又价格低廉，尤其适合老人使用。因此，不到半个小时，他带去的 200 个提手很快就被抢购一空。第二天，他又到东直门一个菜场推销，当时正值菜场高峰时间，在一个小时内，他就售出了 500 只。有的人不仅自己买，还给亲戚朋友带。但也有人使用后指出提手挂钩的弯度和粗细有待改进，有的男士提出小提手的握杆长度太短，使用后感觉握着很别扭……听取了各种意见后，胡振远后来又加长了提手握杆，并在上面制作了凹凸握纹，使得小提手更加实用和人性化了。这之后，他每次听到反馈意见就修改一次，这样反复改进，直到获得了消费者的一致认可后，他这才开始着手向韩国市场推销。

然而，这样看似不起眼的产品要进入韩国市场谈何容易？韩国人向来对商品十分挑剔，他们会对这个来自中国民间的小玩意儿感兴趣吗？胡振远查阅了大量资料后得出结论：韩国人十分注重商品包装，目前自己制作的提手外型颜色过于朴素，显然不符合韩国人的消费心理。据此，他将小提手的颜色改变成了各种鲜艳的颜色，并按照国际化标准规范地进行了精致包装。

然而，这些准备工作筹备完毕之后，他又为没有进入韩国市场的渠道犯愁了。那段时间，他天天到处打听进入韩国市场的门道。功夫不负有心人，经过一番苦心寻找，他终于通过一个中介公司，找到了天津一个专做韩国贸易的公司。谁知，人家对他的小提手根本不感兴趣，说："这个玩意儿太小，利润微薄，即使进入韩国市场，也不会引起人们的兴趣，你还是别浪费钱财了！"但胡振远偏偏不愿放弃，他说："我在韩国被罚是丢中国人的脸，这个面子我一定要挽回来！"在他极力地说服下，这家公司最后终于被他的执著感动，答应把小提手拿到韩国去做产品推广，但所有费用由胡振远承担。

胡振远把心一横，答应了贸易公司的要求。很快，该公司就把小提手发往了韩国有关公司。令天津公司意外的是，这个毫不起眼的玩意儿登陆韩国后，经过现场推广和演示，一个星期以后就接到了韩国一家大型超市的传真订单，以每只提手0.25美元的离岸价格，一次订购120万只小提手，并要求一周内发货！天津这家贸易公司惊呆了，胡振远也欣喜得有些不敢相信，因为这次成交的总价值高达30万美元，其离岸价格不仅破天荒地打破了出口韩国通常采取到岸价的惯例，也无形中降低了产品成本和海运风险。首次交易，胡振远就打了一个漂亮仗，不仅实现了他的创业初衷，还顺利赚到了韩国人的钱，也终于为自己挽回了颜面。

更令人喜出望外的是，小提手顺利进入韩国市场后，到了2002年秋天，胡振远又接到了大批订单，要货者源源不断。然而，面对大量订单纷至沓来，他没有一味追求数量而忽视产品改进。为了让韩国人更加体验到小提手的妙用，他又在小提手的中间设计了一个弹簧秤，让使用者既可方便携带物品，又可以在买菜时复秤，使得小提手更加实用和方便。仅仅只是这样一个小小改进，就使得小提手此后更加风靡韩国，倍受人们，尤其是家庭妇女的喜爱。胡振远压根没料到，自己原本只想挣回颜面的小发明，现在却做成了大买卖。

小提手畅销韩国之后，他便开始转攻国内市场了。2003年5月，正好是山杏成熟的季节，胡振远和几个朋友去昌平参加水果采摘节时，发现很多人都在踊跃采摘山杏，有的人一次就采摘了几十斤，但准备带回家的时候，都感觉极不方便，提着果品袋十分犯难。胡振远意识到推广小提手的时机来了，于是迅速回家，携带了500只小提手前去销售。经过现场示范和演示之后，几乎所有的人都购买了他的小提手，一位老人为此还追着问他："这东西不错，你是在哪里买到的呀？给我留下电话好吗？"胡振远笑着说："大爷，这是我琢磨的一个小小专利，如果你喜欢，我就送给你几个吧！"目睹小小提手大受游客欢迎，果园里的一个人索性把胡振远带去的小提手全部买下了，打算趁着人们采摘山杏的时候也赚上一笔钱。

胡振远的小提手这样方便实用，很快就引起了人们的关注。几天以后，他正在外面忙碌，忽然接到了那位在果园买过他提手的老人的电话，老人说："几天之后，清华大学有一个研讨会，我想邀请你来参加，你很了不起！"胡振远不知道这个会是个什么性质的研讨会，他赶过去后才知道，这位老人竟是清华大学经济学的权威教授宋荣振。研讨会上，宋教授以小提手作为"小商品大市场"的成功案例，从产品开发、市场前景、适用范围、社会效益和人性化等多种角度，给现场的研究生进行了几个小时的讲解和剖析。胡振远没想到，他设计的小小提手，居然获得了清华大学经济学教授如此的高度评价——认为它的设计不仅充分体现了人性化,而且其市场前景不可限量。

果然,随着小提手在韩国热销,国内的一些商家在韩国旅游时也发现了这个商品来自中国,他们回国后便慕名找到胡振远,纷纷提出要买断当地市场。第一个和他签订代理协议的是北京天人伟业公司,该公司一次向他订购了十几万只小提手,推向北京市场。合作不久,该公司就赚了30多万元。此后,胡振远接到了大量全国各地客商打来的电话,最多时,一天就接到了100多个咨询电话,对方纷纷要求做小提手的代理商。不仅如此,有的商家还表示要与他进行技术合作、出资投产和开发系列产品;有的人甚至出价200万元要买断他的专利,但都被他谢绝了。

胡振远的高明之处就在于他不仅想到了这种能满足人们需要的"小东西"具有使用价值,而且还能"卖",从而改变了自己的命运。其实,生活中有很多微不足道的小事常常蕴涵着改变命运的机会,如同人们为了吃饭发明了筷子,为了走路造出了鞋子,为了喝水生产出了杯子一样,只要你能将解决生活中某种需求的工具视为商品,并将它开发为可以卖的产品,那么,就肯定能将之转换成财富,进而改变自己的命运。

"空手道"也讲规矩

刚从广西中医药大学毕业的曾琴虽然个头不高,相貌看上去并不起眼,但她已经是一家知名工艺品企业的广西区总代理,不仅在南宁市中心拥有两间店铺,还配套建起了厂房和仓库。谁能想到,这个小有成就的校园创业明星,刚入学时一个月只有60元的生活费。

一穷二白的曾琴经过几年的奋斗,不但帮家里还清了15万元的外债,还给母亲在南宁买了一套房子。总能看到各种调查和研究说,"缺乏启动资金"成为大学生创业的最大障碍。没钱就真的创不了业吗?曾琴和许多白手起家的年轻人用他们的行动告诉大家,只要具备相应的条件,舍得付出,无本创业不是梦。

"她认定的事情,就一定会走下去。"在同学小吴看来,曾琴是个既果敢又执著的女生。

大一入学不久,曾琴就跟同学创办了一个手工艺品社团。背负着家庭沉重债务的她,最初只是想减轻母亲的负担。为了推销社团同学制作的手工艺品,曾琴不仅经常走街串巷调研市场,还常常在学校免费提供的摊位上守候到深夜才回宿舍。

随着销售经验的不断增多,曾琴想,与其小打小闹,不如创办一家自己的公司,做十字绣等工艺品的加工和代理。工艺品不像衣服,受季节性影响小,风险也相对较低。但进货需要一大笔启动资金是摆在曾琴面前的难题。

大二开学,曾琴看到大一刚入校的新生上游泳课需要购买泳衣,便找到一家泳装店,和老板说想用学生证抵押几千元的货拿到学校卖,老板的头摇得像拨浪鼓一样。曾琴没有退缩,而是详细地解释。因为她有备而来,不仅对大一新生的数量和宿舍分布情况作了调研,还画好了宿舍地图并制定了周密的推销计划。听她说得有模有样,老板将信将疑地收下了曾琴的学生证,"借"给她1000元的泳衣。回到宿舍后,小曾用50元劳务费委托同宿舍人际关系最广的同学帮忙找40名推销员。两人一组,每销售一件20元的泳衣,提成5元,销售数量越多,提成比例越高。大家拿着分布图,马上奔向各个宿舍楼,当天晚上就把1000元的货全卖完了。

如此高的效率,让泳装店老板主动提出免押金批发给她3000元泳衣,并承诺卖不出去还可以退货。本着"有钱大家赚"的理念,小曾顺利地将泳衣全部销售出去。

2011年,有两家十字绣品牌在广西招新的代理商,加盟费需要40多万元,曾琴想拿下这两笔业务,但手头的积蓄远远不够,只能想办法向银行贷款。听说曾琴要向银行贷款几十万元,她的亲戚朋友不免为她担心。但曾琴作出这样"胆大包天"的决定,并非一时头脑发热。投资前,她专门找到前任代理商,仔细查看了之前的账本和出货单,"这些数字是骗不了我的。"她自信地说。经过大半年的经营,曾琴还清了贷款,并如愿以偿地成为目前广西规模最大的十字绣经销商。

因为酷爱读书,拥有一家书店一直是广西民族大学体育与健康学院学生何家繁最大的梦想。大二时,在校园经营格子铺的经历,让何家繁发现图书是大学生中最畅销的商品之一,只要信誉好、服务好、价格实惠,自然就会有客源。可开书店的前景虽好,却需要巨大的资金投入,难度远远比开格子铺大很多。上哪去找开书店的钱呢?

那段时间,何家繁每天骑着自行车穿行在南宁大大小小的书店间,试图说服书店老板,能不能先借货,等书卖掉之后再结算。没想到很多书商都有受骗的经历,有的人借货后不但没有如约结账,最后连人都找不着。

面对一脸真诚的小何,一些书商好言相劝:"年轻人,你还缺乏经营、管理和承担风险的能力,我实在是不放心与你合作!"

2011年3月,何家繁看到路旁一家书店在招聘营业员,他觉得与其在外面碰运气,不如先去书店打打工,积累经验,找机会再和老板商量合作事宜。这家书店规模不大,有3个大书架和两个小书架,老板也兼任营业员。有过学生干部经历的何家繁顺利通过面试,工作主要是整理书籍,回收旧书。

收购旧书时,他视情况提高了收购价,回收了更多销路好的旧书,仅一个月下来,书店的营业额就增加了不少。老板对他很满意,提出给他加工资。小何见时机成熟,向老板提出了想自己开一家书店的想法。何家繁本来还想了很多说服对方的理由:如签订合作协议、抵押身份证等,只要老板愿意借货,哪怕是一个月结一次账或是一周结一次账都可以。没想到老板当即爽快地答应,并表示非常乐意与小何合作,"从你的工作中,我看得出你是一个诚实而且很用心的人,我相信你的能力。"

就这样,何家繁的书店在自己没有投入任何资金的情况下解决了最关键的货源问题。大学毕业后,他计划扩大书店规模的想法,再一次得到那位老板的支持。回想自己在创业路上之所以走得这么顺,小何觉得诚信是最好的通行证。

"牛人、好兄弟!"这是一名客户在赵智民空间上的留言。在许多人眼里,赵智民不仅是生意上的合作伙伴,更是生活中兄弟般的朋友。赵智民是广西职业技术学院市场营销专业的学生,大学期间担任学校创业协会会长,常领着协会成员做各种兼职,代理销售电子产品。2010年毕业后,他开始尝试实践自己开DIY电脑公司的创业梦想。起初,他以为开电脑公司很简单,只要说服供货商,先拿货后结账,就可以一边经营一边发展。实际调查才发现,注册一家公司至少要30万元,因为供货商不会随便无本出货给他。无奈之下,赵智民只好先到朋友的电脑公司做销售员,最初的一个月一台电脑都没卖出去。

9月,新生入学,新一届的创业协会会长找到赵智民,希望他能向新生会员分享创业经验。心情很低靡的小赵无奈地说:"我还没创业呢,现在一事无成,电脑都卖不出一台。"说完拿起酒瓶不停地灌酒,新会长一把夺过小赵手中的酒瓶说:亏你还叫我声"兄弟",有困难怎么不早说啊,我很多朋友都要买电脑呢!最后两人商定,让新会长回去发动会员们推销"赵哥"的电脑,小赵根据价格给提成。因为赵智民担任过创业协会会长,老会员们听说此事后纷纷加入"兼职"卖电脑的行列,同时也带动了新会员,向自己周围的同学、朋友推销电脑。

感觉到哥们儿情谊也能带来效益的赵智民开始注意培养自己的友情人脉。学弟学妹来买电脑,赵智民直接开友情价,并告诉他们那些配件有哪些缺陷,平时要如何注意保养电脑。一个朋友的同学找赵智民给上网本清尘和重装系统,希望能省点钱。小赵免费帮他清洗了电脑,还升级了系统。细心的小赵还用笔记本记下每一个顾客的特点、长相、联系电话、生日、QQ、购买电脑的型号等,一有空就翻来看看,想不起来的就去访问对方的 QQ 空间看相片,并在顾客生日的时候以公司的名义送上小礼物。正是靠着这些小细节,新顾客慢慢成了回头客,回头客慢慢成了好朋友。

多亏了这些好朋友,小赵的销售量开始直线上升,出货量越来越多,受到了供货商的器重。小赵觉得是时候自己创业了。了解到小赵办公司有资金上的困难,朋友当即把他引荐给投资商,而这个投资商刚好就是小赵的供货商,小赵的业绩让他印象深刻。同时又因朋友引荐,当即表示愿意支持小赵创业,并为他提供办公场地。在朋友们的帮助下,2011 年 9 月,小赵的嘉凯仕科技有限公司成功注册运营,他心中酝酿多年的创业梦想终于成真。

"一招鲜"的功夫

做生意,你不能一成不变,老走在别人后面,按照别人的思路,照搬就套,那等于是自毁前程,不说别的,用这种方法,你肯定也赚不到钱。原因很简单,市场需要的是不断创新,只有新颖的东西,才会吸引顾客,才会有顾客。老一套,顾客看都看腻了,哪还有兴趣来?

打个比方,你要是想开家饭店。那你的饭菜定为何种口味,这是最关键的。最起码,你要考察周围的环境吧,周围要是大多数都是湘菜馆,那你可千万别开湘菜馆,道理很简单,顾客早知道哪家的口味好,你再开,或许会吸引好奇的一些顾客,但口味和先前的那几家进行比较后,挑剔的顾客就知道该到谁家吃了。

当然,做生意即便与别人"撞了车",你也不要害怕,这时你要从售后服务、产品质量和卫生方面考虑来吸引顾客;如果别人在细节方面做得也很到位,那你就得从宣传和促销等细节上来考虑是否能战胜对方,这也是你反败为胜的一个方面。

个人若是想创业，还是要多动动脑子，多想想一些与众不同的点子，抓住生活中的每个细节，创造新颖的生意，或许你就是下一个成功者。毕竟生活对每个人来说都是公平的，只是要看你是否会抓住细节，善于思考，想象出别人想象不到的生意来，那你才是真正的强者，才是真正第一个吃"螃蟹"的人，只有这样，你才能成功。

宠物身上有金矿

当今时代，"宠物热"已经风靡了全国各大城市。人人都说，宠物的钱容易赚，可究竟该如何去赚，却很少有人知晓。过去比较流行的宠物医院和宠物用品商店，由于经营的商家过多，已造成了供大于求的现象，从而导致销售额下降，生意运作大有步入低谷之势。但是，如果换一种角度考虑，办一个专门为宠物服务的"宠物托养店"，便会创造较大的经济效益。

北京有一家"宠物托养所"，它以其独特的经营方式受到了广大宠物主的青睐。当你走进店门，便会发现几只小狗正悠闲地走来走去。而旁边则是一句"为心中的它找一个温暖的家"的广告语。开业半年来，这句充满人情味的广告语已基本为当地的居民所熟悉。

据这家宠物托养所的店主张芳女士介绍，前年国庆节前夕，她们打算去香港旅游，可是临行前由于家中的几条宠物狗没人照看，后来不得不取消了自己旅游的计划。不过，这次贻误的旅游机会却给张芳带来了新的商机，她想：我自己的难处也可能是广大宠物饲养者共同的难处。如果为宠物找个地方托养，不正好满足了广大宠物爱好者的愿望吗？想到这里，她决定开设一家宠物托养所。

有了这个打算之后，张芳便开始进行紧张的选址。通过调查发现，宠物托养主要的针对对象是一些经常外出，且具有较强经济实力的人。基于此，市内高档楼盘自然成了理想的店址。

张芳最终将店址选择在繁华的市区。她通过物业公司了解到，东城区某小区的人数很多，仅登记注册的宠物狗就有5000多条，而且这些住户比较容易接受新生事物。

去年，张芳的宠物托养所开张了。虽然只有60平方米的面积，但宠物用的工具却一样也不少。除此之外，她还聘请了几位专门负责照料宠物的工人。

张芳的收费标准很独特,分带粮和不带粮两种。对于自带口粮的宠物收费标准按宠物的体重计算:10公斤以下的15~25元/天,10公斤以上的25~35元/天。由于饲养这些宠物大多数需要用进口粮食。因此对于不带粮的则按体重差异加收10~15元/天。

张芳的运作管理程序也非常简单。顾客需要填写一张包括宠物吃什么、一天喂几次、生活特性以及双方责权的表格。接下来,张芳要给宠物做一系列诸如测体温的简单体检,防止有传染病的宠物入园。托管完后顾客交纳规定的托管费用,即可领回宠物。

张芳说,由于刚刚起步经营,业务量不多,每个月托管的平均收入在6000元左右。

除托养之外,张芳还在店内经营一些进口宠物食品、玩具、饰物等,同时还对外承接给宠物洗澡、修剪毛、扎辫子、去虱子、修剪指甲等业务。目前,这些业务占整个宠物托养所收入的一多半。因此,每个月的营业额在1.5万元以上。

张芳介绍说,要办好一个宠物托养所,还得具备一些饲养宠物和宠物常见疾病的观察和治疗等基本知识,有条件的话最好到正规的宠物医院接受专业培训。

宠物托养所开张之前,还要做必要的舆论宣传。由于宠物托养所一般都开设在小区内,因此做广告宣传要在小区附近,这样做既可以节省一定的开支,又能获得较为突出的效果。

宠物生病或死亡是宠物托养所面临的最大风险,这就要求宠物在接受托管时必须进行细致入微的检查,宠物生病时要及时告知主人。遇到自己不能处理的疾病,要及时送宠物医院治疗,费用双方协商解决。

为了尽量避免经营风险,在宠物入托之前,双方应该明确责任和义务,制定出如果宠物出现意外情况后的一些赔偿的具体办法。

由于宠物托养所刚刚出现,业务范围还比较狭窄,张芳的小店还算独领风骚的一家。

随着人们生活水平的不断提高,休闲项目也在增多。在各大中小城市甚至小乡镇,猫狗等宠物饲养者越来越多,已经成为一种很普遍的现象,这就为宠物的饲养提供了广阔的市场空间。如果开店者能抓住宠物主人的实际需求,在小区内开一个与猫狗有关的物品专卖店,既能够方便家有宠物的居民,又能增加自己的收入,确实是个理想的选择。很多经营宠物店的人,本身也是宠物爱好者,而这类人不但喜欢自己养的宠物,同时也喜欢别人的宠物。因此,他们会以极大的兴趣来照看别人的宠物,或者为别人的宠物提供各种各样的服务。对于这种行业,你提供的服务越齐全越到位,顾客也就越多。

第五章 学会商战中的 36 计

俗语说:"人无远虑,必有近忧。"在生意场上,如果只顾着眼前利益,而不从长远利益去谋划,那么到最后很可能会连眼前利益都丢失掉。作为一个精明的生意人,必须要学会从长远的利益上去谋划与规划。

成局在胸,谋而后动

在《三十六计》中,我们看到许多关于谋算的计策,其中"瞒天过海"讲的就是用智之算和靠胆去闯这两个基本的成功点。的确,关于谋算者,总能先得天下,不关于谋算者,一定是输家。大家知道,在经商过程中有许多绝密,如果瞒不住,让对手掌握之后,就会造成致命一击。因此,"瞒天过海"是商人必须精通的经商之计。李嘉诚在此方面可谓精深,他在筹划自己的每一次"大手笔"前,都是虚实结合,正反交错,从而制造有利于自己的商业竞争态势。

成功的两大天规:智慧+胆量

胸中始终有一个"全"字

防备十全十美,就容易斗志松懈;平时司空见惯了的,也就不容易引起怀疑了。秘计就在于公开化的事物里,而不存在与公开形式相对立之中。非常公开的事物中往往隐藏着非常机密的心计。

做生意一定要同打球一样,若第一杆打得不好的话,在打第二杆时,心更要保持镇定及有计划,这就并不是表示这个洞会输的。就好等同做人及做生意一样,有高有低,身处逆境时,你先要镇定考虑如何应付。

一个商人运用"无中生有"之计,必须要保持清醒的头脑,一则是因为头脑清醒,才能够坚持己见,不被别人意见所左右;二是头脑清醒,才能想出主意,靠主意去突破困境,寻找出路。李嘉诚深知积累人生财富就是一个从无到有的过程,坐享其成是不可能的,这就需要在空棋盘上做文章,要靠眼光,靠盘算,看准对手的弱点,然后猛然出击。其实,在很多情况下,无中生有都是长期谋略、精心策划的结果。这就是一种"空手套白狼"之计。所谓"空手套白狼"，是指一种从无到有的经营手段。这种手段需要的是智慧和技巧。

用假象欺骗敌人，但不是弄假到底，而是巧妙地由虚变实。就是说，开始用小的假象，继而用大的假象，最后假象突然变成真象。世界上并非每一件事情，都是金钱可以解决的，但是确实有很多事情需要金钱才能解决。

在《三十六计》中，所谓欲擒故纵，讲的是攻守之道，即所谓以守代攻。经商之道不在于一时地求快，而是要懂得欲以攻可先守的策略，一旦时机成熟，就可以及时下手。欲擒故纵之计首先重在"擒"字，因为"故纵"乃是一时的权宜之计，所谓放长线钓大鱼的长线是也，这条长线必须有韧性，既要牢牢缚住那条大钱，还要收发由心，实在不是简单的事。"等待"也是经商的一种战术。李嘉诚就曾经运用这种等待术，试图"伺机而出"。这是"欲擒故纵"经商之计。

一边等待，一边伺机出击，未攻之前一定要先守，不战而屈人之兵。

逼敌过甚会遭其反扑，让敌逃跑能削弱其势力。追击宜尾随而不迫近，消耗其体力，消除其斗志，等到敌人溃散时再去捕俘，可以避免流血战斗。所以，暂缓过急行动，小心行事，瓦解敌人，便会有利于自己。

做事投入是十分重要的。你对你的事业有兴趣，你的工作一定会做得好。

高瞻远瞩，稳中求胜

"围魏救赵"之计的核心，就在于"避实击虚"。企业经营者运用此计，关键在于避开强大的竞争对手，不与之发生正面交锋，而要侧面出击或者绕道进取，捕捉机会，乘虚而入。在经商中，同样需要"围魏救赵"之计，这样才可稳中求胜。如何做到稳中求进，步步加大，则是经商者经营思考的重点问题之一。在这个问题上，李嘉诚则做到了，他懂得围魏救赵、稳步经营之计，例如，他提倡所谓"做别人之不能做"，指的是围魏救赵、绕道进取、钻空档、找绝隙的经营之道。李嘉诚在此方面可谓精通商海，游刃有余。并且运用起来娴熟自如，充分显示出大商人的气派。

做事情必须求张弛。集中、强大之敌，应当诱使它分散兵力而后各个歼灭；正面攻击敌人，不如迂回到敌人的后方，伺机歼灭敌人。最重要的是有远见,杀鸡取卵的方式是短视的作风。"巧渡陈仓"之计讲的是通过拆分与合并两种经营手段悄悄地打开局面,形成规模化经营,这一点与"巧渡陈仓"之计相同。在经商中,对"巧渡陈仓"之计最形象的比喻是"装鸡蛋术"。装鸡蛋最好的办法,是不把所有的鸡蛋装在一个篮子里。是一种保险法。同样,投资的分散法也是符合"不把所有的鸡蛋装在一个篮子里"。对于李嘉诚来说,"分析集资,连销包销"的经营策略实则就是"精于拆合"之计。

有分有拆,形成规模化经营。发起佯攻,故意暴露行动,引诱敌人投入重兵在这里固守时,悄悄地迂回到另一面偷袭,乘虚而入,出奇制胜。在知识经济的时代,如果你有资金,但缺乏知识,没有最新讯息,无论何种待业,你愈拼搏,失败的可能性愈高。但你有知识,没有资金的话,小小的付出都能有回报而达到成功的可能"隔岸观火"之计的本义是:当一群人在一起为一点利益相互较量时,你可以躲在远处,静观事态的变化,从而借机从中捞到一点利益。退避三舍,不意味着与人无争。真正的竞争高手,总是先看、后想、再行动。"隔岸观火"之计突出的是一个"观"字,对于商家来说,需要的是敏锐有观察力,所以能判断究竟该怎样采取经营策略,因为投资者的决策是至关重要的一张牌。李嘉诚打出投资者海外的牌,可谓使用"隔岸观火"之计的大手笔。

敏锐观察,拿出有效决策。敌方秩序混乱,宜静待他局势恶化。敌方自相残暴,便知其势必自取灭亡。顺应敌情策划计谋,还要适应敌情的变化见机行事。我的泳术很普通,划船亦很普通。如果我要达到对岸,我要肯定回来时还大有余力。正如我要游泳到浮台,我不会想着游到浮台上休息,而是预计我到浮台立即再游回来也有余力。经商绝对不能死守在一项计划上,必须要学会多计划经营,才能最大程度地创造利润。所以大商人都善于创新去旧,或者说调新离旧。所谓调,就是从市场调查出发,从自己的脑中调出新观点,新计划,所谓离就是抛开陈旧思维,另起炉灶。李嘉诚在经商的过程中非常善于调新离旧,这与他"尝试是成功的开始"的商略有关。"调新离旧"之计是一种思考和应变的智慧。经商难免不碰到困难逆境,这是对一种思考和应变的智慧。经商难免不碰到困难逆境,这是对商人最要紧的时候,充满挑战意味。如同自己死路守旧和呆板生硬,就只好被困难和逆境打败;相反如李嘉诚意识到的,思考与应变是成功的"两把金钥匙"。

勤思考,善应对。等待自然条件对敌人不利时再去围困敌人,用人为的假象去诱惑敌人。向前进攻有危险,那就想办法让敌人反过来攻我。身处在瞬息万变的社会中,应该求知,求创新,加强能力,在稳健基础上力求进展,居安思危,无论你发展得多好,你时刻都要做好准备。"擒贼擒王"之计指首先要打垮对手的主力或意志,捉拿其主力或"心",对属下要掌握其"心",这样就抓住了要害;另一方面也指问题的关键,作为公司管理者,是核心,是关键,己身正,不令而行,正人先正己,公司管理者要起模范带头作用。擒人之计在用人方面的体现即为广纳人才,各显其能。我们知道,得人才者,得商业大势。随着竞争的全球化,人才的重要性日益显得重要。李嘉诚的人才观是开放的,做到了中西合璧,各采其长。这是他成功擒住人才的一个重要因素。

借花献佛,反吐获得

《三十六计》所谓"借刀杀人",讲的是"借"的重要性。"借"指可借人、可借钱,都是不同的借法。对于商人来说,这种借计是相当至关重要的。因为你在力量有限的时候,必须学会借人之手成己之事,你要想做大的时候,也必须学会借势发挥,扩大自己的商势。不精明此道者,都是不合格的商人,充其量只能玩些小把戏。有很多商人不明白借人之计的奥妙,总以为光靠自己的能耐,就能闯出天下,实则是小巫之见。真正的商人,总会使用巧功的,他们在经营过程中,都善于用借计打开难境。对于李嘉诚来说,他想念"借花献佛,反吐获得"。李嘉诚的这种经商巧借,常令人叫绝。李嘉诚认为精通借计,乃是智人所为。他的借计之一是借壳上市,让自己势大起来。可以讲,李嘉诚的财富人生与借计相当密切的。

学会借花献佛。敌方的情况已经明朗,盟友举棋不定,要诱导盟友去消灭敌人,以保存自己的实力。这是运用《损》卦中关于"损上益上"的求胜之法,即自己做出谦让之状,希冀盟友有所作为。在剧烈的竞争当中多付出一点,便可多赢一点。就像参加奥运会一样,你看一、二、三名,跑第一的胜出第二及第三就是快了那么一点点。若是跑短程的可能是不够一秒之差,只赢一点,所以快一点就是赢!"声东击西"之计,是以假象造成智人的错觉,"声东击西",从而掩盖自己真实的作战意图,转移对手的注意,使之疏于防患,甚至做出完全错误的判断,然后乘其不意,攻其不备。在经商活动中,市场竞争激烈,种种关系错综复杂,经营者更需要善于制造假象"声东",隐蔽自己的真实意图,以转移消费者或竞争对手的注意力,在产品研制、生产和市场促销中占领主动地位。李嘉诚认为,声东击西,讲的是以变取胜。的确,死守一法,经商必败。只有精明善变者,才能在最重要的关头出奇制胜。

以迂为直,避免走弯路。战争中敌方的指挥乱成一团,不能判明和应付突然事变的发生,这正是潭水高出地面,随时有溃决危险的征象。必须利用敌方失去控制力的时机而将它消灭。倘若下一秒钟有什么变化的话,我想我是能勇于应付的,因为我时刻都做好了迎接下一秒钟风暴来临的准备。"稳扎稳打"之计,要求的是打有准备之仗,切忌贸然出击。在经商的过程中,商人总会碰到大小不同的诱惑,如果是缺乏理智,见利就想去抓,十之八九会吃败仗的。但是如果以求稳为主,一个萝卜一个坑,那么就会慢慢地由小到大、由弱而强,在成功系数很高的情况下,将自己的商势扩张开来,给竞争对手造成压力。李嘉诚经商有这样两个观念:一、按部就班以成为巨富。有时,大冒险可以获得大收益;二、不过冒险不能盲目,要组织严密,不打无准备、无把握之仗。两者相比,在有准备的前提下去冒险,就是成功。李嘉诚认为,做生意不能盲目冒进,而是有的放矢,稳扎稳打,这样才能让自己的生意有根基,才能稳步进展。说句能人的话:做生意要有"一枪击中靶位"的本领。

绝不去打无准备之仗。表现出十分友好、充满诚意的样子,使对方信以为真,从而对我方不加戒备;我方暗中策划,积极准备,待机而动,不要让对方有所觉察而采取应变的措施。这是外示友好、内藏杀机的谋略。进取中不忘稳健,在稳健中不忘进取,这是我投资的宗旨。

以逸待劳,反客为主

《三十六计》所谓"以逸待劳",讲的是获取胜利的一种省心术、省力术。它表明两点:一得不管你干什么事,不要只知道出猛力,流大汗,死命地去做,而是要学会"诗外功夫",在别人注意的地方多动点脑筋,就可以先打造出自己的名声,然后再谋划其他的事。这种策略的好处是既省心又省力,大回投。李嘉诚怎样使用"以逸待劳"之计的呢?我们知道,好名声就是成功的资本,好广告同样也是成功的资本,基本都与利润挂钩。李嘉诚善于打出自己的金字招牌,靠它赢得顾客,获得回报,从而创造自己的人生财富。这就叫招牌式"以逸待劳"之计。

让自己的金字招牌发亮。围困敌军的进攻态势，不用实战攻击，待敌筋疲力尽、志威锐减、攻防双方的态势发生逆转之时，我方便可以变被动为主动了。一个企业的开始意味着一个良好信誉的开始，有了信誉，自然就会有财路，这是必须具备的商业道德。就像做人一样，忠诚、有义气，对于自己说出的每一句话、做出的每一个承诺，一定要牢牢记在心里，并且一定要能够做到。

在经商中，"李代桃僵"之计要求做人者不要为小利所诱惑，也不要为小害所影响，而应从全局从实质上看成败。因此"李代桃僵"之计告诉商人这样一个道理：一定要学会不停地转换，让自己的生意从量变到质变。这个过程"滚雪球"之术。经过数年的艰苦磨炼，李嘉诚积累了许多经验，眼界更开阔。他越来越深得做生意是十分有趣味的事情，他满脑子想的是，如何用李代桃僵继续把带来进一步做大。而且，他现在已经越来越自信，相信自己有能力在商海中拓展出更大的基业。

抓住多元化转化经营之招。当战局发展必然会有所损失时，要舍得局部的损失，以换取全局的胜利。眼光要放远，做好自己的工作，最重要的是自我充实，相信很多认为不可能的事，也可以变为可能。"以利还人"之计讲的是商人在经商过程，要能够正确对待所获取的利润，不能一人独占，可用另外一句话来表述，即为"钱靠大家来赚"是李嘉诚的一句口头禅，也是他经商的行为准则，反映了他对利润回报法则的正确认识。小利不舍，大利不来。这是定则。李嘉诚说过："如果一单生意只有自己赚，而对方一点不赚，这样的生意绝对不能干。"李嘉诚的意思是，生意人应该利润均沾，这样才能保持久远的合作关系。相反，光顾一己之利益，而无视对方的利益，只能是一锤子买卖，自己将生意做断做绝。

小利不舍，大利就不回来。有作为的，不求助于人；无所作为的，求助于人。利用无所作为的并顺势控制住它，不是我受别人支配，而是我支配别人。

"方寸之间，自有天地"，我认为一生中做很多事，确是付出金钱、时间和心血去贡献别人，这令我一生引以为荣和自傲。"抛砖引玉"之计是在处世做人时，要能给别人传授有益的经验，让别人能从中有所启发。所谓滴水之恩当以涌泉相报，投之以桃报之以李，正是"抛砖引玉"之计。其它，在大众的眼里，李嘉诚是一个成功的企业家、商业巨子，懂得如何赚大钱，自有一套完整的钱经，并把它及时地传授给了两个儿子。这说明大商人经商非常注重事业的传承。

经商以做人为先。用极相类似的东西去迷惑敌人,使敌人懵懂上当。事业上应该赚多些钱,有机会便要用钱,用到好处去,如此,这一生赚钱才变得有意义!

趁势而出,夺取胜利

在商战中,"趁火打劫"之计可引申为:一是要善于寻找"火"源。生意场和战场一样,竞争激烈,形势错综复杂。经营者要广泛了解市场信息,准确掌握竞争对手的产品优劣、市场销售行情。瞄准"火"源,抓住对方的弱点和消费市场的新需求。大力开展促销活动,以占领市场。二是要抓住战机"打劫"。生产场上变化万千,在变化中许多原有的优越条件丧失,同时又会给新的发展提供机会。所以经营者要看准"火"源,分析"火"势,抓住战机,抢先一步。李嘉诚认为,有些事情,是不能等待的,等待就会坐失良机。成功者都是趁势把不利化为有利,把被动变为主动,从而闯出一片局面的,这就是说,趁势胜人,才是天下能人所为。

趁热才能打铁。敌方遇到困难、危机,就乘机出兵去夺取胜利。这就是强者趁势取利,一举打败处于困境之敌的策略。

现实生活中,"顺手牵羊"一计比喻乘便获得,毫不费力,有顺手取利,顺路取利,顺时取利的意思。一些现实中人没有自己的人格,时时做好见风使舵的准备。他们的绝招就是眼观六路,耳听八方,为了私欲,随心所欲。我们运用顺手牵羊计,要通盘慎择,且铁因小失大,得不偿失。"因势利导,规避风险"是经商的两种安全之道,即为顺手牵羊,顺手行事之计。顺手行事,讲的是抓时机,练胆量,早出手。生意场上,不相信侥幸发财,不可能有"一锄刨个金娃娃"的奇迹,没有资本干不成大事,买空卖空也混不下去。只有靠胸襟、胆识、谋略、才干,积土成山,积土成渊地积累资本,那么,小企业也能养成猛龙,是猛龙就能过江。李嘉诚在商场中能够因势利导、规避风险,所以才有成功的财富人生。

看准之后,就动手。小空隙应予利用,小利益应去获得,变对手的小疏忽为自己的小胜利,以求积小胜为大胜。绝不同意为了成功而不择手段,刻薄成家,理无久享。所谓"打草惊人"之计是指一善于大规模地去调查情况;二敢于采取大动作,去完成计划。做任何事情都不能只停留在空想阶段,一定要把想法落到实处,才能行之有效。这种敢想敢作的行动举止,一则可以兑现自己的计划,二则可以惊动人心,获得尊敬。这就是所谓"打草惊人"之计。李嘉诚在这方面可谓高妙,他认为,在股市浪潮中,作为投资人切忌起伏不定,漂东漂西。这就需要精心策划每一步投资战略,以保不败。所以他采取的"打草惊人"之计是:用果敢出击的方法,先开始把自己的资金投准,让自己的实力强大起来,并一步一步打好基础,起到惊人(对手)的作用,这样就可以让自己处于优势。

果敢出击,一步一步做大。发现可疑情况就要弄清实情,只有在侦察清楚以后才能行动;反复了解和分析敌方的情况,是发现阴谋的重要方法。"釜底抽薪"之计是指在经商活动中,要求做人者以静制动,以柔克刚,无论竞争双方哪一方实力强大,哪一方实力微弱,都可以借用最厉害的计谋、最可靠的帮手来竞争对手的势力,如果运用巧妙,将会使对方彻底失败,难以翻身。抽薪止沸,是生意场上常用的竞争手段。它比打一场拼资金、拼设备、拼工艺的撞击战少施工硝烟的刀光。本计划使用得法,强手可以"兵不血刃"地叫弱者束手就擒,弱者亦能以柔克刚地制服强手。

商势越低迷,越要能沉住气。不直接抗击强敌的锋芒,而设法削弱对手的气势,这是一种以柔克刚的取胜之法。一个人吃蕉不可以只是要蕉肉,剩下些蕉皮不理。即是说我要吃香蕉挑肉吃,但香蕉皮不要。

第六章　走专业之路

俗话说"术业有专攻",我们做生意也是如此,应该选择自己擅长的领域去下手。不能盲目的选择,胡乱入行。"因为专业,所以卓越",走专业化路线,不仅可以让你做得更好、更精,也能更平稳地去发展壮大。

做生意要专业化

有一句话,叫"懂哪行做哪行",也就是说,作为商人,你必须对所从事的行业特别了解,而且要深入,能掌握别人不能掌握的技术,能看到别人看不到的市场和利润点。怎么做到这一点呢?那就要专注,力争使自己成为这一行的行家。成功的大企业家,都可以堪称本行业的专家。

这就好比茫茫大海,有很多鱼,也有很多适合钓鱼的水域,但是你必须有所选择,不能也不可能四处游历。等定好了合适的水域,你就要专注于此,关注风向和动静,撒下香料和诱饵,等着鱼儿上钩。然后,眼睛必须盯着那个小小的浮标,只有这样才有可能钓到鱼,前期的投资和花费的心血才能得到回报。只有专注,才能把所有的精力和智力在一个时间里完全集中到要做的事情上。

在商业中寻求财富和在大海中钓鱼的道理是一样的。对于商人来说,专注于一点非常重要。实现财富和成功的途径有很多种,可以投资的行业也是五花八门。但是你必须专注于你能力和精力所及的其中一个或几个行业。

试想一下,一个不懂交通法规的人,怎么可以开好运输公司?一个不懂商品成本,不懂得产品知识的人,怎么可以做好销售业务?

在浙江,流传着一个"蒲元识水"的商业典故。

蒲元以冶铁铸造为业,经营善用智巧,尤其懂得各种水质对铸造铁器的不同作用。他在为诸葛亮铸造战刀时要用蜀江水淬火,刀刃才锋利且有韧性。

但是,取水人却掺了假,并没有使用蜀江水,精明的蒲元以刀划水即知其假。

这个典故告诉我们:经营者要精通本行业的业务,避免受其他人的骗,上其他人的当。

浙江商人对自己所从事的行业都很精通,很专业。宁波籍商人刘鸿生,刚开始经商的时候,就认真研究自己本行业的知识,因为他觉得不怕产业小,就怕不专业。

1909年,刘鸿生任英商开平矿务局推销员,他在做煤炭生意时,就非常精通煤炭的各种特性。他能够拿起一块煤就能说出该煤的名称、产地、品种和成分。同时,他还熟知全国各矿区煤炭的生产情况和各城市的用煤量,了解国际市场行情及煤价涨落趋势,因此,他做开平煤的时候,很快就打开了上海市场。

3年后,刘鸿生升为买办。

1930年,刘鸿生创立华东煤矿股份有限公司,号称"煤炭大王"。

后来,刘鸿生认为,"中国之所以受欺是由于没有工业、没有科学"。他决定投资办火柴厂。为了精通业务,他亲自赴日本磷寸株式会社火柴厂学习考察。同时,他阅读了大量的有关资料和化学书籍,亲自参与研究化学配方。结果,他创办的鸿生火柴无限公司生产的安全火柴不仅质量好,价格也比瑞典的凤凰牌火柴和日本的猴子牌火柴便宜,很快就占有了火柴的市场份额,年产火柴15万箱,成为了火柴大王。

如果你对本行业的业务不是很精通,也不要灰心,你可以努力学习,力争在最短时间内掌握行业知识。

生意人需要具备一定的专业的商业知识和经营之道,做到不盲打莽撞。

商人要精通本行业的业务,靠"专"生财。

商人首先要精通本行业的业务,做精做强,才能长久的在这一行永久的做下去。

捏泥巴捏出个大老板

世界上最不值钱的、遍地都有的黄泥,和世界上最不起眼的小动物种类昆虫——也许它们单独哪一样都不会引人注意,更不会将它们与财富联想起来。然而,一个普通的农民以独特的眼光将二者"捏"到一起,创造了一个了不起的神话。

吉林的大口钦镇和其他地方唯有一样不同,那就是这儿的黄土比别的地方要粘得多,密度也高得多。可在王振刚之前,却从没人对此想过什么,依旧过着他们年复一年的穷日子。

王振刚从小就喜欢画画,曾先后跟四五位教师学过画。中学毕业时,他的美术基础知识和水墨、水彩、素描等绘画技巧已有了一定的水平。当时村里谁家要是做家具都请他去给家具的玻璃门上画些花鸟虫鱼、喜庆图案等,他每年光靠这项收入就有三四千元,这在八十年代初可是不小的数目。

可到了八十年代末,农村各家做那种老式家具的越来越少,王振刚赖以生存的玻璃画渐渐不吃香了。多少个夜深人静的夜晚,王振刚遥望着满天星斗,陷入了深深的思索之中:在这样一个人人向往创业致富的时代,自己已先走了一步,可当这步迈到了一个死胡同的时候,固步自封、抱残守缺是肯定不行的,那么自己该如何重新起步呢?又向什么方向迈步呢?

1990年8月的一天,王振刚的几位学美术的同学来他家聚会。一个同学聊起了有人用白泥雕塑人像和动物像赚钱的事。说者无心,听者有意,王振刚的灵感一闪:别人用白泥,我就用黄泥呗,这遍地粘粘的黄泥是永远用不完的材料,我又有美术基础,最擅长画小动物,这就是别人没有的优势啊!为什么不自己试着做呢?兴奋的他从饭桌上跳下来就去外面挖了一大块黄泥,又拿来孩子的一个玩具细细地比照着,然后开始捏巴起来。一会儿工夫,一个栩栩如生的黄泥昆虫就"趴"在了人们面前。大家都不由得赞不绝口:"像,真像,和真的一模一样!""就这么做吧,肯定能受欢迎!"一个做生意的同学当时就表示,让王振刚好好做十几件精品,等到10月份的广交会时将他的作品带去试试看有没有销路。

接下来的两个月,王振刚始终处于一种亢奋的创作状态:构思、设计、画图、捏型、安装腿脚毛须、上色、晾干。聪明的王振刚很快就探索出一整套制作黄泥昆虫的工艺流程,并做出了十几个人们常见的黄泥昆虫:甲虫、蝈蝈、蛐蛐、蚂蚁、蜜蜂、蝴蝶、蚂蚱……之所以选择昆虫而不选其他动物,他有独特的见解:"昆虫是世界上最小的动物,也是人们最少细看、最少知道的动物,因为好奇和陌生,人们就会愿意买它,而且昆虫身体小,好塑造,并可以用一比一的比例来制作,这就更增加了真实感。"

10月20日下午,王振刚在广州的同学打来电话告诉他:你拿去的16件黄泥昆虫被订购了4.5万个,而且全是通过外贸出口!

王振刚欣喜若狂,一件作品1.2元,一共5万多元啊!那是一个什么概念啊!他为自己人生的第二次选择的成功而高兴!

11月底,在当地政府的帮助下,由区民政局牵头,由王振刚任技术员的一家工艺品厂成立了!王振刚负责制造模型,工人们再根据模型来做。

整整做了三个月,任务终于抢完了。不过当时厂里给王振刚开的工资是300元,实际上他没有赚到钱!

黄泥昆虫工艺品一炮打响后,在1992年春季的广交会上,他们的产品仍是供不应求,一下子就订出了30万件,全部出口!

这时,因为种种原因,王振刚回家成立了自己的工艺品厂,自己重新寻找销路。他开始想法打开国内市常在最初几年里,他差不多跑遍了全国出名的小批发市场,并成功地打进了黑龙江、辽宁、天津、浙江、江苏等地市场,取得了良好的效益。

1994年春天,区里那家福利厂因管理不善而解散。这样,外贸的活儿便落到了王振刚的头上,他踌躇满志地准备要大干一场。恰逢这时,一件小事使他对产品的质量有了新的认识,也使他的经商理念有了大幅度提升。

那是1994年4月,他们突然接到了近300件的退货。这可是从来没有的事情啊,他们的产品一直是俏货。打开一看,里面全是掉漆的、摔坏的蛐蛐、蝈蝈等。原来这些产品是在装车中不慎摔坏的。对方说,不是我们不讲理,而是我们觉得你们的产品应该在防摔方面做些努力和提高。王振刚马上意识到:这种工艺品不仅要美观精巧,惟妙惟肖,而且也确实应该在一定程度上更结实一些。

经多方查找资料,询问有关科技部门,他终于发现了产品易碎的两个原因:一是因为近两年本地黄泥中的粘度有所下降;二是因为在烘干的过程中黄泥干燥太快,所以就产生易裂的现象。问题找到了,他马上决定在黄泥中兑加一定比例的胶水,使其粘度大大增加,而且今后不采取烘干的方法,要自然晾干。问题一下子就解决了,后来的产品再也没有出现过这种现象。半个月后,王振刚打电话向那个客户说:"我们真诚地感谢你,你使我们的产品质量上了一个台阶!原来的货我们给你退了钱,今天我们给你们发过去这300件工艺品算是奖励你们的,请以后多提意见,多多合作!"

接到这些奖励的工艺品,那个客户感慨地说:"王振刚可决不是一般的生意人,他要不在市场上称王才怪呢!"

王振刚是个举一反三的人,在制作过程中,他又发现了一个新问题:在摔坏的工艺品上,只要一掉漆,里面的黄泥就"裸露"无遗,实在难看。于是他请教了不少画画的朋友和老师,采取了加进某种色素的方法,使里面的黄泥尽量与昆虫的身体保持一样的颜色。这样即使偶尔有摔坏的地方也不至于显得太难看了。

质量在提高,销量在增加,除国内十几个省市外,他的产品迅速打进五十多个国家和地区。

随着人们对黄泥工艺品的认识与欣赏能力的提高,客户们对产品的要求也不断提高,这就促使王振刚在制作技术的难度上也要不断加大,水平也要更加提高。开始他们做的昆虫尽管也很像真的,但仍属于"象形类"作品,而今天更多客户要求的却是被称为"仿真类"的产品。这种仿真类工艺品要求不论是体积、颜色、形状等均要和真的昆虫一模一样,就连昆虫的触角、须毛、线条、纹理等也要求绝对逼真,丝毫不差。这样的制作技术对王振刚来说并不是很难,但和制作象形类昆虫比起来要多花时间。

为此,王振刚要求工人们宁肯少做,也要做好,绝对保证质量。同时,为了使作品更加形象,更加神似,他攻读钻研了二十多本关于昆虫的书籍,如日本的《昆明学研究》、《水边昆虫》,台湾的《台湾赏蝶情报》、《台湾昆虫记》等等,还记下了大量的读书笔记,这些都为他制作昆虫工艺品奠定了最坚实的基蠹1999年12月,日本一家客户来订做15万个金龟子(产于日本的一种甲虫),但要求产品上面的绿色金属光泽要与真的金龟子一模一样。

这可难坏了王振刚。他试着用了十多种颜色,都达不到那种晶莹剔透的光芒。为攻克这个难关,他已度过了十多个不眠之夜。有一天上午,他去吉林办事,在街上无意中看见一个女青年手指甲上涂的指甲油发出的光非常接近自己想要的那种光泽,他急忙追了上去。在那个女青年的指点下,他买了那个品牌的指甲油回家一试，果然光泽非常鲜亮，与真金龟子的颜色极其相似！当时，有员工提出用于购买指甲油的钱可以买好几百倍的普通颜料，不划算。可王振刚却说："质量与信誉是关键，付出肯定有回报！"结果，日本客人非常满意，很快就又订了一批20万件的货。

如今，王振刚的黄泥昆虫工艺品已经远销海外100多个国家，走遍了七大洲四大洋。

更令他振奋的是，他的黄泥昆虫受到了一些文物考古工作者的青睐。近年来，王振刚先后为日本东京博物院、台湾省博物馆、吉林省博物馆制作了40多种濒临灭绝的黄泥昆虫标本。

从1990年到现在的15年里，王振刚总共制作的黄泥昆虫种类多达两千七百多种，平均每年的出口量高达100万件，2001~2004年每年的出口量更高达200多万件，不仅为国家赚了大量外汇，也使自己成为了名副其实的百万富翁。

做民工何以赚取数十亿？

郑大清创建的新疆天地集团，是新疆有名的民营企业之一，企业从九年前的零开始，到目前拥有资产19.6亿元人民币，负债率仅为8%。集团共有16家全资子公司，分别从事着商业、农业、房地产业、电子通讯、生产加工业、生物药业、酒店服务等众多行业，全员职工5000余人，并以原创资产在九年时间里增长5000余倍的非凡业绩创造了一个西部企业的发展奇迹！

从一个普通的农村打工仔到创业之星，再到慈善爱心企业和全国百强冠军，郑大清的人生经历和道路却充满了坎坷、艰辛、奇迹和苦难。

郑大清出身在四川省仪陇县一个贫穷的山村，在艰苦的环境里，母亲悉心的教诲和贫困的生活练就了他吃苦耐劳、不畏艰险和勤奋好学的性格。

1985年，郑大清怀揣从亲戚朋友筹集的70元钱路费只身来到新疆，踏上了一片未知却充满神奇的土地，开始了他新的创业历程。3月的新疆，寒风凛冽。经过几天几夜的拥挤和奔波的郑大清在走出乌鲁木齐市火车站的大门时，全部的家当只剩下1毛2分钱和一床在部队用过的旧棉被。

面对人生地不熟的新疆,他不知道该走向何处?

"有一个同乡在水磨沟当小工头。"突然郑大清想到了一个人,就像找到了救星,想方设法混上了开往水磨沟的汽车。暮色笼罩,阴沉沉的天空飘着雪花,郑大清扛着一床棉絮,来到了水磨沟。站在露天坝里,他顶着呼啸的寒风,忍受着饥饿,等啊等,从傍晚一直等到深夜,始终都没见到同乡归家的影子……

半夜里,郑大清被一阵声音叫醒。原来极度疲劳和饥饿的他,裹着棉絮不知什么时候躺在飘着雪的屋檐下迷迷糊糊地睡着了。那晚,幸亏他被同乡的邻居叫到一间堆放煤炭的茅屋里,才免遭了一整夜的风雪和冻伤。

后来,郑大清凭着懂一些建筑知识的优势,在同乡的工地上当了工班长,劳动一天能挣到5元钱。在那里,他除了吃苦干活、拼命读书外,更是细心学习人生各方面的知识和管理经验。他认识到,光用力气打造的天空是辛劳、漫长而暗淡的,而用智慧和勤奋打拼的世界才是长久、稳固和光彩夺目的。

第二年四月,郑大清回到家乡召集了40多个农民工来到新疆,并从别人手里转包了一些小工程。他带领工人们夜以继日地劳动,按时顺利完成了工程。但没有想到等工程交工后,因包工头不讲信誉,光干了几个月活,但他们没有拿到一分钱。

那段日子,郑大清日日夜夜都在忙碌奔跑着。因为这时几十个工人的吃饭都成了问题。他对工人们说:"眼前大家虽然苦点,但是,我保证只要我郑大清在,我们一定能再找到活儿干,一定能挣到钱!"郑大清以他坦诚的人格力量、必胜的信心和超人的胆识感染着每一个人,鼓舞着人们的士气,就在他最困难的时候,很多人还是紧紧地跟随着他。

然而,最后依然是事与愿违。那年,郑大清虽然又找到了活儿干,但由于当时民工毫无保障,后来叫他们干活的那位老板,在年终时也携款跑了。工人们向他讨工钱,借钱给他的人们也纷纷向他讨债。每天,他如坐针毡,但郑大清没有躲藏,没有回避矛盾,他挨个的向工人们出据好欠条,他叫大家相信:"我郑大清这辈子就是当牛做马也要偿还清欠你们的一分一厘钱,决不会让你们跟着我吃亏。"

郑大清的承诺,表现出了一种超凡的镇静、稳重和人格力量,但他内心根本没谱,一直在盘算着如何才能偿还清这笔债务。这年年底,郑大清没能回四川老家和家人团聚。这时身无分文的他,不知道明天往哪里去,更不知道如何在举目无亲的新疆度过寒冷的春节。

严冬,冰天雪地的乌鲁木齐更冷,也找不到活干。在他走投无路的时候,有一位朋友给了他5元钱,就是这5元钱,他在繁华的乌鲁木齐市生活了整整一个星期,有时,他一天只吃一次饭,有时晚上饿得难受,就起来喝冷水充饥。在那个寒冷的冬天里,他为了节省1角公共汽车票钱,常常坚持步行,几乎每天都要走几十里路。有一天,已是下午六点多还没吃早饭的郑大清,从衣袋中搜出2角钱,在一个街边小食店买了一碗牛肉面,几口就把一碗面汤喝下去了一半,当他再次向老板要面汤时,老板用异样的眼光看着他。

几乎沦为乞讨境地的郑大清,但一刻也没有放弃进取的努力。1987年春节,当千家万户团聚在家,喜迎新春时,郑大清依旧流浪在天寒地冻的乌鲁木齐街头。这时的他虽然背井离乡,身无分文,忍着饥饿,但他每天仍都还要穿梭在各个劳务市场和建筑工地,了解信息、寻找机会、走访行情、结交朋友。

一个冬天过去,他靠走路磨穿了两双鞋底……生活往往就是这样残酷,你怯懦退缩时它会把你打击得体无完肤、一败涂地;你勇敢坚强时它会因你的不屈不挠而退让,给你亮出一片风雨过后的艳阳天。

天道酬勤。郑大清的努力没有白费,他那睿智、坚韧、自信、诚实、善良和不畏艰辛的品格博得了人生。在他经历了千辛万苦之后,终于迎来了1988年的春天,也是在这个时候,他和新疆制胶厂签订了13万元的厂房维修合同,三个月后,他就按时按质完成了全部工程,并受到了甲方的称赞。接着,他又干了几个小工程,那年,他除了还清所有的债务,还有了几万元的利润,就这几万元钱,成了他人生中重大的转折,并改变了他今后一生的命运。

一个出身贫寒却有远大抱负,但又长期身无分文的人突然之间拥有了几万块钱,这对1988年的他来说简直充满了兴奋、满足和对所有人的感激。也就是这些钱使他从一个根本不知道城市为何物的闭塞山村青年有条件在城市里与城市人一起生活,并最终了解城市。就这样,到三年后的1990年,郑大清已经在乌鲁木齐市站稳了脚跟,此时的他,资产已有几十万元。

当年下半年,郑大清花了二十万元在乌鲁木齐市闹市区租了一间大型地下室,经过装修后,开办了一家商场,同时,他还看到新疆土地辽阔,煤炭资源丰富,于是又投资在乌鲁木齐市东郊开了两个煤矿。

按理说有本钱赚钱更容易,可是,天不从人愿,在这之后的两三年间,由于他人生经历太少,经验不足,决策失误等种种原因,导致两个煤矿连续破产;他的商场也因自己没有经验,被对方在合同上算计,最终落得了血本无归。管理无方、决策失误、被人欺骗、失败……一次次的不幸接踵而来。

骤然间,从一个几乎就要成为百万富翁的他,却又变成了不但身无分文,还倒欠他人几十万元债务的穷光蛋。在这人生沉浮不定期间,他彷徨、痛苦,他真正尝到了"走投无路"的滋味。郑大清凭着顽强的意志,又一次次从失败和走投无路的地方爬起来,从头做起,他凭借不怕失败的顽强个性,终于在经了无数次的成功和失败、失败和成功之后,于1995年,在他到新疆的十年之后,终于找到一条适合他自己发展的清晰道路,迎来了他人生和事业上真正的春天。

这一年,郑大清在新疆乌鲁木齐市大西门地段上创办了自己的第一家企业。在经历了无数次磨难之后的他,真正成熟了,并很快找准了第一个投资项目,筹借到了第一笔40万元借款。他推行"以仁爱之心管人",倡导"企业管理亲情化"的文化理念和"我就是企业主人"的员工思想,将"时刻为他人着想"切实从身边做起。他施行的这些仁爱的管理方法,加深了企业与员工之间的感情关系,使庞大的一个公司就像一个大家庭一样,人人都能感受到其中的温暖。

1998年,郑大清的事业迈上了一个新的起点。在这一年,他投资2亿多元的"东方100商厦"克服了没有经验、没有市场、没有资金和东南亚金融危机引起的全国商业不景气的种种困难,一座三万多平米的现代化商业大厦实现了当年拆迁、当年施工、当年招商、当年开业的非常目标。整座大厦从开工到正式营业仅仅只用了九个月的时间,这在商业界被称为"西北地区的奇迹"。他的新疆天地集团公司从九年前的零开始,到目前的已积累了二十亿元资产,负债仅为8%。如果以九年前40万元借款投资起家计算,九年来,他以超人的能力使公司资产增值了五千余倍。这一切不能不说是他人生的必然结果,也不能不说这可能就是诚实做人的因果关系,或者说这就是"天地神话"。

人脉可以说是生意路上必不可少的重要因素。想要把小生意从小做大，就要在人脉关系上好好发展，只有朋友多了路才会宽广。除此之外，郑大清的成功也离不开"勤奋"二字。哪怕在天才的人，不靠勤奋地去努力，也休想成功。

每月"钓"来 2.5 万，靠的是专业

北京有家渔具行的万老板，最喜欢的就是爱钓鱼的人，最喜欢的事，就是北京的鱼塘越开越多，而不是像目前的这种情况：越开越少，越开越远。

万老板把钓鱼作为自己的业余爱好，已经有 30 年了。在 1992 年的时候，他就开了一家渔具行。小店开在了北京体育用品一条街上，往东 10 米，就是国家体委。50 平方米的店，当初的投入有 20 万元。其中，19 万元全都是货品投资，1 万元全是自己亲手做的铁货架。这店址选得很合适：周围聚集了很多喜欢运动的人，聚集了很多其他类型的运动商品店，再来，离红桥市场也不远，那是北京的外国人最喜欢的购物市场。

万老板原本就喜欢钓鱼，再加上开了这一家钓鱼行，也订了很多钓鱼方面的杂志。他还特别喜欢跟顾客聊天，交流钓鱼的经验，果然钓鱼的技术越来越好，还多次在钓鱼比赛中获奖。不仅如此，他还自办钓鱼比赛，吸引人气。人气越来越旺，在 1994 年的时候，还成立了钓鱼协会。那几年，是万老板的渔具店生意最火爆的几年，直到 1997 年，每年的流水高达上千万元，纯利至少有 300 万元。"那会鱼塘多，就在我们店附近，走路过去就 10 分钟。"万老板怀念当时的情景。

可是，随着北京市区鱼塘的远迁，以及城区居民的旧房改造，鱼塘走了，人也少了。1997 年至今，收入逐渐滑坡。以年为计，现在，渔具行每年的流水有 100 万元左右，成本 58 万元左右，固定支出 18 万元左右，其中，房租水电费 11 万元，税 2 万元，工资 5 万元。每年的纯利约有 24 万元左右。虽然只有从前的十分之一，这种收入也算可观。更何况，这些年，北京的鱼塘减少，很多渔具行的生意都面临举步维艰的情形，万老板的生意已算同行中数一数二的好了。

渔店生意好靠的是专业。店里经营鱼竿、饵料、鱼轮、鱼护、鱼线、鱼钩等等上十种品种。各种品牌，档次一应俱全。对于钓鱼高手来说，信号第一

重要,饵料第二重要。所以,店里面的鱼漂,不仅货色最齐全,也是卖得最好。而一款名叫"达摩"的鱼漂,是用孔雀翎做的,售价从 85 元到 300 元,分好几个档次,不同的天气、季节,要使用不同的鱼漂。对于一个钓鱼高手来说,如果再有一定的经济能力,他至少会拥有六支鱼漂。

虽说现在万老板的渔具行受到环境的影响,业绩有所下滑。但不得不说,由于他的"专业化"使得他的生意在同行中还是佼佼者。

第七章　选行也要会选时

正所谓"男怕入错行"，我们对生意行业的选择也是至关重要的。尤其是小生意经营者，市场需求大，风险相对较小，自身了解熟悉的行业做起来自然会得心应手，水到渠成。除此之外，时机的把握亦是不可忽略的重要因素。

网络创业的优势

提起创业，人们想到最多的是开店、办公司、搞企业。随着时代发展的日新月异，创业方式正在不断发生变化，特别是 IT 业的崛起，令创业模式更是层出不穷：网络创业、概念创业、团队创业、兼职创业。那么，不同的创业模式有哪些不同的特色？创业者如何寻找适合自己的创业模式？

方式一：网络创业互联网改变了人们的生活，同时也提供了全新的创业方式。网络创业不同于传统创业，无需白手起家，而是利用现成的网络资源。目前网络创业主要有两种形式：网上开店，在网上注册成立网络商店；网上加盟，以某个电子商务网站门店的形式经营，利用母体网站的货源和销售渠道。优势：门槛低、成本少、风险小方式灵活，特别适合初涉商海的创业者。像易趣、阿里巴巴、淘宝等知名商务网站，有较完善的交易系统、交易规则、支付方式和成熟的客户群，每年还会投入大量的宣传费用。加盟这些网站，创业者可近水楼台先得月。而且，网上创业受到政府的重视，给予诸多的优惠政策和措施，例如，上海现已在普陀、静安两区建立了电子商务创业园，为创业者提供优质的创业环境和服务。不过对初次尝试网上创业者来说，事先最好要进行多方调研，选择既适合自己产品特点又具较高访问量的电子商务平台。一般来说，网上加盟的方式更为适合，能在投入较少的情况下开业，边熟悉游戏规则，边依托成熟的电子商务平台发展壮大。

方式二：加盟创业分享品牌金矿，分享经营诀窍，分享资源支持，连锁加盟凭借这诸多的优势,而成为备受青睐的创业新方式。目前,连锁加盟有直营、委托加盟、特许加盟等形式,投资金额根据商品种类、店铺要求、技术设备的不同从6000元—250万不等,可满足不同需求的创业者。优势:加盟创业的最大特点是利益共享,风险共担。创业者只需支付一定的加盟费,就能借用加盟商的金字招牌,并利用现成的商品和市场资源,还能长期得到专业指导和配套服务,而不必摸着石头过河,创业风险也有所降低。随着连锁加盟市场规模的不断扩大,鱼龙混杂现象日趋严重,一些不法者利用加盟圈钱的事件屡有曝光。因此,创业者在选择加盟项目时要有理性的心态,不要被花好桃好的宣传所迷惑,而应事先进行充足的准备,包括收集资料、实地考察、分析市场等,并结合自身实际情况再做决定。

方式三:兼职创业,自从上海试行在职人员可向各类企业(外资企业除外)出资入股的政策后,使个人创业又多了一种选择。特别对白领族来说,如果头脑活络,有钱又有闲,想"钱生钱"又不愿意放弃现有工作,兼职做老板应该是最佳选择了。优势:对上班族来说,兼职创业,无需放弃本职工作,又能充分利用在工作中积累的商业资源和人脉关系创业,可实现鱼和熊掌兼得的梦想,而且进退自如,大大减少了创业风险。兼职创业,需要在主业和副业、工作和家庭等几条战线上同时作战,对创业者的精力、体力、能力、忍耐力都是极大的考验,因此要量力而行。此外,兼职创业族最好选择自己熟悉的领域,但要注意不能侵犯受雇企业的权益。

方式四:团队创业在硅谷流传着这样一条"规则":由两个MBA和MIT博士组成的创业团队,几乎就是获得风险投资的保证。虽然这有些夸大其词,却蕴含这样的事实:如今,创业已非纯粹追求个人英雄主义的行为,团队创业成功的几率要远高于个人独自创业。一个由研发、技术、市尝融资等各方面组成,优势互补的创业团队,是创业成功的法宝,对高科技创业企业来说,更是如此。优势:俗话说,一个好汉三个帮,一群人同心协力,集合各自的优势,共同创业,其产生的群体智慧和能量,将远远大于个体。创建团队时,最重要的是考虑成员之间的知识、资源、能力或技术上的互补,充分发挥个人的知识和经验优势,这种互补将有助于强化团队成员间彼此的合作。一般来说,团队成员的知识、能力结构越合理,团队创业的成功性就越大。

方式五：大赛创业大学生创业大赛移植于美国的商业计划竞赛，此类竞赛旨在为参赛者展示项目、获得资金提供平台，Yahoo、Netscape 等企业都是从商业竞赛中脱颖而出的，因此被形象地称为创业"孵化器"。从国内的情况看，创业大赛也扶植了一批大学生企业，如清华大学王科、邱虹云等组建的"视美乐"公司，上海交大罗水权、王虎等创建的"上海捷鹏"等。优势：应该说，创业大赛不仅为大学生创业者闪亮登场提供了舞台，更重要的是提供了锻炼能力、转变观念的宝贵机会。对大学生来说，创业大赛是创业"试金石"，通过这个平台，可熟悉创业程序，储备创业知识，积累创业经验，接触和了解社会。撰写创业计划书是创业大赛的核心部分，并决定着能否吸引投资商的兴趣。一份完善、科学、务实的计划书，就是大学生坚实的"创业基石"。但很多大学生的创业计划由于受到知识、经验的限制，存在对目标市场和竞争对手缺乏了解、分析时采用的数据经不起推敲等诸多问题。这些问题不解决好，大赛创业只能是"纸上谈兵"。

方式六：概念创业，顾名思义就是凭借创意、点子、想法创业。当然，这些创业概念必须标新立异，至少在打算进入的行业或领域是个创举，只有这样，才能抢占市场先机，才能吸引风险投资商的眼球。同时，这些超常规的想法还必须具有可操作性，而非天方夜谭。优势：概念创业具有点石成金的神奇作用，特别是本身没有很多资源的创业者，可通过独特的创意来获得各种资源，包括资金、人才等。创业需要创意，但创意不等同于创业，创业还需要在创意的基础上，融合技术、资金、人才、市场经验、管理等各种因素，如果仅凭着点子贸然行动，基本上是行不通的。

创业七：内部创业，是指一些有创业意向的员工在企业的支持下，承担企业内部某些业务或项目，并与企业分享成果的创业模式。创业者无需投资却可获得丰富的创业资源，内部创业由于具有"大树底下好乘凉"的优势，因此受到越来越多创业者的关注。优势：员工在企业内部创业，可获得企业多方面的支持，同时，企业内部所提供的创业环境较为宽松，即使创业失败，创业者所需承担的责任也较小，从而大大减轻了心理负担，有利轻松上阵。这是一种以创造"双赢"为目的的创业方式，员工要作好周密的前期准备、选择合理的创业项目、保证最大化地创造利润，才能引起企业高层的关注，只有创业者和企业两方面共同努力才能保证实现的机率。

把握住了机遇就是成功

1999 年,张松江在北京联合大学毕业,到择业时他才发现,自己怀里的一张大专毕业证书几乎没有任何用处。他与其他 3 个朋友商量,决定一起创业。

他在报纸看到一个美国品牌保洁公司招加盟商的广告。4 个人就跑到那家公司去看,那写字楼里面简直可以用金碧辉煌来形容。在对方"专业"的讲解后,他们相信了"保洁市场利润空间无与伦比"。

于是,4 个人立即凑了 3.9 万元加盟金,交给了那家公司。随即,对方给他们进行了为期两天的保洁清洗培训。

他们本来以为,像什么饭馆的招牌清洗、灯箱清洗、建筑物外墙清洗、大型油烟机清洗、中央空调清洗……商机无处不在。然而,等他们跑去谈生意时,却到处吃闭门羹,根本没人用他们。两个月过去了,他们没有找到一个客户。

最初筹集的钱花光了,大家只好每人再筹集了 5000 元。直到第四个月,终于等到了一位"大"客户。这位"大"客户是他们租住的那栋写字楼的经理。那位经理要求他们把这栋写字楼的地毯洗一遍。那些地毯的总面积超过 3000 平方米。为此,张松江报价为每平方米 3 元,也就是说,活干完了应该可以拿到 9000 元钱的报酬。

张松江领着员工大干了一场,可等他们干完了,那位经理只给了 1500 元钱,随后丢下一句:"就这么多,没钱了。"

碰壁次数多了,张松江渐渐明白了保洁行业到底是怎么一回事。在原来做培训的时候,那家"美国品牌"公司告诉他们,做保洁清洗,市场的价格绝不低于每平方米 10 元钱。但在现实中,市场行情是每平方米 1 元钱。不仅如此,如果没有人脉关系,就算凭 1 元钱的价钱你也休想拿下一个仅有微薄利润的保洁工程。

张松江郁闷到了极点,从不对家人诉苦的他,最后还是将创业的烦恼告诉了父亲。望着创业遇到挫折的孩子,父亲平静地说:"没有关系,钱的事不用担心,我给你筹。"

父亲的话给了张松江莫大的安慰。当晚,张松江躺在床上,翻来覆去睡不着觉。他打开灯,随手翻开一张报纸。翻着翻着,报纸上一则广告吸引了他。那则广告说,北京的 SOHO 现代城推出了可移动墙壁的房屋。

可移动的墙壁——所有开发商都把墙壁做成死的,他们却做成活的。这墙活了,他们生意不就活了吗?别人的生意这样,我呢?要想有利润就得有别人没有的东西,就得把大家都认为是不能改变的固定思维模式打破。思维的闸门一旦打开,张松江再也抑制不住自己。他想到了由户外转向户内。

虽然户内保洁也有人做,但是现在的户内保洁太没有特点了。像 SOHO 现代城这样的高档社区,肯定需要一种更高档次的服务。麦当劳、肯德基走遍全球,凭的不就是一个严格的操作规程与标准嘛!对于保洁来说,这个标准应该是对卧室、卫生间、厨房等不同性质房屋进行分类,然后确定不同的服务标准。

越想越兴奋,他把自己的想法、计划都写在了纸上。从第二天开始的十几天时间里,他进一步完善方案,然后鼓起勇气去找 SOHO 现代城中海物业公司的经理。那位将近 50 岁、有着丰富经验的物业经理被眼前的年轻人打动了。

他说:"每天来这里要求做我们清洗业务的人多了,但是没有一个人能够提出你这样的想法。这里的活,我交给你了。"这时,父亲筹到的 10 万元钱也交到了张松江手里。他把几个朋友一起合伙参股的钱退掉,然后自己注册了新理念保洁服务有限公司。在 SOHO 现代城的地下室里开始了新的旅程。

那段日子是极为艰苦的。地下室的潮湿程度达到了早晨放一只公文包,晚上拿走的时候都会从上面往下滴水。没有椅子,他们就坐在地上,每天跟民工一样吃 2.8 元一份的盒饭。

好在没过多久,就有一位客户提出要他们去家里做地板打蜡,没有做过地板打蜡的张松江竟然大着胆子答应了。等到了客户家里,面对地板,张松江和自己的员工面面相觑:怎么办?

虽然张松江有着种种超前设计,但是对这户内具体的活完全不懂。张松江一想,这打蜡应该和擦地一个道理,于是就把地板蜡放到擦地机里,挨着屋子擦。在地板湿的时候,地面确实很光亮。可是等地板一干,张松江傻眼了:原来的地面只是不光亮而已,而现在不仅依旧不光亮,而且还用擦地机擦出了一圈圈白乎乎的擦痕,简直不成样子。无奈之下,张松江当晚找到做过打蜡的朋友,来了个现学现卖。第二天一早,张松江立即带着员工来到客户家,给客户认认真真地把地板重新打好。等客户回来看到光亮的地板时,非常满意,付给了他们 800 元钱。

钱赚到了,但张松江却非常难过。这样的服务离自己的要求差得太远了。别说特色,连最基础的东西都做不好,这怎么能有前途呢?

张松江找到 SOHO 现代城的经理,提出了一个要求,那就是给现代城一些已经装修好但是还没有出租的房间进行免费保洁打蜡。这是任何一位经理都乐于接受的好事情。但是,对于张松江来说,这太重要了。他要通过为这些房间保洁磨炼自己员工的技术,研究一套有自己特点的操作规程与操作技巧。

工夫不负有心人,通过与员工对一间间房屋、一个个细节部分的实践、记录与推敲,张松江总结出了自己的一套针对不同房间的工作程序和工作标准,在技术上也取得了飞跃。

以地板打蜡来说,他将擦玻璃的方法移植到了地板上,而且在工具、使用方法上都做了重大改进。因此,他们擦地板比传统打蜡法多花一倍的时间,但是擦出来的效果却让人感觉比传统打蜡服务高出几个档次。就这样,张松江第一个月就赚到了 3 万元钱,开始打开了局面。靠着自己的坚毅和勤奋,他一步步地接近了自己的目标。

善于发现创意

一位叫陈富云的创业者为服装业想到一个名为"数码试衣"的智能互联化营销模式。按照这个模式,服装厂商可以完全不必库存,消费者也可以任意为自己选择服装的款型和面料。

消费者下单后,加工厂只需要按要求生产。理论上讲,这样出来的个性化成衣,每一件都只会贴身而不会"撞衫"。

陈富云自几年前进入服装行当,他就不断听到有同行抱怨:"这个季节款式、型号没选好,积压太多了,赚的钱全是库存。"

与此同时,他也听到有朋友诉苦说:"逛了半天,腿都跑痛了,还是没选到称心的衣服。"

"为何全球专家、教授都解决不了这一难题？"陈富云百思不得其解。他委托行业协会调查全球 100 强服装企业，发现各大品牌没有不积压库存的。他认为，这是服装行业传统的"以产定销"的经营模式无法克服的弊病。

找到了病根，能不能靠"以销定产"的逆向思维来解决这一难题呢？陈富云说，早在 2007 年初，他就在谋划如何破题，并到处寻求具体的技术解决方案。

几番琢磨，陈富云终于想到了一个名为"数码试衣"的智能互联化营销模式。

所谓智能互联化服装营销模式，即是先在步行街、商场、候机厅、酒店大堂、高档社区、茶楼等处设若干门店，这些门店相当于数码试衣的体验馆。

客户到了试衣店，即站到智能终端机上，两秒钟后即可完成对人体 4800 个坐标点的精确测量。提取 85 个人体数据后，再在终端机数据库中，自由创意组合，设计、选择、修改服装的面料、版型、颜色、款式等，即可合成称心的个性化服装。

与传统服装店以及淘宝网、试衣网等网购相比，这一模式可做到衣服款式无限，消费者可随心所欲地组合、修改和设计；型号也因人而异、量体裁衣。

下单前，客户选好的服装可通过宽 6 米、高 3 米的高清晰仿真视频系统，将 DIY 的成果、试穿的效果像照镜子一样显示出来。

陈富云说，消费者完成人体测量后，会形成特定编码，身体只要没啥变化，再次购买衣服时，数据可固定使用，无需在终端机二度购衣或网购时再次测量。

除了个性化，关键是，因减少了库存积压、商场租金等费用，客户的购衣价格，肯定不会高于传统店。

现在，陈富云已经开始选址营建自己的数码服装加工厂。陈富云说，这家数字化工厂里，衣服面料、辅料有数千种，客户所需的花色、图案，经电脑智能排版、激光打印后，色牢度要高一倍。一条生产线每小时即可生产出 2000 套个性化订制的服装。

独特的创意往往会成为成功路上的捷径，然而有想法，有创意的人有很多，而我们要如何才能去将这些创意的点子实现呢？

一、盘点现有资源首先，必须由内而外清点所拥有的各项资源，包括：能力、资金、人脉、技术等。如果资源具独占性，则可以提高潜在竞争者进入市场的门坎，进而提升创业的成功率；在市场机会方面，逐一检视各个具有发展潜力的市场机会点，推论满足市场机会所必须拥有的各项能力。同时考虑市场机会以及现有资源两方面的条件，来筛选脑海中所浮现的创意。透过这个程序可以知道，哪个创意较契合哪个市场机会点，进一步筛选出创意适合做什么生意。

二、建立营运模式找出有发展潜力的创意后，下一步是建立适合的营运模式。营运模式是指企业如何提供产品或服务给顾客，并回收利润的整个过程。研拟出营运模式，继而引导之后的各项计划。

三、提高边际效益建立起营运模式之后，必须进一步思考如何提高边际效益。其一是销售通路的设立，虽说酒好不怕巷子深，但良好的地点确实可以提升事业成功的机率。选择考虑的重点除了商圈与顾客特性之外，还要考虑到公司策略的需求。其次是经营伙伴的选择，良好的经营团队是促使事业成功重要的因素，好的经营团队可以增加新创公司成功的机率。

四、抓住顾客需求深入了解目标顾客需要的价值，并且严守对顾客的承诺。做好市场区隔、目标顾客以及公司定位，透过产品或服务，来创造顾客想要的价值。

五、做好财务规划企业财务就如同人的血液一样，良好的财务规划是维持公司正常运作的先决条件，一旦公司开始营运，即使有赚钱，如果财务管理不佳，还是可能发生亏损危机。创业前就必须做好财务管理的妥善规划，尽量减低发生财务危机的机率，确保公司可以正常营运，并产生利润。

第八章　善用天时地利人和

做生意也要讲究天时地利人和，可以说这是必不可少的三个重要因素。天时，我们可以把他理解为机遇，或是时机，掌控机遇把握时机是做生意必备的前提。地利，一个好的地理位置可以说是我们做生意的根基，唯有根基"牢固"才无发展的后顾之忧。人和，人际关系是生意的源泉。

做生意时机选择非常重要

古时打仗讲求"天时地利人和"，就是指作战时的自然气候条件适宜，地理环境合适和人心所向。做生意也讲求"天时地利人和"，就是在经商的时候你所处的时间必须是适合做这个生意的，就如同你生活在一个电子化的时代，你还在想做刀耕火种的生意，那么你的生意和时代是脱节的，换句话说你的生意就是不合时宜的。地理环境也很重要，你的生意的消费人群是在什么地方呢，你就应该选择在什么地方做。你做生意的时候你的团队必须是团结的，心里都是想着怎么把生意做好的，大家一致，才能把生意做好。

比如说，如果现在是夏季你却卖冬季的内衣肯定不是很畅销，内衣不比羽绒服，不同的季节可以有很大的差价，所以内衣最好顺时而做。至于流行趋势，每年都有不同的流行时尚，而且会变化很快，这需要代理商选择产品时要关注当下潮流，要注意样式是否能满足大众的需求，如果您的内衣风格是很多人喜欢的，还怕没有顾客光临吗？至于代理品牌，不是说大品牌就一定好，关键是合适。要综合考虑当地的购物习惯、消费水平与代理品牌的风格，达到三者最优化组合。当然，你有实力的话，可以代理多个品牌，注意产品风格、价位不能相同，多种选择才更适合消费者。

地利当然就是指店铺的选址问题。有人说繁华、客流量大的地方做生意比较好，但对于有的生意来说，客流量太大不一定利于购物。在购买的过程中消费者喜欢精挑细选，客流量太大，嘈杂的环境会影响购买心情的。所以在店铺选址时要考虑到交通便利;还需要有一定的客流量。另外，物以类聚，你可以选择周围有同类店铺的商业街。顾客购物时往往喜欢多逛几个店进行选择，所以如果同类店铺在一起时，比较方便顾客购物,容易吸引客户。

想具备好的人气，服务是关键，所以越来越多的店铺注意提高服务质量，提出"微笑服务"、"顾客就是上帝"等。专业、到位的服务更容易让顾客信赖，吸引顾客光临;另外,提高人气还需要宣传。高速发展的信息时代，是酒香也怕巷子深的时代,所以需要不断的宣传自己,才能让更多的人知道。您可以经常在自己的代理店铺举行一些促销活动或是广告宣传活动,扩大知名度,增加客流量。如果一个人光临您的店铺你可能不赚钱,但是当几十,几百甚至上千人光临时,还怕不能赚钱吗?

任何生意只要您能够把天时地利人和协调好,就能把顾客吸引到您的店铺,您离成功也就更进一步。

一毛钱也能发家致富

李保良是河南商丘的一个农民,从小学了些木工手艺,但在家无用武之地。于是在 1991 年 7 月,为了赚钱还结婚时欠的债,他辞别妻儿来到上海市金山区的兴塔镇帮人搞装潢。三年后,他还清了欠款,手中也有了些积蓄,开始琢磨自己做生意当老板。可几年下来,他不仅没赚到钱,反而又背上了 5000 元的债。没办法,为了还债,他把妻子也叫到了上海打工。

一天,找工作找得心烦意乱的李保良,想找个人聊聊天,便来到枫泾镇的一个朋友家。朋友忙着给李保良拿水果、泡茶,可是三个暖水瓶都没有开水,朋友不好意思地说:"你看,早上一忙,把烧开水的事给忘了,现在要泡壶茶给你喝都没办法,要是像以前一样有一个'老虎灶'烧卖开水的该多好。"

原来,"老虎灶"就是旧上海专门烧开水卖的场所,上世纪六七十年代还有,那时一二分钱一暖瓶,生意不错,现在早没了,只能到"历史陈列馆"才能看到"老虎灶"了。

从朋友家里出来,李保良一路想着"老虎灶"卖开水的事,现在的人工作很忙,早出晚归,忘记烧开水的事是常有的,如果自己能开间开水坊卖开水,收一毛钱一瓶,这也是一笔不小的生意。接下来一连几天,李保良对住地周围的打工者进行调查,他们都表示如果有一毛钱一瓶的开水卖肯定买,因为他们自己烧瓶开水,水、电或煤气费加起来远不止一毛钱,有自己烧水的费用和时间,完全可以买到二三瓶开水。有了这个调查后,李保良卖开水的信心更大了。

打听到了浙江宁波有家工厂生产多功能热水炉设备后,李保良好不容易东拼西凑借到了4000多元钱,立刻赶了去。

2003年8月,李保良的开水坊在自己租住的农民街正式开业。因为价钱实在便宜,所以附近居住的打工者都乐意来买,他们都说李保良做了件大好事。月底李保良一算账,净赚300多元,看来这一毛钱的生意还真赚钱。

"一毛钱开水"在打工者里一传十、十传百地传开了,没多长时间,就连距离远的人们也都来买开水。

可是好景不长,几个月后,来买开水的人逐渐少了许多。李保良很纳闷,附近也没有第二家卖开水的,是怎么回事呢?后来,他问了一位以前常来买开水的大婶,大婶就说他:"小伙子做生意要诚实,不能偷工减料。你最近烧的水都不开,是不是为了节省柴火费?"李保良这才恍然大悟,原来是嫌我的水没烧开,可是每天柴火并没有少烧,是什么原因水没有烧开呢?

李保良对自己烧水的情况进行了记录,并不时地用温度计量一下烧出来的水,果真只有90度左右,不够开。李保良给厂家打了电话咨询,才知道水烧不开的原因主要是压力,经过努力,烧不开水的毛病终于解决了,买开水的人又排起了长队。

可不久李保良的开水又出了问题。不少人反映他烧的开水有很重的锅炉味,泡出来的茶都要变味,白开水根本就不能喝。李保良想可能是锅炉长时间一直在烧,没有清洗过的原因。

为此,李保良提前一个星期告诉人们,下个星期的某个时间清洗开水炉。开水炉清洗好以后,那股浓重的锅炉味再也没有了。从此以后,李保良给自己定了个规定,每二个月清洗一次开水炉,这样就可以保证烧出来的开水没有异味。

有一段时间,电视里经常播一家纯净水的广告,广告中说现在的自来水有许多杂质、被污染等情况。买开水的人又有了这种担心。为此,李保良又去自来水公司买了一套净水过滤装置接到自家的水龙头上。自来水中的杂质被过滤后,买开水的人越发信任李保良,他的开水销量也逐步攀升,平均一天能卖出1000多瓶。

同年12月的一天早上,李保良像往常一样正在烧开水,一位西装革履的中年男子站在那儿看了一会儿,最后掏出一张名片递上来说:"你以后每天早上6点之前,送100瓶开水到我店里,价格翻一倍给你。要是不够我再叫你送,每个月底和你结账。"

李保良简直不敢相信会有这么好的事找上门,他接过名片一看,原来这中年男子是枫泾镇新纪元大酒店的老板。他说酒店要专门请一个人烧开水,工资成本算下来比买开水贵一倍还不止,所以当他听到有卖一毛钱一瓶的开水后,专程到李保良的开水坊一看究竟。

就这样,李保良的开水坊接到了第一单外送开水的业务。以后每天6点之前,李保良都用三轮车把开水送到一里外的新世纪大酒店,一个月能赚六七百元。

受此启发,李保良开始有目的地出去联系客户了。李保良先请老乡拟了份外送开水的协议书,开水送到时,让负责人签字认可,这样可以避免发生耍赖的事。做好这些准备后,李保良开始到枫泾工业园的一些厂里谈业务。此次李保良信心十足,因为一般工厂里都不供应开水。果然,他又谈成了几家建筑公司、服装厂和电子厂的业务,每家都在100瓶以上。这样李保良的开水坊每天都在满负荷地运作,连在服装厂打工的妻子也回来帮他。

现在,单是请李保良固定送开水的单位就有5家,每个月开水坊净赚5000元。李保良还打算,在2004年年底买一辆小货车,这样他的开水就可以送得更快、更多、更远。

商海茫茫,外出打工的朋友往往只注意到做"大生意",而忽略了自己身边的"小生意"。李保良的经验告诉我们:一毛钱的"小生意"同样可以做出一番"大文章"。

生活中处处皆商机

朱孝明用 18 元创业起家,到登上汽车销售大王的定座,他的成功创业轨迹,对我们今天创业是一个很好的借鉴和启迪。创业要选择适合自己的环境,环境对了,个人优势也就显示出来了,即使白手起家,但只要善用个人优势,仍能挖出一桶桶金。

1985 年,20 岁的朱孝明背着一台缝纫机来到上海不久,认识了一个叫梁斌的古道热肠的长春人。当时梁斌是长春市某医药公司驻上海办事员。一天晚饭后,梁斌和朱孝明聊天,梁斌对朱孝明说:上海是服装大市场,这里裁缝高手如林,像你这样的手艺,在大上海算不上什么,但到东北长春却是高手,你不如去东北发。朱孝明觉得梁斌分析在行,1986 年春天,他背上行李和缝纫机,兜里只有 36 元钱,登上开往长春的列车。因行李和缝纫机超重,又补了 18 元的票,他只剩 18 元。

他在长春市口腔医院附近的一条小胡同找一间小房子就算自己的栖身之外,也是朱孝明最初的裁缝店。初来乍到,裁缝店又在小胡同里,朱孝明根本接不到活。有一天,朱孝明愁眉苦脸的在口腔医院墙外散步,突然,一个想法在脑中冒出来。他裁缝店附近的邻居,都到口腔医院医生身上找到自己业务的突破口,找到了挣钱最快的方法。朱孝明也打算试试。先免费给他近邻做服装,如果邻居们主动给钱,他也仅收一点吃饭钱。他这一招果然见效了,没多久,口腔医院的医生、护士就找上门请他做服装了。一段时间后,许多人都知道了口腔医院附近有一个做衣服很好的朱裁缝。找他做衣服的人排成了队,但不管要做的服装堆到多厚一摞,他都丝毫不马虎。因此,他的口牌越来越好,名气也越来越响了。朱孝明勤勤恳恳地干着,到 1989 年,他挣了近两万元钱。

回顾这段经历,朱孝明深有体会地说:挣钱最快的方法,创业要选择适合自己的环境,环境对了,个人优势就显示出来了,即使白手起家,但只要善用个人优势,仍能挖出一桶桶金。创业不一定要固守一个行业或项目,有时碰上好机遇,应及时转,但对新行业或项目,最好从熟的地方做起,等条件成熟了,可以借势滚雪球把市场做大。

1989 年秋季的一天,一个江苏老乡找到朱孝明,请他帮忙推销一些汽车内饰件。朱孝明和一家汽车内装饰老板很熟,就把那些饰件推销给了那家商店。这样一转手,朱孝明挣了300多元。拿着这轻松挣来的300多元钱,朱孝明的心再也沉不住了,这几乎是他做半个月裁缝的工钱了。朱孝明从这件事里发现了挣大钱的一方天,决定着手做汽车生意。于是他利用手的1万元存款在长春汽车厂区一家日杂商店后院租了一个车库,开了一家汽车内装饰件商店,取名"大众汽车装饰发展中心"。

装饰店营业之初,朱孝明想还是自己最熟的行业干起来比较有把握,因此,他决定先做汽车座垫套生意,然后再去做其它汽车配件生意,等条件成熟了,做汽车整体生意,一步一个脚印滚雪球把汽车买卖做大。他第一次生意去常州进了9大捆汽车座垫套布料。这9捆布料做出了一批座垫套,给朱孝明带来了可观的效益。朱孝明用这些钱,转手又进了一批汽车内装饰件。

在车库里干了7个多月后,朱孝明把店搬到街面上。店临街了,铺面大了,客户也多了,朱孝明趁势而上,又找朋友借了8万元,加上自己现有的钱,去广州进了一批汽车防盗销、香水等,这批货很快就销售一空,到了1994年,朱孝明手里已有15万元流动资金了,开始为高档豪华的轿车配套生产真皮座椅,这时,朱孝明的店已有7个员工了。为一汽配套生产真皮座椅成功后,朱孝明又把目光投向为豪华轿车安装高档音响。那时,进一套音响2000至3000元,利润在700至800乃至1000元。由于他用量大,信誉好,几次之后,他就可发先拿货,后付钱了。后来,他又想尽办法同在世界汽车音响界享有盛誉的阿尔派北京分公司取得了联系,很快就成了阿尔派公司的代理商。1995年6月,阿尔派公司又正式授朱孝为阿尔派汽车音响东北三省的总代理。紧接,他又被骋为日产车用高级音响健伍和大连固特轮胎的代理商。

1996年,朱孝明已有一定的经济实力,他决定做汽车大生意。他认为趁自己有了一定的经济实力、好的信誉、好的口碑、好的人际关系时,应该抓住天时、地利、人和的条件向大企业、强企业冲刺。不久,他以年租金16万元的价格,租了80平方米的店面,来扩大自己经营场所。与此同时,他注册50万元资金成立了吉林省中信汽车贸易有限公司,他把目光放在挣钱更的汽车销售车。

搞汽车贸易并非是一件容易的事。朱孝明过去搞汽车内饰件认识一些客户,也了解汽车贸易的一些"行道",但搞汽车交易毕竟是新手,而且面临的对手,大多数是一些经济实力雄厚、市场经验丰富的对手。因而要在这艰难的竞争中打败对手,赢得市场,必须有独到举措。朱孝明在分析这些情况后,决定从代理低价格的一汽"解放"牌系列卡车起步,在服务上用"优质、高效、周到"赢得市场。当时国营汽车销售单位需要三天才能办妥的售车手续,他要求员工半天就要办好。如果客户在当地办事有什么难处,他派人协助解决。客户买车后因质量、技术问题,属于销售公司的问题,当场解决,属于厂商的,他们主动与厂商联系、沟通,及时为客户解决。朱孝明这一系列做法在客户中传开后,来他这里买车的客户如云而至,有时,一天竟能买出10多辆车。紧接着,朱孝明又拿下了奥迪100系列轿车和红旗轿车的销售代理权,并在1996年创下了轿车销售量全国第一的好成绩,朱孝明本人也先后获得了一汽汽车销售"先进个人"的称号,成为奥迪、红旗、捷达三大品牌的一级代理商。

1999年8月,朱孝明同光大银行合作,以6个亿的资金买下了一汽车奥迪2001.8T全国的销售权。买断经销权以后,仅用了5个月的时间,就销售出2400辆奥迪2001.8T轿车,获利近2000万元。至此,朱孝明成了名震全国的汽车销售大王。

退学创业,一年盈利上千万

2005年,袁旭和其他两个网游伙伴合伙创办了网游加速器公司,如今已成为国内网游加速器提供商的老大。

袁旭是四川雅安人,曾是北大计算机专业的学生,却于2004年退学创业,颇有当年比尔·盖茨退学办微软的风范。因为对网络游戏的熟悉,他敏锐地发现了"网游加速"这一巨大的市场。从2005年进入这一领域到现在,迅游的加速器占据了国内网络游戏60%的份额,2000多万玩家成了用户。目前,这款加速器已用于市场上90%的网游,如魔兽世界、剑侠情缘三、地下城与勇士等。

袁旭的盈利模式很简单:玩家下载这款加速器到电脑上,试用一段时间,然后付费使用。虽然不肯透露具体的盈利额,但袁旭坦承一年的盈利水平处于千万元级。

目前,袁旭创办的迅游公司已经在北京、上海设立办事处,而海外市场也扩展顺利,"每天有数千个海外玩家登录下载,我查了一下,目前有70多个国家和地区的用户……"再过一段时间,"迅游"就将脱离"孵化"阶段,进入高端企业才有实力进入的天府软件园。

时光倒流在高三的暑期,袁旭身上发生了两件人生中的大事,第一件是他以不错的成绩考入了北大计算机系,成为了人人称羡的"北大生";第二件是他发现了当时互联网网通和互联的矛盾非常严重,因此他开设了四川雅安第一个为网站主提供服务的双线 IDC 机房。凭借这一项目,袁旭又赚到了人生的又一桶金——约 40 万人民币。

暑期结束,袁旭来到北京,看到了著名的北大未名湖。然而,此刻袁旭的心情并不像未名湖水那样平静。

一方面,袁旭的事业在四川,身处北京总感觉英雄无用武之地。另一方面,袁旭懊恼自己选错了专业,他认为,自己应该选择"管理"或"贸易",而不是自己熟悉的"计算机专业"。一年后,通过和老师、家长的深度沟通,袁旭终于做了个大胆的决定——"退学",向学校申请了"休学"。

回到四川以后,袁旭几乎把所有的精力扑在了自己的双线 IDC 机房上,由于他的机房比北京同类机房收费便宜近一半,因此生意十分火爆。

袁旭的机房规模,从一个民居的两居室,逐渐发展成一个地上三层、地下两层的小楼。然而新的问题接踵而至,当时,雅安全市的互联网带宽资源只有 155 兆,而袁旭一人的机房就占用了 100 兆。"2005 年做机房的人逐渐开始多了,而对我们来说,由于带宽的限制此刻已经没有发展前景。"袁旭说,这一年,袁旭和伙伴们开始考虑转型。互联网游戏在这几年内蓬勃发展,而游戏面临最大的问题是玩家普遍意见最大的"卡机"。游戏速度不够流畅,影响了游戏体验。

在经营机房的几年里,袁旭聚集了业内不少电脑高手,几个人商量后决定,自主研发了"迅游游戏加速器",奇虎董事长周鸿祎成为了他的天使投资人。该技术把网游数据从互联网中剥离出来,解决了从服务端到客户端的游戏提速问题。

第九章 决策之时思三分

正所谓三思而后行,在生意场上更是如此。做任何决策之前都应该思索一番,明察秋毫,减少一些没必要的损失,谨防各种陷阱。

财富源于智慧,智慧源于思考

成功的犹太商人不但是聪明的生意人,更是智慧的哲人。知识是重要的,但是知识也只是用来沉淀智慧的。也就是说有了知识,还不一定就拥有智慧,而智慧的人必然是充满知识的人。

事实上,智慧的来源是经历和生活。一个经历空白的人是没有任何智慧可言的。因为智慧是对经历的认知和对生活的领悟。犹太人的智慧是以知识为基础,以完善知识,提高心性和能力为目的而构建起来的精神大厦。

犹太人告诉我们,智慧首先是源于学习和思考。学习使人变得智慧的第一条件。现在是知识爆炸的时代,在这样一个多变的环境下,因循守旧、缺乏远见都将是失败的前兆。至于思考,是将感性知识变成理性知识的关键。只有思考,才能锻炼我们的思路,智慧是在思考之后才能产生的。

商机是难以捕捉的,一旦闻出了它的味道,就必须及时做出决策,稍微迟缓一点就会痛失良机。所以,要准确把握住商机需要果断地作出决策。优柔寡断是经商的大忌。做生意就要随机应变、嗅觉灵敏、处理果断。如果一直瞻前顾后、前怕狼后怕虎,肯定是办不了大事的。该出手时不出手,财富就会落放他人的口袋。

在竞争激烈的商场上,赚钱必须学会审时度势,迅速果断,这样才能占据领先优势。越来越多的人开始认识到,单有识别信息的慧眼是不够的,还需要有决策的智慧和快速的反应能力。畏首畏尾、不敢决断是赚钱的大忌,这会让你一次次痛失赚钱良机。

知道自己能得到什么,得不到什么,才能作出最好的选择,以使自己能够得到最实际的东西,而不是被一些空话所左右,或是握着一个永远也达不到的目标白白浪浪时间和精力。换句话说,就是只有务实才是最明确的选择,做生意更不能缺少务实的精神,要想积累更多的财富,就要脚踏实地从一点一滴做起。

作为商人要学习犹太商人的这种务实态度,制定切合实际的目标,从一点一滴做起,把财富积少成多,踏踏实实地增加自己的实力,耐心地、踏实地等待时机。只有这样,你才能够在残酷的商业竞争中占有一席之地,才能够一步步地走向成功。

《塔木德》中说:"在别人不敢去的地方,才能找到最美的钻石。"也就是说,"高风险,意味着高回报",风险和利益是成正比的。作为商人,要想在商业竞争中获得最大的利益,就要敢于冒险,做常人不敢做的事情、不敢做的决定。往往风险越大,它的利益就越大,所以说敢于冒险是经商的一大必备素质。但是,冒风险并不意味着不讲策略,盲目行事,这是莽夫所为。聪明的生意人,并不会冒毫无把握的风险。他们在追求更高利益之前,会认真分析自己的优势和劣势,然后根据实际情况制定相应的策略,并根据随时发生的新情况,作出适当的调整,最后化险为夷,赢得利益。

犹太商人素有"世界第一商人"的美誉,这不仅因为他们的经商之道是世界一流的,更因为他们的信誉也是世界一流的。他们可以获得全世界的信赖,这是他们上千年来诚信经商的结果。诚信为经商的第一要务,这是犹太人的经商法则。他们不贪图小便宜,认真履行契约,不偷税漏税,不靠欺诈发财,在他们眼里,诚信是立业的根本。

我们应该像犹太人那样在经商中把诚实守信放在第一位,只有这样,才能有一个很好的经商环境,才能得到别人的信任。没有人愿意和一个狡猾虚伪的人合作,更不会把重要的事情交给他去做。所以,要想成就一番大事业,最重要的一点就在于对待别人讲究诚信。我们不能只想着赚钱,只顾眼前的利益而不顾日后的发展,应该在别人心里建立起一个坚实可靠的信任感。这样,以后才能和别人有更多、更大的合作,才会越来越得到别人的认可,我们的事业才会走向一个更高的层次。所以说,诚实守信是生意兴隆的基础。

犹太人一向诚实守信,他们认为违约者必会遭到报应。上天是公平的,如果一个人向别人作了许诺,但是最后他却因为自身的原因而没有实现诺言,那么他的信用在别人眼里就会一文不值。早晚有一天,他们因为不守信用而被别人抛弃,甚至得到应有的惩罚。

虽然说诚信是做生意的根基,但是在利益的驱使下,难免还是会有一些人使用一些不正当的手段进行欺诈,谋取非法利益。俗话说:"害人之心不可有,防人之心不可无",在真假难辨的生意场中,一定要加强防范意识,谨防上当受骗。

有时候因为轻信别人带来的影响远远不只是针对自己个人的,还有可能是针对自己的团队,自己的公司。这样,受害人的范围就会扩大很多。所以,为了自己,也为了自己的团队、公司不受到影响,一定要加强防范意识,在商场中时刻保持一个清醒的头脑,对于外来的各种诱惑多加小心,仔细分辨真伪。在残酷的商业竞争中,我们要摒弃害人之心,长怀防人之心,只有这样才能在商场中立于不败之地,才能有更为长远的发展。

《羊皮卷》中有这样一句话:"一个人的价值不低于所有任何人的价值。"这正是犹太人的思维,他们认为只要有适当的机会,一个人就会发挥自己最大的潜力,创造出高于所有人的价值。

年轻人永远是最有希望的,只要他们有充足的机会,就可以做出轰轰烈烈、甚至惊天动地的事情来。所以,要想让自己的生命价值最大化,就要充分挖掘自己的潜能,树立远大的理想和抱负,利用一切可以利用的资源。这样你就会创造出连自己的都难以想象的成就,让自己的价值高于所有人。作为生意人如果能将自己的生命价值发挥到极致的话,就能够把金钱赚到极致。所以,一定要重视自己的生命价值,具有足够的自信,该出手时就出手,这样你会发现一个全新的自己。

学会给自己定位

在日本,有一个23岁的小伙子赤手空拳和同伴们一起来到东京闯天下。到了东京后他们惊讶地发现:人们在水龙头上接凉水喝都必须付钱。同伴们失望地感叹道:"天哪!这个鬼地方连喝冷水都要钱,简直没办法呆下去了。"言罢都纷纷返回故乡了。

这个小伙子也看到了这幕情景,但他却想:这地方连冷水都能够卖钱,一定是挣钱的好地方嘛!于是他留在东京,开始了创业生涯。后来,他成为日本著名的水泥大王,他的名字叫浅田一郎。

浅田一郎的成功给我们的启发是深刻的:面对同样的情况,他与常人的看法和做法却大相径庭,他用积极的心态看到了隐藏的商机并因此而逐渐走向成功。所以,积极地面对生活,勇敢地迎接生活的挑战,才是明智之举、才具王者之风。相反,那些思想消极、意志薄弱的懦夫,就注定会一生平庸。

有这样一个真实的故事:一个乞丐在地铁出口卖铅笔。这时过来了一位富商,他向乞丐的破瓷碗里投入了几枚硬币便匆匆离去。过了一会儿,商人回来取铅笔,对乞丐说:"对不起,我忘了拿铅笔,我们都是商人。"几年后,这位商人参加一次高级酒会,一位衣冠楚楚的先生向他敬酒致谢并告知说,他就是当初卖铅笔的乞丐。生活的改变,得益于富商的那句话:你我都是商人。

设想,如果乞丐一直没能遇到这样一位商人,自己一直未能觉醒,一直就甘心做一名乞丐,也许,他的人生就少了一份成功。因此,自己要能给自己定位:你认为自己只能做乞丐,当然你就只能做乞丐;你认为自己也可以成为富商,当然你就得往这个方向去努力,从而就具备了这种可能。

著名的汽车大王福特自幼帮父亲在农场干活,当他 12 岁时,就在头脑中构想出一种能够在路上行走的机器,这种机器可以代替牲口和人力。可是,当时他的父亲要求他必须在农场当助手,福特坚信自己可以成为一名出色的机械师。于是,他用一年的时间完成了别人要三年才能完成的机械训练,随后又花两年研究蒸气原理,试图实现他的目标,然而却没成功。随后他又投入到汽油机的研究上来,每天都梦想着制造出一部汽车。其创意被大发明家爱迪生所赏识,邀请他到底特律担任工程师。经过十年的辛苦努力,在 29 岁时,福特成功地制造出第一部汽车引擎。今日的美国,平均每个家庭都有一部以上的汽车;今日的底特律,已成为美国最大的工业城市之一;当然,也曾是福特的财富之都。

人人都可以成功,人人都可以创造奇迹。可现实生活中有很多人却没能成功、没有创造奇迹,原因有三:其一有的人想都不敢想;其二有的人虽然想了却不一定去做;其三有的人想了、也做了,却没能坚持到底。

必须承认福特是一个敢想也敢做的热血青年,最可贵的是,他还能做到坚持不懈。《增广》有语:十年寒窗无人问,一朝成名天下知。能在为学之路上勤学苦练坚持达十年之久的人，也一定能学业有成、卓尔不群。

罗杰·罗尔斯出生于美国纽约声名狼藉的大沙头贫民窟，这里环境肮脏、充满暴力，是偷渡者和流浪汗的聚集地。因此，罗杰·罗尔斯从小就受到了不良影响，读小学时经常逃学、打架、偷窃。一天，当他从窗台上跳下，伸着小手走向讲台时，校长皮尔保罗将他逮个正着。出乎意料的是校长没有批评他，反而说："我一看你修长的小拇指就知道，将来你一定会是纽约州的州长。"当时的罗尔斯大吃一经惊，因为在他不长的人生经历中只有奶奶让他振奋过一次，说他可以成为五吨重的小船的船长。他记下了校长的话并坚信这是真实的。从那天起，"纽约州州长"就像一面旗帜在他心里高高飘扬。罗尔斯的衣服不再粘满泥土、罗尔斯的语言不再肮脏难听、罗尔斯的行动不再拖沓和漫无目的。在此后的40多年间，他没有一天不按州长的身份要求自己。51岁那年，他终于成了纽约州的州长。

信念是一面旗帜，这面旗帜任何人都可以免费获得。也许，在成长道路上，我们缺乏的不是机遇、也不是聪明才智，而是信心、信念。不要怀疑自己，要相信你一定行！

大学生卖饼，日赚 600 元

关晓冠毕业后就在武汉中南财经政法大学附近开了间5平方米的饼店。目前月入万元。

读大学时，关晓冠常利用暑假时间做兼职。家教、报纸投递员、餐厅服务员都干过。关晓冠说他从小不善与人交流，与陌生人说话常常脸红，大学期间的兼职，除了挣生活费，还让自己的交往能力得到了锻炼。

说起开饼店的原因，关晓冠坦言是由于"上班的工资太少"。刚开始毕业后，关晓冠找了份在湖南长沙一家冰淇淋店的销售工作。"说是做销售，但是制冰、打冰、包装等环节都要参与，每天还要加班到八九点，人很累，月薪只有2000多元。做了两个月我就闪人了。"

辞职后的关晓冠萌发了创业的想法。"父母都是郊区的农民，不可能给我创业提供很多经济上的帮助，我只能先从投入少、门槛低的卖饼生意做起。武汉的高校学生多，商机应该不少。"关晓冠琢磨了几天，决定来到武汉考察市场。去年9月，他在华师大、武科大等高校周边蹲点观察后，决定把开店地点选在人流量和商业氛围都不错的中南财经政法大学附近。

父母得知关晓冠准备卖饼的消息后极力反对。"我文化程度低,20年前从老家到城里来卖菜,好不容易把儿子供成了大学生,怎么能也和我一样做街头的小买卖呢?"关晓冠65岁的父亲说,虽然不同意儿子开饼店,但儿子执意坚持,并把大学生毕业卖猪肉,卖臭豆腐的新闻翻给自己看,最后实在拗不过儿子,只能默默同意了。

拿着父母资助的4万元,关晓冠买来烤饼炉、微波炉等器材,租下了中南财经政法大学政苑小区内的一个5平米的摊位,并专门请一名有秘制配料的师傅手把手教自己做饼的工序。"别小看做一张饼,从揉面、铺面,火温都有讲究,一步不到位就会影响饼的味道。"关晓冠说,做饼的每道工序自己都亲力亲为,目前一天要做近200斤饼,每斤卖7元,成本一天可以赚600多元,每月利润超过万元。

每天早上5点天还没亮,关晓冠就起床张罗。揉面、搅鸡蛋、切火腿肠、青椒以及调制佐料。6点准时出现在摊位,一边在炉子上摊饼一边等待顾客。给顾客切饼、称饼时,要麻利、准确。

一个5平米的小门面,一个月能盈利过万。这或许在很多人看来显得有些不可思议。可事实上又是再正常不过的现象。正所谓小生意内有大金矿,任何行业都是如此,再小的生意,奉行薄利多销的理念,在加上自己的勤奋一样能够获得大利润。

第十章 下手之时快、准、狠

做生意要讲究快、准、狠。快,发现商机就要及时把握住,快速的抢占先机赢得市场。准,准确的把握市场需求和掌握度量。狠,一定要拿得起放得下,没有气魄和力度,不果断坚决的执行标准和规划生意,将永远不是长远发展的生意。

看得要准,做得要稳

不到 20 岁独自办厂,24 岁开厂房,27 岁自创工艺美术堆画获国家专利,30 岁拥有百万身家……40 多岁的周彦俊,有着让人艳羡的生命轨迹。上天没有让他拥有正常人一样健壮的身体,却磨炼了他坚韧的心志和毅力。

周彦俊的童年是灰色的。一岁半的时候,正在蹒跚学步的他得了小儿麻痹症,从此永远失去了像正常人一样行走的机会。

18 岁那年,在双脚动了两次比较大的手术后,周彦俊告别了学校,开始了独自闯荡社会的道路。

怀揣着父亲给他的 70 元钱和朦胧的创业想法,周彦俊独自前往县城自谋出路。刚开始,凭借自己多年的爱好,他为别人画画赚钱,再加上玻璃、画框来提高档次。镜屏每块成本 2 元左右,卖出去是 3.8 元。就这样,他凭借着每件作品不到两块钱的差价完成了自己的第一笔原始积累。

三个月后,周彦俊怀揣自己赚来的 200 元钱,远去广西柳州。在柳州的一家商场里,他看到了一种用通草(生于向阳山坡、路边及杂林中的一种野草,主产地在台湾、贵州、广西、云南)做成的立体画屏,他认定这是可以开发的新产品,于是不顾艰难,只身前往生产这种画屏的厂家所在地。

周彦俊假装成进货商,在那个厂家仔细参观了整个工艺流程,临走时还买了一块成品和半斤通草,带回家研究改进。之后,他改进了通草画屏的造型,将自己的产品打向了整个湖南,甚至占领了广西的市场,上门订货的厂家络绎不绝。

随着资金的渐趋雄厚,周彦俊改变了先前小作坊式的生产模式,成立了兴华工艺美术厂,短短几个月之后,美术厂月收入从两三千迅速蹿升到几万元。他还不断地更新产品,琢磨将笋壳作为加工材料,用它来做野鸭、鹰等动物的羽毛,效果非常逼真。这种新产品一上市,迅速获得了收益。他的工厂不断扩大规模,业务也遍及湖南省四十多个县和北京、上海、四川等十几个省市,数百万元收入滚滚而来。没有上过大学、没有受过高等教育的周彦俊,凭借自己对财富的独特眼光在湖南成就了创业神话。

武汉人周密德是一个"奇人",因为承包了一个烂鱼塘而赚了几十万元。但他并不是用鱼塘养鱼。

周密德所在的村前有一口四五亩的烂鱼塘,村委会对此非常头疼,一直想请人填埋,可是又拿不出钱来。1998年,周密德出人意料地提出要承包该烂鱼塘的要求。当时,村民们都认为他发疯了,因为这鱼塘白送都没有人要,于是村民们都等着看他的笑话。但周密德毫不犹豫地和村委会签订了30年的承包合同,5年后向村委会上缴2000元的土地承包费用。周密德并没有发疯,他之所以敢这么做,是因为他有着长远的商业眼光和灵活的商业头脑。他仔细考察过烂鱼塘周围的环境,发现烂鱼塘旁开有一家废品收购站;同时他捕捉到的信息是:有关部门正在为没有地方填埋垃圾而头疼。

承包鱼塘之后,周密德首先争取到了有关部门的允许,被获准在烂鱼塘里填埋垃圾,然后,他和废品收购站的老板签订合作协议:由废品收购站老板负责雇人挑拣并填埋垃圾,回收的废品所得双方五五分成。为了吸引更多的废品货源,周密德还给运送垃圾的司机一定比例的提成。结果,仅用了半年的时间,烂鱼塘就被填了起来,周密德因此赚了2万元。

烂鱼塘填起来后,周密德又在此处建盖小房子然后出租,几年下来,他前前后后赚了30多万元。

在深圳,有一个叫陈洁莹的打工妹,她专职帮人"填书架",就凭这一招,不仅让她每月平均赚到3万元,还让她提前跨入了有车有房的小康一族。

1999 年 7 月,陈洁莹大学毕业后南下深圳踏上了打工之路,并应聘到一家书城做了一名普通工作人员。在深圳书城工作了一年多,陈洁莹渐渐熟悉了图书运作的一些基本流程,知道了图书销售有着巨大的利润。于是,她打算自立门户开一家小书店。

此后,经过多方考察,在家人的赞助下,陈洁莹投资近 10 万元在人口密集、人流量较大的福田区岗厦村开了一家名为"青春 show"的书店。岗厦村不愧是"风水宝地",书店一炮打响,一年下来,陈洁莹不仅赚回了本钱,还积累了近 10 万元。接着,陈洁莹精心为自己制作了一盒名片,并在名片的后面打印了一系列高档图书的书目和价格,那些书的价格少则数千元,多则几万元。

2002 年 4 月的一天,陈洁莹应邀去参加一个朋友的婚宴,席间认识了深圳一家颇负盛名的公司的老总吴先生。临分手时,两人互相留了电话号码。

几天后,陈洁莹突然接到吴总的电话:"陈小姐,请你在你名片背后的高档书里帮我挑选一部分。我最近装修了办公室,一大排书架还空着呢!"这一意外收获,让陈洁莹高兴万分。要知道,那些高档书一般情况下是很难出售的。比如,著名的古典四大名著,一套售价就是 8000 多元,这可不是一般人能够承受的。再比如,《泰戈尔文集》《雨果文集》等金箔书页的书,价格更是高得令人咋舌。后来,吴总在陈洁莹的指导下共选了价值 8 万多元的书。这么大的订单,陈洁莹还是第一次接到。

原来,吴总的公司随着知名度的上升及业务量的扩大,新买了一个楼层做办公室,仅吴总一个人的办公室就有 100 多平方米,而他只有初中文化,现在想不断充电,努力使自己成为高雅的"儒商",于是就特地在办公室的一侧做了一整面墙的书架,然而书架做好了,他却不知道该买些什么书填进去。

陈洁莹帮忙把书架填满后,吴总的大办公室一下子洋溢出浓郁的书卷气。那些书也许吴总根本没时间细看,但长期与书为伴,哪怕每天只是信手翻翻,也会让他书香满怀。很多到他办公室里谈生意的客户,都被他那一大排书架镇住了,几乎每个人都连声奉承。一心想当"儒商"的吴总听了这话,自然十分得意。那一大排书架让他信心倍增,他谈起生意来更是顺风顺水。通过这次合作,吴总对陈洁莹充满了欣赏之情,两人竟成了交情不错的朋友。

通过这笔生意，陈洁莹净赚了 2 万元。这让她萌发了拓展生意的灵感。她想：很多深圳老板在有钱之后越来越注重文化品位，很注意"面子工程"，生怕被人视为"土财主"，所以，用书架撑门面对他们来说，的确不失为好办法；再说，什么身份、职业，书架上填什么书，这里面的学问大着呢，弄不好可能适得其反。所以，那些老板肯定需要一些为他们"填书架"的人，这岂不是巨大的市场吗？

"填书架"该从何处着手呢？正当陈洁莹迷茫之际，吴总再次打来电话，说有一个朋友参观了他的新办公室，对他的书架赞叹不已，那个朋友也想"填书架"。在他的大力推荐下，陈洁莹顺利地把这单生意接了下来，而且合作得非常愉快和成功。

大凡成功者，无不都具备着超人一等的长远眼光。生意场上想要获得胜利，就必须要有非凡的眼光，非凡的手段才行。相比起来，自身的"硬实力"反而显得有些微不足道了。

小生意算大账，切勿因小失大

做个小生意就开始布局谋划，大谈前景，畅想未来，有几个做成功的大生意是最开始就设计、规划、预估好的？如果有这样的好本事，你就是先知，先知就是神仙啊，那就不用干事了！

所以，做小生意的前提就是要赔得起，赚的够！

什么是赔得起？就是你要雇人的时候要舍得花钱，别什么都是斤斤计较的，你也不想一想，你都是刚起步，就想着来的人就要与世界同步啊？不现实嘛！很多的生意人就是这样的把自己搞得精疲力竭，本来可以多花点钱就能解决了的事，非要节外生枝，还动不动就设想是不是管理上出了问题，应该怎样管理？是不是应该搞一搞什么公司文化？就那么几根烧火棍，别来那些什么画饼的东西，关键还很难忽悠到人。

小生意首先是让别人先赚到钱，你自己的那份利润最好暂时先别考虑，要不然，总会是在死胡同里转磨磨，捶胸顿足的！这个一定要想明白，是谁在为你赚钱，先把他们伺服好了再说。小公司的老板最开始就是个饲养员，不是营养师，更不是医学专家，本末倒置了就会出现很多相似痛楚的不良情况了！

做客户也是，有钱赚，差不多就行了，要大气些，放开些，即使你明知道这个单赚不了几个钱，也要表现出相互帮帮忙的态度！别搞得自己焦头烂额的，还总是跟人家客户说你不赚钱。越是这样，越没财气！既然想接，就痛快点。时间久了，生意自然不愁！

对你的上游供应商也是，一共就进那么点货，别死气掰咧地跟人家讨价还价，遇到好人还行，遇到没德行的，价格是给你降下来了，一批次品或是 B 货发过来，你就必死无疑了。打官司你都打不起啊，何况官司是那么好打的吗？当你慢慢做得有起色了，不用你说，供应商都知道会怎样的更好服务你们了，给你什么样更好的价格了！

大生意就不同了，一个单品省几毛钱，一年下来都是几百万的存利润揣兜里了。也可以搞搞公司理念了，理念搞好了，人心齐了，工资也会随之降低了！降低了？对，降低了！降低的那部分工资就是你那些公司理念的功劳了！

对客户也要有要求了，能砍掉的费用尽量砍掉，能平摊出去费用的就平摊出去，能优化的流程尽量优化！

对供应商方面还是尽量地保持风度，不要一味地在价格上做文章，动心思，要在结算方式上谈条件。原来月结，先在压月结，再后来季度结，有希望的也可以直接来过来成为公司的合作伙伴。这些都是有可能的，房地产的运作都可以这样，开发商就是导演，不是以前简单投资商的角色了，都是各个部分组合起来的班子了。

做生意，账是一定要算的，但要知道怎么去算，在何时算什么样的账！账就是有进有出，利润都是=盈利-亏损。千万别算计利润是销售价格-成本，那就大错特错了。

第十一章 守恒:咬定青山不放松

做事要专一,做生意也同样要专一。明确目标后就要坚定不移的去努力达成。切不可"朝三暮四",信念不定,总是半途而废的人,将永远与成功无缘。

诚实为本,做生意最重要的是信誉

石元会自幼家境贫寒,仅靠种地喂猪生活难以为继。1989 年,年仅十八岁的她萌生了外出打工的想法。她怀揣着致富梦想,进入浙江省温州市乐清自通电子元件厂,成为流水线上一名工人。通过踏实苦干,她赢得了公司领导、同事的认可和信任,3 年后走上管理岗位,成为公司生产负责人。2007 年,受全球金融危机影响,石元会所在工厂订单压缩、举步维艰,低迷的工作环境使她倍感前途的渺茫。多年的打工生涯,使她厌倦漂泊,加之两个女儿要回垫江上学,她想到回家发展,便毅然离开工作了 10 年的工厂。

可要在家乡找到一份称心如意的工作,也非易事——在老家,她做了一年多"闲人"。"孩子读书,父母供养都还指望着我们夫妻俩。"2007 年底,沿海招工难形势进一步加剧。石元会发现,不少电子元件加工工艺简单,即便是年老体弱者,只要经过一定培训在家就可完成产品代工。遂萌生将电子元件发包到当地,让乡亲近邻组装的念头。

春节后,市场形势好转,深思熟虑后,石元会当即联系了原公司老总,得知老板正为招工难犯愁。老板充分信任石元会诚实守信的作风,答应让她试试,但须交押金 20 万。多年管理经验的积累,为她做代理商积蓄了胆量和底气。与工厂签订代理合同后,2008 年初,第一批电子元件从浙江运回曹回镇。

在家里她办起了作坊式加工厂, 就在院坝里对首批来做工的 37 人名亲友进行了技术培训。谁也不会料到当初几十个谈笑风生的农民,会成为助推县劳务外包产业从无到有的先锋。

然而，石元会的探索之路并非那么一帆风顺。当第一批7000元的电子元件从工厂运回后，大家因未见过电子元件加工，认为都是小东西，加工一颗才一分多钱，不愿跟着干。石元会只得一边在周遭加大宣传力度，一边到大街上"求人来做"。

为激发工人热情、稳定员工队伍，培训期间，她发给学员每人每天20元生活补助费。免费提供60张加工桌椅。为让工人打消不支付工资的顾虑，石元会主动将自己的身份证复印件发给他们，掷地有声地说："跑得了和尚，跑不了庙！"她承诺：只要一交货就付工钱，对已加工产品全部回收，加工中损耗的部分只要全部返还，不扣工资、不赔偿，自始至终不掏一分钱。

石元会这样说了，也这样做了。她诚实守信的经营故事，一时成为美谈。一天下午，曹回镇几个客户来交货，需返还1万元抵押款，但当时石元会身上现金不够。与客户商量后，立马给他们写了张欠条，承诺第二天给他们送去。石元会没有食言，第二天一早亲自把钱送到了几位客户手中。

还有一次，来交货的客户走后，石元会发现点货时给客户漏算了2包电子元件，共63元钱，石元会马上打电话叫回了客户。她说："钱虽然不多，但那都是工人的辛苦钱，我不能昧良心！做生意最重要的是讲信誉！"

在政府的引导帮助下，石元会注册了鑫会电子厂，成为不少大企业的固定合作伙伴。目前，石元会下设二级代理网点13个，参与农户达3000多人，农户月收入在700-2000元不等。去年，石元会先后在曹回镇举办了5次培训，培训农民1500人。

一个人带动了一个镇。石元会引回的劳务外包模式具有"农户零投入、做工灵活、按劳付报酬"等特点，因适应当地农户的特点，很快发展壮大。2010年9月29日，在曹回镇万元增收推进会上，她获垫江县曹回镇政府颁发的"增收带动奖"。

"打工不离土，腰包照样鼓。"石元会说，从一个一无所有的打工妹到拥有自己的公司，感触最深一句话就是：钱财可以不要，但诚信永不可失！"正是我的坚持才得到大伙儿信任，今后我还要继续做大企业，带动更多群众在家实现致富梦！"

诚信换来的是财源

蒋凌,深圳市佳凌达商贸有限公司总经理。曾经,她是一名深圳的一名工程师;曾经,她有着一份稳定的收入;曾经,她对于众多女孩子来说,是人见人羡的!然而,喜欢挑战的她,喜欢创造一点什么的她放弃了那些曾经,于是,创业的人群中有了她。

从小就对首饰情有独钟的蒋凌在她很小的时候就喜欢自己设计和制作一些手工饰品,亲手制作的首饰送给亲朋好友,都得到了赞美。在开始创业的时候, 蒋凌就决定发挥自己的长项——手工艺饰品。她花了300元,买了一堆材料回来,自己设计,做了些款式时尚的手链和项链。她给她的作品拍了照片,并且放到了淘宝, 这一中国活跃的网络交易网站上出售。因为她认为这个网站人多,而且女孩子多。果然,上网出售的第二天就有人买下了。这让蒋凌尝到了甜头,小女人好好自美了好几天。

网店建立了半年,购买之多,让开始创业的蒋凌就有些应付不过来了。蒋凌考虑再三决定转做成品销售。在最活跃的淘宝上竞争是激烈的,要想突出重围,卖的物品必须要款式多样,并且更新要快。正好蒋凌有个亲戚在首饰厂工作,这样,通过联系建立了货源,卖成品就成水到渠成的事。

网店经营,诚信第一位。在淘宝,好评的数量表明卖家的信誉。信誉增加越高,生意就越好做。"客户如果不满意,我就退货,很多卖家做不到这一点。"蒋凌说。"表面上看,退货等于黄了一笔生意。其实未必。"曾经有一位在北京的大学生买了一条两百多元的手链,收到后说很好,可是戴起来觉得不好看, 经过沟通蒋凌无条件地给她换了一个款式,让对方很惊喜,因为她知道淘宝上很少有无质量问题还给退换货的。而没过多久蒋凌的努力换来了回报,这名大学生冲她的诚信和美丽的商品,又购买了500多元的首饰,成为了忠实的顾客。只要这名大学生身边的亲朋好友任何人要买首饰或者要买送人的礼物,她一定不遗余力地介绍他们来蒋凌的店。真诚博得客户的心,经过近一年的时间的努力和奉献,蒋凌成为钻石卖家,得到了更多买家的喜爱。虽然蒋凌每天都忙得不可开交,但她不觉得辛苦而且感觉到非常的充实,她对未来充满了憧憬。

品牌,是今天竞争生存的必经之路,在一次到香港旅游时,面对琳琅满目的世界名品,蒋凌冒出了一个念头,她要创造属于自己的首饰品牌。在产品日益同质化的今天,如果卖相同的东西,那势必进入一场无止境的价格战中,价格降低,质量下降,最后所有的价值都将荡然无存。这样,蒋凌注册了自己的品牌 NAIRRIO·奈芮尔,也创造了从网店到品牌的战略转变。

经过了六年的努力,蒋凌的零售平台已经有 4 个:淘宝、EBAY、拍拍,还有香港的一个平台。去年包括批发在内的网络销售总量达到了 200 万。现在蒋凌已经为 20 多个国家和地区的顾客提供了 2000 多种款式的首饰。单凭借网络,她已经拥有了稳定的顾客而不断壮大的市场。2007 年,蒋凌推出了网下加盟计划,用不多久大家就能看到国内的第一个由网络发展到专柜的品牌店了。

曾经的 300 元现在已经发展到了 500 万,从普通的网店到知名的品牌,从中国平凡的一角到世界广阔无垠的市场,NAIRRIO·奈芮尔正由蒋凌的带领下在网络世界创造一个又一个奇迹。

做事成于专一,成事贵在坚持

美国一位生物学家有幸拍到一组精彩镜头。有种麻雀大小的鸟儿扑扇着翅膀刚刚落在沙地上准备觅食时,潜伏在沙地里的蛇猛地窜了出来。鸟儿用自己的爪子一下又一下地拍击着蛇的头部,由于力量有限,蛇依然攻击不止。鸟儿一边躲闪着蛇信,一边用爪子继续拍击着蛇的头部,其落点分毫不差。在鸟儿拍击了一千多次后,蛇终于无力地软瘫在沙地上,再也动不起来了。这种鸟儿和蛇的力量是悬殊的,它甚至还没有一只麻雀飞得高。生物学家的解释是,这种鸟儿经过长期的经验积累后,终于掌握了一套对付蛇的办法,那就是瞄准蛇头一个点,不停地去打。

日本有一家只有 7 个人的企业,正如这种鸟儿。其产品是有些人看来不值得一提的哨子。可你千万别小看这小玩意儿,一年竟创造了 7000 万美元的利润。原来,这家企业的产品特别"专一"。只是"不停地"生产哨子。他们动用了 300 多名专家研究哨子,最贵的哨子卖到 2 万美元一个。在世界杯足球赛上,所有裁判用的哨子都是出自该厂。更令人称奇的是,他们的哨子种类达上千种,有给美国警察生产的专用哨子,还有给狗生产的无声哨子。世界著名的马戏团大多使用该厂生产的无声哨子,可以说,哨子让他们给做绝了。

"专一",就是要建立人无我有的核心竞争力。在此也许列举一下日本夏普公司专心开发电子计算器例子更能说明问题。1964年该公司生产了一种cs-10a桌上型电子计算器,重55磅,售价为2500美元。当时只有高级科研机构和大公司才买得起它。时隔3年后,推出了新一代cs-16a。这种采用集成电路的改良款式,重量一下子减到8.8磅,售价降至1770美元。1972年,又使用半导体二极管研制成更新的e1-81,重量减到3磅,售价大削,为300美元。至此,夏普公司仍不满足。1980年,他们使用更轻更小的晶片,生产了el-826,重量只剩下1.5盎司,一台只卖23美元。再后来,他们生产的计算器更小更轻,成本更低,卖得更便宜,消费者只花4美元即可在任何一家商店买到一只太阳能夏普计算器了。

我们无论是做人,还是做事,做生意,都要专一,专注。只有更加专注,才会做到更好。

有一个理发师傅。"七十二刀半"是他的雅称。理发修面是传统技艺,据说,其"顶上功夫"的精湛操作技巧、完整的"毫发技艺"操作程序,不仅受到国内顾客的好评,在国际上也享有一定的声誉。"七十二刀半"修面技艺,实际上是指运用多种持刀方法,修剃整个面部的细毛(剃胡子未包括在内),最少不得少于七十二刀半。

"七十二刀半"的先后次序大体是:从左额角起刀(又称"落刀"),持正手刀从左额修到右额角,包括修剃眉毛、左右上眼睑皮约二十刀。

具体操作顺序是:额部自左至右,运刀从上而下七刀;左眉(眉头、眉弓、眉梢)三刀,右眉(眉毛、眉弓、眉梢)三刀,眉中一刀,右上眼睑三刀,左上眼睑三刀,再修左面颊,共十四刀。

操作顺序为:左鬓角三刀,左鬓角至眼部三刀,左下颌三刀,左颈部五刀;左鼻颊三刀,左鼻翼三刀,左耳轮耳垂六刀共十二刀。然后修右脸颊,用十四刀,具体方法与左脸颊的操作相同;右鼻颊、鼻翼、耳轮和耳垂,十二刀。最后以半刀的操作方法在鼻梁上,自上而下至鼻尖处收刀,整个操作程序共七十二刀半。

凡是领略了他"七十二刀半"的人,都竟然变得喜欢理发。当那剃刀行走在脸上、头皮上脖颈和嘴唇下巴上的感觉,酥酥的,痒痒的,如纤指抚触,似柔骨抚摩,简直舒服极了!那捂在嘴上的热毛巾散发出的浓郁的芳香,沁入心扉,也令人惬意极了!

他说,修剃时必须掌握好运刀角度,当剃刀锋刃接触皮肤时,刀背应侧过来,不能竖立着,一般应和皮肤呈 25 度左右的角度。因为这样的角度,刀锋是倾斜着从毛发侧面近于横着切进去的,切断力强,且不易刮破皮肤。对于毛发、胡须较粗硬、强韧的,则刀锋的倾斜角度可以稍微大一些,一般在 25 度—45 度之间,接近于斜切。他强调:"人的头其实是凹凸不平的。平头就是要用头发长短来弥补头部不平的地方,视觉上必须是平整的。"

真想不到,一个普通的剃头,竟然还有这么多的学问!

一个人若能把全部的心力投入到一项事业中,一心一意专注于这一目标,他就能获得最大的成就。其营造完美人生、成就辉煌事业的钻石法则是——"专注是金"。

做事成于专一,成事贵在坚持。

第十二章 扩张与延伸产业链

做生意要有复制的能力。当一个产业达到一定的规模后,要经过不断地复制去扩张与延伸产业链,这样才能更好的去发展与壮大。

产业链的定义

产业链是相关产业活动的集,其构成单元是若干具有相关关系的经济活动集合,即产业环或者具体的产业部门;而产业环(产业部门)又是若干从事相同经济活动的企业群体。从事相似或相同经济活动的企业为实现自身利益最大化,必然努力探寻自身经济活动的优区位。在这种"循优推移"过程中,一方面,产业环(产业部门)的微观构成单位——企业,为了获取集聚经济效益,逐步聚集到适合其发育成长的优区位,即原先分布于各区域的同类企业在优区位实现"企业扎堆";另一方面,各个产业环(产业部门),为了获取地域产业分工效益,由于具有不同经济特点和追求各自的优区位而在空间上趋于分散。这样,产业链系统内企业和部门循优推移的空间经济结果是,产业链的各环节分别布局或配置到适合其经济活动特征的特定地点。正因如此,当经济区划尺度较大时,比如说是大经济地带、大经济区、省域或者流域经济区时,或者说大到几乎囊括产业链的所有环节的地域空间时,产业链表现出明显的完整性;当经济区划尺度较小时,比如说仅是市域、县域或者说是产业集中发展区时,其地域范围一般难于包括产业链的各环节,这对于某一经济区域而言可能形成了特色产业,但是产业链却表现出明显的断续性。

产业链是产业环逐级累加的有机统一体,某一链环的累加是对上一环节追加劳动力投入、资金投入、技术投入以获取附加价值的过程,链环越是下移,其资金密集性、技术密集性越是明显;链环越是上行,其资源加工性、劳动密集性越是明显。由此,欠发达区域与发达区域的类型划分,往往是依据其在劳动地域分工格局中的专业化分工角色。一般而言,欠发达地区更多地从事资源开采、劳动密集的经济活动,其技术含量、资金含量相对较低,其附加价值率也相对较低;发达地区更多地从事深加工、精加工和精细加工经济活动,其技术含量、资金含量相对较高,其附加价值率也相对较高。因此,区域类型与产业链的层次之间产生了内在的关联关系,欠发达区域一般拥有产业链的上游链环,其下游链环一般则布局在发达区域。

优区位指向引导产业环或者集中或者分散地布局在不同的经济区位,表现为产业环具有明显的空间指向性。这种空间指向性主要表现为如下方面:第一,资源禀赋指向性,产业环基于对优区位的追求,势必在某种程度上依赖区域的资源禀赋,而后者的空间非集中性引起追逐资源禀赋的产业环的空间分散性。第二,劳动地域分工指向性,劳动地域分工使得各区域具有了自身的专业化生产方向,产业链对专业化分工效益的追求便造成了产业环的空间分散性。第三,区域传统经济活动指向性,区域传统经济活动通常是区域特定资源禀赋和区域经济特色的体现,经济活动的路径依赖性和惯性使得区域在产业链分工中具有深深的烙印。

以整合企业在产业链上所处的位置划分可分为横向整合、纵向整合以及混合整合三种类型。横向整合是指通过对产业链上相同类型企业的约束来提高企业的集中度,扩大市场势力,从而增加对市场价格的控制力,从而获得垄断利润。纵向整合是指产业链上的企业通过对上下游企业施加纵向约束,使之接受一体化或准一体化的合约,通过产量或价格控制实现纵向的产业利润最大化。混合整合又称为斜向整合,是指和本产业紧密相关的企业进行一体化或是约束,它既包括了横向整合又包括了纵向整合,是两者的结合。

以整合是否涉及股权的转让可分为股权的并购,拆分以及战略联盟。股权并购是股权并购型产业链整合是指产业链上的主导企业通过股权并购或控股的方式对产业链上关键环节的企业实施控制,以构筑通畅、稳定和完整的产业链的整合模式。拆分是指原来包括多个产业链环节的企业将其中的一个或多个环节从企业中剥离出去,变企业分工为市场分工,以提高企业的核心竞争力和专业化水平。战略联盟型产业链整合是指主导企业与产业链上关键企业结成战略联盟,以达到提高整个产业链及企业自身竞争力的目的。

一个产业想要发展壮大,就要不断地去复制与延伸。

野鸡蛋带来的千万财富

生活中,只要善于发掘并把握住机会,创业商机是无处不在。也许一个不经意间就能为您带来千万财富也说不定。王妮就是在一次无意中看到了六枚野鸡蛋,就让她从此走上了致富的道路。在著名的杭州西湖边的青山翠谷间,就是王妮的野鸡养殖场,场里饲养着各种色彩艳丽的野鸡及野鸡与家鸡的杂交鸡。在养殖场边,还有一家专做野鸡宴的餐馆,供游客在欣赏野鸡的倩影后,品尝美味的野鸡肉。而王妮现在所拥有的一切,源自于从一次打猪草开始的。

王妮是一位普通而干练的农村妇女,一次在山上打猪草时,意外地发现了六枚野鸡蛋。她把这些蛋拾回家中,并没有吃它们,而是把它们放到了正在孵小鸡的老母鸡的窝里。六只小野鸡很快就出壳了,不久便长成了大野鸡。在她的精心饲养下,大野鸡又生蛋了,她又把它们孵了出来。

就这样,鸡生蛋,蛋变鸡。三年后,她竟在家乡的小山沟里办起了一个野鸡养殖场。城里人的嗅觉总是灵敏的。没过多久,她养的野鸡就出了名,很多游客都慕名前来购买她的野鸡。这么大的需求量,她的货很快就供不应求了。于是她灵机一动,产生了一个新想法——把家鸡与野鸡进行杂交,培养杂交野鸡。

经过几个月的试验,她果然成功了。那些杂交野鸡,既有家鸡体型大的特点,又有野鸡肉质美的优点。而且在杂交的过程中,还产生了很多新的品种。那些长着各式各样漂亮羽毛的杂交野鸡,看上去漂亮极了。由于到她这里来的游客甚多,这使她又产生了新的想法——开一个野鸡观赏园。

各种漂亮的野鸡,很快吸引了许多外地游客。在野鸡园旁,她又办起了一家野味餐馆,让游客们在参观了野鸡园之后,品尝现杀现烧的野鸡肉。一时间,生意兴隆,财源滚滚。没过几年,她就成了远近闻名的百万富婆。

其实,捡到过野鸡蛋的人,肯定不止她一人。但利用几个野鸡蛋发财致富的人,为什么只有她一人?因为当人们捡到野鸡蛋时,大部分人首先想到的是今天的下酒菜有了,而不是利用"鸡生蛋蛋变鸡"的原理,把这"蛋"的事业做大做强。

也许王妮当时所做的也只不过是一种好奇，也也许是一时的同情，然而无论如何，在不断的努力之下，如今的她已经通过六枚野鸡蛋真正的实现财富的积累，打造出如此富裕的人生，令无数人羡慕不已。

其实对于创业者来说，机会往往就在眼前，就在不经意间，就在普普通通小事中，善于发现和抓住机会，您就会成功！很多时候一不注意，也许给您带来的就是一笔巨大的财富，生活中商机无处不在，只要好好把握，就能够带您走向致富道路。

从 0 到 1000 万的养殖之路

吉林省鑫裕养殖有限责任公司董事长赵玉洁，在她 4 年间创造的带有传奇色彩的经历背后有着更多鲜为人知的故事。

1995 年，赵玉洁的父母一起回到了农安老家，并建起了猪舍养猪。但不幸的是，同年她父亲被检查出肺癌晚期去世了。

母亲伤心之余加上年老多病，无法继续经营管理。但家里已经投入了很多钱，看着母亲忧心忡忡的样子，赵玉洁经过反复思索，最终放弃了长春优越的生活，去农安帮助母亲完成心愿。

2002 年初，她出兑了精品屋，开始到农安创业，她的两个姐姐也先后来到这里。

谈及最初的创业，赵玉洁感触良多，她的笑中带着回首往事的百味杂陈。"创业主初，我们建住房、鹅舍、牛舍，一天要往返多次到长春买料。雨天进不去场地，料只能停在几公里外的路上，用拖拉机运。路滑危险没人开车，我就撑着胆咬咬牙自己开。"结果车翻了，三姐妹一起摔到泥坑里，抱头痛哭。

由于以前她在长春生活时，除了打理店面，大多数时间就像其他年轻人一样，和朋友们游泳、健身、打保龄球，可来到农安，手碰到的是泥巴、脚踩的是牲畜的粪便。而且，养鹅、养牛、种地都是外行，要从头学起。

晚上看料，就在用砖临时搭起的小棚里，既害怕又要忍受蚊虫叮咬。一天晚上，赵玉洁去给二姐送饭，走在满是坟墓的荒甸子上，走了半天，黑暗中以为看到了一家农户的门，走近看，发现竟是~座墓碑，当时就吓得毛骨悚然，害怕极了。

2002 年创业开始,赵玉洁就树立了发展绿色生态农业的理念,走公司加农户的这样一条创业之路。她谈道:"这边的土地呈碟型,雨大时,整个地都淹了;干旱时,白花花一片。"所以她首先想到了治盐碱地。

为了治理环境,她聘请了农大教授、相关专家进行研讨,论证,测试土壤 PH 值,试种了 10 公顷苜蓿草和 23 公顷白杨树,并对荒地进行浅翻;为了治理水患,经科学设计,她又自挖 3 万立方米鱼塘,打了 5 眼深井,完成了 410 公顷的草原围栏,围栏里挖了 5 万立方米的存水沟。

经过两年治理,这片"碱巴拉"地实现"双赢":生态环境好了,夏日这里绿意浓浓,百花争艳;经济效益上来了,建简易棚育菌,种温室果菜,仅野生鱼、养殖鱼每年就能获六七万斤,纯利润可达十几万元。

"从 2004 年开始,我们公司把龙头品牌定位在了'绿色鹅业'上。"2004 年公司引进了自动孵化器 6 套,通过孵化饲养,现在已发展种鹅 2000 只,年出栏鹅万只,年繁育鹅雏 10 万只。

通过供周边农户饲养,为他们提供技术、免疫注射、饲养设施建设指导,回收肉鹅及种蛋一体化服务,赵玉洁带动了周边农户致富。

同时,公司还扩建了牛舍,年出栏牛近千头。同时又建了 3 栋温室,种植无公害反季节水果,市场前景看好。

"灰太狼"的创业故事

"嫁人要嫁灰太狼,做人要做懒羊羊。"2009 年,几乎没有人不知道这句经典的网络流行语,也很少有人会不知道它的出处——中国本土动画片《喜羊羊与灰太狼》。据动漫专家保守估计,目前《喜羊羊与灰太狼》的衍生产品价值高达 10 亿元以上,有人戏称这是中国有史以来最赚钱的"羊"和"狼"。而一手创造出 10 亿元价值的就是被称为"喜羊羊之父"的广东原创动力文化传播有限公司总经理卢永强。

"其实《喜羊羊与灰太狼》中的很多素材都直接来源于生活,动画片里的灰太狼就有点像我。灰太狼对小肥羊们心狠手辣,但是对老婆红太狼特好。我也差不多这样,每天听着太太说'快出去写稿挣钱养家',而红太狼就说'快去抓羊'。"

《喜羊羊与灰太狼》的成功缘于卢永强的动漫情结。"从小看动画片长大,而现在的奥特曼、超人、哆啦A梦……都是国外的产品,我一直想做中国原创的动漫。"他们辛苦创作的第一部动画《宝贝女儿好妈妈》虽取得了不俗的收视率,但广告根本卖不出去,开发出来的动画角色的搪胶玩具摆在店里无人问津。"足足苦心经营5年才收回成本。"卢永强感慨地说,"我们又开始重新选角色、选主题。最终选定的'狼'和'羊'是从公司的10组员工提出的动画形象里层层筛选出来的。"为了颠覆以往大家对中国动漫低幼、简单、教化的印象,卢永强给"喜羊羊"定下的最核心原则是:要欢乐,不要说教。

当时,原创动力与电视台签下了每年提供208集《喜羊羊与灰太狼》。相比一般一年几十集的年产量,对于年轻团队来说,意味着前所未有的压力。"那时候是白天'猫'在楼里,吃饭都是集体外卖;晚上经常加班到半夜12点,50多人一起很壮观地下班。当时办公楼的夜班保安最初都被吓到,问我们,'你们公司是干吗的? 怎么那么多人老是半夜三更才走?'"

《喜羊羊与灰太狼》终于在上海炫动卡通频道播出。"当时,在头十位被国外动漫满满占据的榜单上,它以唯一的国产原创动画独放着异彩。"但是,随着《喜羊羊与灰太狼》的制作量越来越大,公司的现金流变得十分紧张。"那时,有人主动找上门,以一集几万块的价格邀请我们为国外的动画片做加工,并允诺马上有现金入账。"卢永强知道,公司里100多位动画师们,全都是冲着原创动画来的,没有人愿意成为外国人贴牌加工的代工厂。于是,卢永强忍痛拒绝了送上门的单子。

接下来的窘境似乎更加难熬。设计了《宝贝女儿好妈妈》、《喜羊羊与灰太狼》动画形象的设计总监的离开,让卢永强感到了前所未有的压力:"当时的局面就像一盘要输的棋局,如果放弃肯定输。想要找机会翻盘,就不能放弃。"

卢永强最终坚持了下来。他吸取《宝贝女儿好妈妈》的教训,"动漫市场只有培养出大批观众后,衍生产品才能卖出去。"卢永强说:"3年多的时间,我们与众多知名商家结成了策略伙伴,开发生产了音像、图书等数十种动漫衍生品。"如今,《喜羊羊与灰太狼》已经创作了近600多集,卢永强说,只要市场接受,就要继续做下去。

1009 次失败后的成功

哈兰·山德士有一手不错的烹饪手艺,他真正意义上的创业,是从 40 岁开始的。

那年,山德士在美国肯塔基州开了一家加油站,因为坚持诚信经营,生意渐渐兴隆起来。看到过往的司机总是饥肠辘辘的样子,他心中一动,自己的厨艺还不赖,不如在加油站里面开个小餐馆,一来能够方便过往的司机,以带动加油站的生意,二来可以增加收入,一举两得,何乐而不为呢?想到做到,山德士的小餐馆很快就开张了,没想到他亲手做的炸鸡比他的汽油更受欢迎。山德士顺势而为,不断研究和改进炸鸡配料,然后又在公路对面新建了一家餐馆,专门经营炸鸡。因其风味独特,结果一传十、十传百,渐渐地山德士的炸鸡声名远播,慕名前来一饱口福的顾客趋之若鹜。

意外的成功给山德士带来了数不清的财富,还有至尊无尚的荣誉。肯塔基州州长为了感谢他在饮食界所做的特殊贡献,向他颁发了上校官衔,人们都喜欢叫他"亲爱的山德士上校"。

然而天有不测风云,第二次世界大战突然爆发,由于美国在战时实行汽油配给制,山德士的加油站被迫关闭。面对突如其来的变故,他没有灰心丧气,而是从此开始全力经营炸鸡,并从银行贷了一大笔款,准备扩大饭店规模。不幸的是,就在他投入全部资金大兴土木之时,一条横跨全州的高速公路规划出来了,正好从他的饭店中间横穿而过。全部投资瞬间化为一缕青烟,为了偿还贷款,他不得不变卖了所有家产,仅靠每月 105 美元的救济金过活。

命运跟他开了一个天大的玩笑,一夜间,他从声名显赫的大富翁变成了一文不名的穷光蛋。而且就在那一年,山德士已经是 66 岁高龄,年近古稀!

如此巨大的打击几乎是致命的,但是山德士并不甘心就此失败。可是,怎样才能东山再起呢?他不断地冥思苦想,突然想起自己曾经把炸鸡的做法卖给犹他州的一个饭店老板,条件是,对方每卖 1 只炸鸡就付给自己 5 美分。原来自己并没有破产,炸鸡方法就是最大的无形资产啊,想到这,困境之中的山德士仿佛看到了一线曙光,也许这是个不错的主意,他决心一试。

为了推销自己的炸鸡,66 岁的山德士开着一辆破旧不堪的老福特车,带着一个佐料桶,再次踏上了创业之路。从此,在许多饭店的门口,人们经常会看到一个绅士打扮的白发老头,身穿白色西装,戴着黑色镜框,打着黑色蝴蝶结,向饭店老板推销炸鸡秘方的特许权。可是,没有人相信这个怪怪的老头。从肯塔基州到俄亥俄州,一路上山德士收获的是无数次拒绝,历尽艰辛,却一无所获。整整两年,在他的日记上记录的是 1009 次失败!

接连的失败没有吓倒这个倔强的老头,他依然面带微笑执着前行,第 1010 次,终于成功了。1952 年的一天,当山德士又走进一家饭店时,老板竟然被他说服了,答应试一试。不久后,盐湖城第一家被山德士授权经营的餐厅建立,这便是世界上餐饮加盟特许经营的开始。老人欣喜若狂,又满怀信心地投入了下一次努力,渐渐地,越来越多的人开始接受他的创意。仿佛野火春风,短短几年内,山德士的事业渐成燎原之势,时至今日已经遍布全球。

其实,我们对这个老头并不陌生,相信许多人都见过。在全世界每一家肯德基餐厅门口,都会站着一个面带微笑、憨态可掬的老头,他就是肯德基的创始人哈兰·山德士上校。

随着肯德基自 1987 年在北京开设第一家店之后,18 年来已成为中国规模最大、发展最快的快餐连锁企业。这样神奇的发展速度与其在美国本土多年的停滞不前形成了鲜明的对比。有专家研究此现象后说,"为了不让崇拜它的消费者逃跑,肯德基在中国始终坚持本土化原则,以 1200 家店的成功实现了慢慢'变脸'。"肯德基全世界的 1.3 万家店中,有 5525 家在美国之外。而中国就达 1200 家。

"如果一个企业只想赚钱,那这个企业可能很难赚取更多的利润,可是如果这个企业想做企业的领袖,那这个企业一定能赚到更多的钱"——世界成功大师陈安之如是说。

肯德基以"特许经营"作为一种有效的方式在全世界拓展业务,1993 年开始尝试在中国开展特许经营,经过一段时间沉默之后,自 2000 年起,肯德基在中国特许经营只采取"从零开始"一种形式,"特许经营"是肯德基第一品牌策略成功的代表性策略,具有"中国特色"。

　　"立足中国,融入生活"对于世界闻名的连锁快餐巨头肯德基而言,绝不仅仅是句口号,而是实打实的扎根行动。肯德基隶属全球最大的百胜全球餐饮集团,自 1987 年 11 月进入中国在北京开设了第一家餐厅起,至今已在全国 260 多个城市开设了 1200 多家连锁餐厅。随着公司管理经验的逐渐丰富,员工队伍的不断壮大和经营体系的日趋完善,目前在中国的员工总数已超过 7 万人,且实现了 100%本地化的战略目标。

第十三章 微利时代的博弈

"不嫌生意小,不嫌赚钱少。"小生意,大市场,只要市场做大了,再小的生意也会拥有巨大的财源。司马迁说过:"贵上极则反贱,贱下极则反贵。"并不是说贵的东西就能赚钱,反之,做小生意就是要"薄利多销"才能获取大财富。

小生意要薄利多销

薄利多销是指低价低利扩大销售的策略。"薄利多销"中的"薄利"就是降价,降价就能"多销","多销"就能增加总收益。在销售市场有可能扩大的情况下,通过降低单位商品的利润来降低商品的价格,虽然会使企业从单位商品中获得的利润量减少,但由于销售数量的增加,企业所获利润总额可以增加。只有需求富有弹性的商品才能"薄利多销"。实行薄利多销的商品,必须满足商品需求价格弹性大于此时需求富有弹性。因为对于需求富有弹性的商品来说,当该商品的价格下降时,需求量(从而销售量)增加的幅度大于价格下降的幅度,所以总收益增加。实现薄利多销的条件。

"薄利多销"的原则适宜企业经营管理的所有范畴,单就产品销售因素说,它既能使产品轻快地进入买方市场、提供有效供给、服务于社会、产生产品的综合效益,同时,又能促进企业生产力的充分发挥、增加生产、加速资金周转速度、盘活生产资金,是增加企业盈利的有效管理手段。在实际经营管理中,"薄利多销"的原则被广泛应用于下列几个方面:

1.产品有生命力,但销售步入低谷时,采用薄利多销,可亢进顾客的购买欲,以刺激产供销环节的周转、挖掘产品的潜在效能,使企业立于不败之地。

2.产品属市场淘汰之列,不会再有起色,以多销微利保本为原则,将企业损失降到最低限度,争取时间,开发出新产品。

3.市场上同类型产品多,竞争激烈时,采用薄利多销、降本让利策略,可争夺同类产品的顾客,促进本企业产品覆盖率、辐射率、市场占据率的提高。

4.新产品试销阶段,以薄利多销方式尽快使产品进入市场。扩散影响,提高知名度与应用频率,建立市场信誉和威信。

5.市场消费基金受到宏观调整、资金紧缺时,采用薄利多销,能很快筹措资金,吸引及导致市场购买率的倾斜,形成对企业产品有利的经销势态。

6.原料来源充足、生产工艺简单、技术性一般、产量高、市场及企业吞吐量大的产品,可以采用薄利多销的原则,使"原料—产品—商品—资金—原料"的良性循环加快,充分发挥企业设备效益、资金效益、技术效益,形成较稳固的生产、供应、销售三位一体基础与发展实力。

名商晋人做生意一个重要的特点就是质优价廉,薄利多销,赢得广大客户的欢迎。他们在内地采购草原牧民需要的服装、茶叶、布匹、铁锅、白酒、红糖、瓷碗、壶、果品等贱价抛售,还将布料扯成不同尺寸的蒙古袍料任牧民选购,从而使销售量大增,利润因之增多。做生意并不是一开始就赚到钱的,而钱,也不是靠一两件商品赚到的。正所谓"积液成裘",薄利才能多销。

山西有个农民,身背一口袋花生米闯进武汉城,卖了这袋花生米之后,发现这东西在在武汉好销,但是卖花生米的人也不少。思来想去,他回去以自己最大的力量购了几千斤花生,运回武汉。他发现如果像别人那样经营,他根本赔不起,因为一无店铺二无资本。于是他把这几千斤花生以仅比他收购价高出一点点就出手了。他觉得这种方式很不错,虽然赚的少了一些,但转得快,且总有些赚头。

于是他大胆购进10万斤花生米运到武汉,然后毅然将零售价从每斤1.10元降到0.95元。消息传出后,群众蜂拥前来购买,连一些大店铺也争相来他这里进货。从此,武汉的花生米价格也因此稳定下来。由于他经销的花生米物美价廉,生意越做越大,终于形成了规模,人称"花生米大王"。

"薄利多销"中的"薄利"就是降价,降价就能"多销","多销"就能增加总收益。总收益的增加不一定等于利润的增加。在"薄利多销"的情况下,价格的降低不仅能增加总收益,而且还能增加利润。

司马迁说过:"贪贾三之,廉贾五之。"意思是说,贪婪的商人要价高,让利三分之一,所以没有人买货物,因而得利就少;而"廉贾"则不然,他让利一半,价格虽低,但卖得多,销路好,这就是"薄利多销"的道理。目光短浅的人总是很难克制自己的贪婪,只有真心让利换取信任,才能带来更大的回报。

1955 年,在《财富》开始推出"世界 500 强"排名时,没有人会预料到,一家零售企业会在 2001 和 2002 年连续两年排名《财富》世界 500 强企业榜首。沃尔玛做到了。全球权威财经媒体《财富》杂志记者不无惊叹地写道:"一个卖廉价衬衫和鱼竿的摊贩怎么会成为美国最有实力的公司呢"。

从乡村小镇起家的沃尔玛坐上全球头把交椅之后,它的一切就成为了零售业界及至全球商业界的研究对象。在过去的 20 年中,沃尔玛以每年20%的增长速度膨胀,业务迅速扩张,2003 年沃尔玛全球的销售额更是高达 2563 亿美元。

从小镇起家到令人瞩目的零售帝国,这不能不说是一个神话。这个神话是如何缔造的呢? 总结沃尔玛的神话历史,就会发现其重要的一个致胜法宝:薄利多销。

早在 1962 年,沃尔玛在阿肯色州创立第一家连锁店时靠的就是薄利多销这一条法则。当时,沃尔玛的顾客定位是中下阶层,经营服装、饮食以及各种日常杂用,最关键的是以低于周围其他商店的价格出售,因而吸引了众多顾客。后来沃尔玛连锁店越开越多,但"天天低价"的法则始终没有变。

沃尔玛的薄利多销正是以它的"天天低价"为基础的。所以,沃尔玛提出了一个响亮的口号:"销售的商品总是最低的价格。" 在销售同类商品时,沃尔玛的价格要比最大的竞争对手之一凯玛特的价格低 5%。

然而,维持长期低价并不是一件轻而易举的事,沃尔玛之所以能长期保持价格优势还得益于其有效的成本控制。它的成本控制包括多方面内容。首先,争取最低的进货价格。沃尔玛尽量避开了一切中间环节直接从工厂进货(今天,零售业界更是直接开发品牌,参与日用品生产),其雄厚的经济实力使之具有强大的议价能力;其次,依靠完善的物流配送系统。沃尔玛的物流系统在世界上是堪称一流的,被称为零售配送革命的领袖。其独特的物流配送体系,大大降低了成本,加速了存货周转,成为"薄利多销,天天平价"的最有力支持;第三,营销成本的有效控制,沃尔玛对营销成本的控制在业内是出了名的,它的广告开支降到了最低程度,仅相当于美国第二大连锁店西尔斯的 1/3。沃尔玛的营销成本仅占销售额的 1.5%,商品损耗率仅为 1.1%,而一般美国零售商店这两项指标的平均值分别高达 5% 和 2%。最后,沃尔玛依靠快速的结算体系获得供货商的认同。

在这样完善的组织机构控制下,沃尔玛的薄利多销法则真正发挥了效用。

随着竞争日趋激烈,微利时代悄然而至,只有价廉物美的商品才能吸引消费者的眼球。在这种需求之下,走平价路线,薄利多销,成为创业者青睐的经营方式。

有些人,做小本生意,但是业务却蒸蒸日上,规模也翻了几倍,原因何在?这是因为他们没有小富即安,满足于现状,而是将自己的智慧串缀于经营的每一个角落,并发现财富新的落点,在让利的基础上,运用灵巧的经营手段扩大了经营规模,提高了利润。所以,要想掘得巨大的财富,野心固不可少,智慧用心也是不可或缺的。

1949 年以前,毕克没有正式职业。但就在这一年,他突然想到,经营原子笔也许能赚钱,于是他找朋友华尔,借 1000 美元做生意。他贯彻薄利多销的原则,却赚了大钱。后来他把销售市场扩大到海外,扩展到美国,获得了成功。其后他又推出了具有与普通笔同样敏感的特殊原子笔,每支售价仅 29 美分,行销世界各地。

1972 年,毕克又推出全套的彩色原子笔,深受欢迎。他在订价上很能适合顾客的心理,从不把价格订为整数。他推出的这种彩色笔,5 支装的订价为 99 美分,10 支装的订价为 1 美元 98 美分。他这种订价手法,也是一种经营艺术,因为他把 5 支装的售价订为 99 美分,给人们造成"不到 1 美元,便宜合算"的印象,于是销售量激增,即使在中国的香港、澳门、台湾也大行其道。

在竞争力激烈的商场上,"薄利多销"不乏是一种较好的竞争手段。当然这也是一种成功的策略,可以说是最适合小本生意经营的理念。

营销技巧也非常重要

刘嫂和张嫂隔着街各开了一家早餐店,都卖相同的东西,如馒头、包子、鸡蛋等。她们店面的位置都比较好,客流量比较大,很多顾客都是进店坐下来吃早点。不过,她们的经营状况却不一样,馒头、包子等都卖得差不多,但每个月下来,刘嫂店的鸡蛋总能比张嫂店的鸡蛋多卖出一倍。

张嫂不知其中奥秘,决定探个究竟。张嫂请一个朋友扮成顾客分别到两家店吃早点,结果也令张嫂不解。朋友在刘嫂店内吃早点时要了一个鸡蛋,而在张嫂店内吃早点时却没有要鸡蛋。张嫂问朋友是什么原因。朋友对张嫂说:"其实你们两家早点的质量、味道都差不多,唯一不同的是刘嫂店里的服务员在向我推销鸡蛋时说'来两个还是一个',问得很有技巧,我不怎么好拒绝,再说自己也有点想吃,就要了一个;而你店里的服务员说的是'要不要来个鸡蛋',虽然我有点想吃,但觉得可吃可不吃,又很容易拒绝,所以就不买了。"

张嫂听了朋友的话后,觉得不可理解,但还是试着让服务员把问话的方式改了,结果发现每月下来鸡蛋确实多卖出去很多。张嫂感叹说:"就因为问话的方式不同,一直以来就少做了生意,做生意和学问实在太多了。"

做生意,尤其是小本生意,没有太多的资金更是输不起的,因此创业者最注重的就是结果,只有少犯错误、保住资本,做好防守,然后抓住机会反击,才能一击致命,取得成功。所以最有害的事莫过于冒进,特别是当赚了一些钱后,盲目投资扩张,稍有不慎,多年的心血就化为乌有,很多做生意者不能善终的原因就在于此。保守有时也是积极的策略,稳扎稳打才能长久。要记住,资金是千辛万苦一点点积累起来的,一旦输掉本钱,很难再有翻身的机会。从某种意义上说,小本生意的风险丝毫不比大生意小,做小生意者比做大生意者要有更强的承受能力, 更要懂得如何防守, 如何反击。生意经之防人之心不可无:与人打交道要有警惕,不要过份地相信人。

在生意场上的朋友仅仅是买卖关系的朋友,一旦买卖关系结束,这种朋友的感情也会淡薄。你不要指望他会帮你多少,能赚他的钱你就赚,你不要有害人之心就是了。有位作家说过,政治家下台了还有一群追随的人,商人经理下台了(失败),是不会有多少人追随的。胜者为王败者寇啊,商场如战场嘛。

生意经之不要随便赊账:在没有了解对方之前,不要赊账出去,以免收不到货款"钱货两亏"。虽然生意暂时没有成交,但你不要后悔,你的货还在,还可以卖给别人。百货中百客。

生意经之了解行情:要懂得市场行情,该出手时就出手。有缘人来了你要接缘,有时生意也要讲点缘份的。有的冷门货过了这个村就没有那个店了。如果你不出手,就要等一定的时间了,可能会影响你的周转。

生意经之货源要充足:货源要充足,要备好货,客人来了不会因为没有货而扫兴。如果客人来几次没有买上货,以后他可能就不会来了。

生意经之抢先商机:如果你是独家经营的品种,又是新品种,就该你大赚一笔了。你可能就会因此发财!你一定要卖高价,最好高到"月球"上去,你自己就笑得眼泪花花淌。这是你一生碰到的发财机会啊。人的一生就是次把两次。这就是我们说的"机会"!

生意经之诚实守信:要诚实守信,不要卖假货差货。要对客人说清楚货的规格质量。要热情大方,要让利益给客户,不要斤斤计较。任何客人都厌恨短斤少两的。

生意经之销售讲究技巧:谈生意时,不要让客人感觉到你想把东西卖给他,这时他就会跌你的价。你应该总结一套计巧,你表达出来的话语间流露出"我的东西是畅销的,你不要正好呢,我正好把东西留给别人,以免别人说我不守信用"。但不要直说出来,让客人感觉你在说假话。客人因为逆反心理会立刻卖你的货。

生意经之进好货:求买不求卖。要求进好货,便宜货,在进货上下苦功夫,找产地找资源。卖货不要强求,只要你的货对路,客人是会找上门来的。

生意经之在商品摆放用心:选择铺面要入行,最好选在人气旺的地方。铺面要整洁干净,畅销商品要摆放在显眼的地方。要熟悉店内的商品。防止商品变质损坏。

做生意方法很重要,许多看来不易成交的生意,只要方法对路可以促成,下面八种技巧不妨试试。

1.假定准顾客已经同意购买

当准顾客一再出现购买信号,却又犹豫不决拿不定主意时,可采用"二选其一"的技巧。譬如,推销员可对准顾客说:"请问您要那部浅灰色的车还是银白色的呢?"或是说:"请问是星期二还是星期三送到您府上?"此种"二选其一"的问话技巧,只要准顾客选中一个,其实就是你帮他拿主意,下决心购买了。

2.帮助准顾客挑选

许多准顾客即使有意购买,也不喜欢迅速签下订单,他总要东挑西拣,在产品颜色、规格、式样、交货日期上不停地打转。这时,聪明的推销员就要改变策略,暂时不谈订单的问题,转而热情地帮对方挑选颜色、规格、式样、交货日期等,一旦上述问题解决,你的订单也就落实了。

3.利用"怕买不到"的心理

人们常对越是得不到、买不到的东西,越想得到它、买到它。推销员可利用这种"怕买不到"的心理,来促成订单。譬如说,推销员可对准顾客说:"这种产品只剩最后一个了,短期内不再进货,你不买就没有了。"或说:"今天是优惠价的截止日,请把握良机,明天你就买不到这种折扣价了。"

4.先买一点试用看看

准顾客想要买你的产品,可又对产品没有信心时,可建议对方先买一点试用看看。只要你对产品有信心,虽然刚开始订单数量有限,然而对方试用满意之后,就可能给你大订单了。这一"试用看看"的技巧也可帮准顾客下决心购买。

5.欲擒故纵

有些准顾客天生优柔寡断,他虽然对你的产品有兴趣,可是拖拖拉拉,迟迟不作决定。这时,你不妨故意收拾东西,做出要离开的样子。这种假装告辞举动,有时会促使对方下决心。

6.反问式的回答

所谓反问式的回答,就是当准顾客问到某种产品,不巧正好没有时,就得运用反问来促成订单。举例来说,准顾客问:"你们有银白色电冰箱吗?"这时,推销员不可回答没有,而应该反问道:"抱歉!我们没有生产,不过我们有白色、棕色、粉红色的,在这几种颜色里,您比较喜欢哪一种呢?"

7.快刀斩乱麻

在尝试上述几种技巧后,都不能打动对方时,你就得快刀斩乱麻,直接要求准顾客签订单。譬如,取出笔放在他手上,然后直截了当地对他说:"如果您想赚钱的话,就快签字吧!"

8.拜师学艺,态度谦虚

在你费尽口舌,使出浑身解数都无效,眼看这笔生意做不成时,不妨试试这个方法。譬如说："某某经理,虽然我知道我们的产品绝对适合您,可我的能力太差了,无法说服您,我认输了。不过,在告辞之前,请您指出我的不足,让我有一个改进的机会好吗?"像这种谦恭的话语,不但很容易满足对方的虚荣心,而且会消除彼此之间的对抗情绪。他会一边指点你,一边鼓励你,为了给你打气,有时会给你一张意料之外的订单。

抠门抠到上"福布斯"

在 2006 年的《福布斯》全球富豪榜上,有一个卖家具的老头以 280 亿美元的个人资产稳居第 4,他就是宜家创始人、瑞典人英格瓦·坎普拉德。

据报道,虽然卡普拉德身为世界上有名的富人,但他的节俭却是出了名的。在接受瑞士广播公司的采访时,他证实自己那辆沃尔沃轿车已经开了 15 年,但他觉得这不算什么,那车"几乎还是新的呢"。而且,他花每一分钱都要仔细计算,平常买菜也要选在最便宜的下午去。

坎普拉德不仅自己厉行节约,而且还把这种理念贯彻到了公司经营中。主持人开玩笑地说,宜家的职员总是听到诸如"纸要两面用"这样的叮嘱,在乘飞机出行时,包括他在内的宜家人都只能坐经济舱。慧眼独创的"宜家模式"如今在全球 38 个国家或地区拥有 292 家商场,雇员达 10 万人。宜家公司宣称,宜家定期出版的那本厚厚的商品目录所拥有的读者数量仅次于圣经的读者。一个家族企业从无到有直至发展到今天的规模,仅靠节俭是远远不够的。

上世纪 50 年代,瑞典政府推出"百万家园建设计划",坎普拉德看准商机,决定进军家具业。有一次,他在一家鞋店看到店员为了寻找不同颜色的鞋爬上爬下,忙得满头大汗,他觉得这样既费力气又费时间,很不合理。受此启发,他在 1956 年独创了"扁平式概念",货物都摆在架子上让顾客自取,一律采用便于运输的扁平式包装,顾客回家只要按图组装就行。这成为宜家成功的秘诀之一。

上中学的英格瓦·坎普拉德与他所能接触到的任何人进行交易。在他学校的床底下有一个纸板盒,里面放着腰带、皮夹、钟表和铅笔等物。他的生意很好,所以他决定,在中学毕业时创办一家企业。他以书面形式向管理部门申请了一家店铺,因为他刚满 17 岁,还算未成年,他便拜托舅舅给他签字。

1943 年 7 月 28 日，他的贸易公司的名字被登记在案了。他取了自己姓名、艾尔姆塔里德农庄和阿根纳瑞德牧区的首字母，这样就构成了公司的名字：IKEA。

1947 年，英格瓦·坎普拉德必须服兵役，但他又不想放弃他的邮购生意，于是征得上级同意，不必每天晚上待在兵营，他在一个独户人家的地下室租了一块地方并把它布置成可以睡觉的地方，不久他还有了一部自己的电话。那时宜家的货品主要包括缝纫用品、尼龙袜、贺卡、种子、钢笔和皮夹等。不久，增加了便宜的相框，还有钟表和低廉的化妆品。

基础兵役服完后，英格瓦·坎普拉德 1948 年被调到了一所军官学校，在那里，他成功地成为一家文具公司驻瑞典的总代理人。负责他们的圆珠笔和钢笔卖给瑞典的零售商。

通过军官考试后，英格瓦·坎普拉德搬回到父母身边。从那时起，他想以艾尔姆塔里德农庄为出发点经营自己的生意。首先，他继续从国外进口商品，再把它们卖给零售商，他还印刷了多份名为"宜家新商品"的广告单，他的父母则帮助她处理雪片般涌来的订单。

最初几年，这一小型企业的总部就设在这里。宜家公司在创始初期是一家真正的家族企业，父亲费奥德负责管理订单和账单，母亲负责接电话并帮忙包装，他们很忙碌，即使在晚上也忙个不停。后来，英格瓦·坎普拉德亲手盖了一座小屋，用于储存包裹。他后来写道："我的第一个邮购室，总面积不过一平米，但却是全行业最经济的。"

英格瓦·坎普拉德购进的第一件家具，是一个无扶手的简易沙发椅。英格瓦·坎普拉德能很好地记住价格和账户号码，却难以记住商品号，此外，在销售过程中，他会很直观地与顾客进行情感上的交流。于是一个想法冒了出来：为这张沙发椅起一个好听的女孩名。就这样，"露德"诞生了，顾客对家具的需求量迅速增大。

受"露德"成功的激励，英格瓦·坎普拉德顺利地扩大了家具生意。早期客户订的最多的是睡椅或床椅，吊灯的销路也不错。莫肯湖周边林木茂盛，周边有许多家具加工厂，因此不愁找不到产品制造商。他从一开始就把自己的想法体现在家具的外形设计上。为此，他从瑞典一知名纺织厂购买了用做填充物的布料，家人和农场助手花了很多晚上来剪裁这些布料。

1948 年,这位 22 岁的宜家创始人雇用了第一位职员,这位叫恩斯特·埃克斯特罗姆的男士做的是会计工作。英格瓦·坎普拉德想要把自己的企业做大,为了宣传他的商品,他在这份发行量达 28 万多的《农民邮报》上刊登商品的简介。

英格瓦·坎普拉德下决心要做一名更大意义上的企业家。他觉得,只有定价低才能够成功。

在商品简介中,有一段他写给顾客的序言,指出商店里的东西之所以这么贵,是因为有中间商的存在。

他很灵活地结合农民们的日常经验说道:"请你们比较一下自己宰一公斤猪肉和在商店里买同样重量猪肉的价格吧。"英格瓦·坎普拉德的广告宣传成功了,订单数量飞涨。

低价策略并不能获得决定性的胜利,宜家刚打出价格特别低廉的柜子和烫衣板时,其他邮购商便立即以更低的价格应对。随着价格的下降,产品质量也下降了。收到的投诉信也越来越多。

经过长时间的思考,英格瓦·坎普拉德想到一个办法,即把商品拿出来展览,让顾客参观家具店,借此赢得顾客的信任。"人们可以过去现场看那些家具,并比较不同定价产品的质量。"英格瓦·坎普拉德如是说。宜家的这场长期展览位于铁路枢纽上的瑞典第二大城市阿尔姆胡特举行,他们很快得出结论,如若舍弃办公用品业务而专攻家具生意的话,将会是一个明智之举。

第一场宜家博览会于 1953 年 3 月 18 日开幕,家具摆满了两层楼。这家年轻的企业凭借崭新的理念迎来了它的辉煌时代。把邮购业务和家具店结合起来,28 岁的英格瓦改革成功!第一次家具展开幕后的那段时间,被晚年的坎普拉德形容为"一份持久而有趣的工作所带来的沉醉状态",就像他记忆中的那样,"每到周末便会来一群人在我们家具展上疯狂抢购,晚上我们则全体围坐在办公室的书桌旁清点运费单和账单"。

宜家不断进行着实验,在宜家早期的目录中,就有一种需要顾客亲手组装的桌子,它有个名字叫"马克斯"。

宜家的成功秘诀主要有:

其一,不遗余力地维持低价。英格瓦·坎普拉德曾说:"与我们的对手保持明显的价格差异是绝对有必要的,在所有领域,我们都要一直成为价格最公道的。"

如果说低价位是宜家成功的主要原因，那么设计则是它的第二大原因。宜家的家具虽然便宜，但它精良的设计是毫无争议的，它掀起了斯堪的纳维亚半岛家居风格的全世界风潮。这种风格自然而明快、朴素而实用，摒弃了优雅和浮夸。斯堪的纳维亚的设计是牢固和理性的代名词，它代表着一种自信、自主的生活感悟。在几十年的时间里，风格和材料不断更替，人们的口味也随之变化，宜家称为家具文化影响广泛的潮流引领者。

其三，体验式营销。宜家自我认定为非服务性商家。家具购买过程中80%的工作都是顾客自己完成的。他们边看边挑选，从货架上取出中意的商品，来到收银台前，用私家车运回家。到家后，他们再把各个零部件组装成一件完整的家具。虽然宜家没有发明便携式家具，但它却是唯一把这种家具的设计和销售置于业务中心地位的贸易公司。

其四，简单的公司文化。"简单是一种美德"，英格瓦·坎普拉德在《一个家具商的遗嘱》中写道。没有规矩的企业不可能生存下去，但这一切都必须简单。规矩越复杂，就越难遵守。英格瓦·坎普拉德相信，"过于强调规划是企业死亡最常见的原因。"

英格瓦·坎普拉德在一生中几乎抵挡住了对于一个亿万富翁来说所有物质上的诱惑。除了他在20世纪70年代开的一辆保时捷，英格瓦·坎普拉德一生中添置的最值钱的物品就是在法国购买了一个葡萄园。英格瓦·坎普拉德从不参加社交，洛桑最大的日报《24小时》从未拍到过他参加派对或庆典的图片。

80后的桌游"元老"

2012年一款桌面游戏——"三国杀"风靡全球，而这款游戏的创始人黄恺同年也一举进入《福布斯》中文版首度推出的"中美30位30岁以下创业者"的名单里，创造这份辉煌的奇迹，他只用了短短的6年。

今年刚刚27岁的黄恺出生于福建福清。他从小就喜欢玩游戏和画画，与同龄人不同的是，他从不仅仅满足于只是"玩"游戏，而是更喜欢改造游戏。高考那年，根据自己的爱好，他报考了中国传媒大学"互动艺术"专业。

　　大二的那年暑假,他在北京一家外国人开的桌游吧里第一次接触到了桌面游戏。桌游的世界,包罗万象,涉及的题材包括战争、贸易、文化、艺术、城市建设、历史甚至是电影。他非常感兴趣,但同时也有些困惑,当时大多数桌游都是舶来品,背景和角色对于中国的大部分玩家来说都非常陌生。能不能设计一款中国玩家的游戏呢?他产生创作的冲动,就此展开了大量的探索,开始尝试把游戏的角色替换成身边的人:熟悉的好友、同宿舍的兄弟,甚至在讲台上讲课的老师,并且度身定做了"独门绝技"。

　　当尝试创作到了一个阶段,黄恺又迸发出了另外一个奇思妙想:为什么不用富有浓郁中国色彩的三国时期的背景来设计呢?比如张飞想要刺杀刘备,诸葛亮和司马懿正在决斗,关羽为了保护孙权奋不顾身……在"三国杀"的游戏里,可以充满了各种可能性。

　　不到一年,黄恺就设计出了"三国杀"这款游戏。他的心思再次转动了:既然国外的桌游都能风生水起,那"三国杀"又何尝不可?于是他和另外两个朋友合伙琢磨了一下,成立一个工作室,然后把"三国杀"纸牌放在淘宝网上售卖。当时黄恺并没有意识到这款游戏能给中国桌游带来怎样大的震撼。他笑言:"能赚点零花钱就好。"

　　焦急的等待后,当第一笔生意提示交易成功时,他兴奋不已。之后销量逐渐上升,半年内更是卖出了上百套。不过,黄恺并没有把卖卡牌当一项大生意来做,直到遇到以后他最好的合作伙伴清华大学计算机专业博士生杜彬。

　　作为国内最早一批桌游爱好者,杜彬敏锐地察觉到了"三国杀"的巨大商业潜力。他主动找到黄恺,两人一拍即合,决定成立一个桌游工作室,专门经营和开发桌游。2008 年 11 月,国内首家桌游公司北京游卡桌游文化发展有限公司正式成立。

　　为了赶在次年 1 月 1 日前推出"三国杀"的正式游戏,他和伙伴们连续四个月没日没夜地设计绘制卡片,为了将游戏制作得更有趣,同伴也常常争论得面红耳赤。那时候正值毕业,论文和毕业设计都是硬关,测试卡牌之余还要不停在各个学校之间来回跑动,熬夜失眠更是家常便饭,但是他都努力坚持。

　　随着渠道的扩展和口口相传,玩"三国杀"的人越来越多。从创立时只有 3 个人、5 万元的游卡桌游公司,到发展已成为一家有上百人、资产过千万元的大公司。

如今"三国杀"的全球玩家已经超过 1 亿人次,手机平台下载用户超过 3000 万,而自 2010 年起,"三国杀"每年的销量在 200 万套以上。

现在,他统领着一支数十人的游戏设计团队,没有了往日单干时的自由自在。但他依然乐此不疲,他说:"'三国杀'成为中国的第一代桌游,是诸多因素叠加的结果。我的目标从来不是超越某个具体的产品,而是尽全力超越自己。"

第十四章 不被眼前利益遮住眼

做生意要站得高看得远,不能被眼前利益遮住眼。人无远虑必有近忧,居安思危,练就出"毒辣"的眼光。尤其是小生意,更要踏踏实实,步步为营,不能因为眼前的诱惑就盲目而为,导致最终大败亏输。

不要盲目贪图"大生意"

农民工李祥在沈阳打工几年后,不愿意过漂泊不定的的生活,撇家舍业自己在外,老婆孩子留在农村,于是就想回家乡创业。做什么呢?他研究好长时间,看到有的人养小尾寒羊很挣钱,再说在农村有山,草料不用愁,只要有钱就可以。自己打工也积蓄了四五万元钱,李祥看到在电视和报纸上看到了许多特种养殖的都赚了大钱,也就想大干一凡事业,想搞个大规模的小尾寒羊养殖基地。这样自己就成为一个大老板了,就会改变自己过去给别人打工的"屈辱史"。

李祥计划投资五万元来买羊,再投资五万元建羊舍。一只种公羊需要1000元,而种母羊需要500元。10万元就可以养殖小尾寒羊100只。之所以李祥热衷于养小尾寒羊看中的是它的繁殖力,一只母羊一年可以比本地羊多繁殖一次,本地羊一年只繁殖一次,一次一个。而一只小尾寒羊母羊一次最少的繁殖两个小羊,好一好就是三个。也就是说小尾寒羊一年最少也能由一只变成五只。500元的母羊一年摇身一变就成了2500元,100只母羊就是25万元,把养羊的一年内所需要的费用多多的算,有15万元也就挡住了,剩下的10万元就是利润。第一年就可以把投进去的钱"完璧归赵",回到自己的腰包变成实实在在的钱。第二年留200只母羊,一繁殖毛利润就是50万元,自己到时候在村里就成为一个爆发户。李祥越盘算越高兴。农村过日子,有大事丈夫还得和媳妇商量一下,于是李祥把自己投资10万元养羊的事情和媳妇一说,媳妇是个女人就有女人的普遍特点——心细胆小不担事,说什么也不同意。媳妇说:"咱们是个小门小户的,手中也没有那么多的钱,5 万元钱咱们还得花一些,再说孩子念书一年就得一万元。咱们少养点先试试,看能不能行,我倒不反对你养,谁不想吃个大馍馍,得一步步来。"不管李祥媳妇怎么和他说,李祥也要决心大干一场,要整养殖基地,还嘲笑媳妇说:"你们女的就是小家子气,老娘们气,做了什么大事了,别的我可以听你的,这次谁说也不行,钱不够我卖房子卖地也要凑够。"由于李祥执意这样做,媳妇不同意,因此两口子生了好多天的闷气,农村由于家庭男人是最主要的顶梁柱,家庭的收入主要以男人为主,很多时候面对小来小去的事情,男人好犯"妻管严",但在大事面前男人是"大腿",女人是"胳膊",时间一长胳膊怎么能拧过大腿?媳妇只好答应。

李祥开始了创大业的行动,首先就是借钱,亲朋好友借个遍,最后抬了二分高利贷借了一万,又把家里的猪和牛卖了凑了两个月把钱终于凑齐了,接下来就是建养殖基地的羊圈,买来了种羊,并且还买来了许多饲养小尾寒羊的书。一切就绪李祥就准备一年后去收获了。但是由于是圈养,没有这方面的经验,不管怎么养,羊就是不爱吃食,一个月下来就死了十多只羊。李祥开始着急了,于是赶紧找兽医,兽医只是说营养不良,给开点什么鱼腥草、酵母片之类的治疗药物,结果还是不起作用,半年下来,大羊剩了一半。李祥很沮丧,找不出来什么原因。唯一叫他高兴的是有的羊开始繁殖了,但是效果也不好,小羊出生后,由于大羊奶水不足,生是生下来两三个,到最后有的只剩下一个,甚至是一个不剩。他开始把原因归结为水土不服,羊改变原来生活习惯不适应。但是大半年下来还这样。心中着急是自然的,于是他尝试着把羊进行放养,由于羊多的原因,过去对小尾寒羊没有饲养过,虽然养过本地羊,但绝对是两回事情。结果一年多的时间,李祥的羊逐渐地减少,越来越瘦,最后剩下 10 几只,还得雇着人不说,羊的毛病还很多,需要看病治疗,而自己手中没有钱再维持下去,最后不得不把羊全部卖了出去。他失去了再翻身的本钱,孩子上学学费都成了问题,媳妇也因此得了一场病,又东挪西凑地借了点钱,给媳妇看病。

李祥的创大业的计划就这样最后泡了汤,背上了 5 万多元的债务。本想吃个大馍馍,结果把嘴还烫了。但同样是养殖小尾寒羊的同村也有,他们和李祥不一样,开始就是买几只,花了个两三千元,饲养的周到,生下来的羊羔生一个活一个,一次就两三只,一年一只母羊还真能生下四五个小羊羔,大羊奶水也充足,所以这些小规模养殖的农户都获得了成功,把本钱赚了回来,还有很多的利润,由原来的几只羊变成了一群羊。还积累了饲养小尾寒羊的技术,许多农户还准备多养,扩大规模。

李祥的创业选项养羊是很正确的,在农村很适合,并且也有过饲养普通羊的一些知识和经验。但是他饲养了自己从来没有饲养过的小尾寒羊,规模也没有这次大,这次大规模饲养小尾寒羊这对李祥来说,等于他是第一次吃螃蟹,还不知道怎么吃。他如果也向其他养殖户一样,进行小规模的探索,进行资本积累和饲养小尾寒羊知识的积累,加上自己的辛勤劳动,也能把养羊的事业搞起来。但是李祥选择项目过程中,犯了和许多人一样的一个通病,急于致富,错误地以为选择项目越大越好,规模越大越赚钱。实践证明了他在创业中选择项目急功近利的办法是失败的,一个羊也放绝对和两个羊也赶着是两个道理,创业要量力而行,尽量选择小本项目来进行初步探索,获得经验和教训以及初步的资金积累,即使赔了,也不至于影响我们以后的生活和创业步伐。宁可放一只羊,也不要盲目贪图"大"而放两只。

做任何事都不能急于求成

无论做什么事情之前,我们在力所能及时还需要通盘考虑。

做生意更是如此,小本生意者不能有好高骛远的心态,凡事只有按照自身所拥有的能力去做,才会胜券在握。有 100 元的资金,做 80 元的生意是合理的,当我们从 100 元累积到 100 万元时,就算只拿出 80% 的资本经营,这个数字也已经是足够多了。因为随着资金的丰厚,一定会有更多的因素帮助你。例如,具有百万与千万身价的商人,在银行的信贷限额上自然不同,且并非按照比例上升。又如站在你旁边的生意人,以健康的经商眼光来审视,他们也会较多地投资在成功比例大的生意上,并给予各种商业上的方便。当我们还未曾有足够资格去享受这些好运时,不要心急。

经商之道,盈利在本。开业初期,第一关面临的就是进货的问题。进货时除了要求质量好,价格便宜外,交货日期与进货数量的控制,都是必须注意的事项。交货日期不稳定,必定影响经营;进货数量太少,容易产生脱节而错过赚钱的机会,进得太多,又会积压现金以致影响资金周转。故此,在开业之时就必须加以注意,最好亲自去做,直到上了轨道以后再交给他人负责。例如开设餐厅，如果不建立一套制度，就将采购工作交由厨师负责的话，餐厅要想赚钱就比较困难。一般商家为了抢生意，对于负责采购的人都会施予"甜头"，例如给回扣，送礼物等等。但羊毛出在羊身上，可能买回来的商品不是质量不佳，就是斤两不足，甚至价钱比加人贵，这样怎能与人竞争？当老板的人若能自己负责就切实去做，否则就应建立一套制度来检查。粗放经营，粗放管理，做撒手掌柜是不行的。

任何成功都不是一蹴而就的，都是一个有机的累积的过程。如果一个人总是幻想着能够一朝暴富，一夕成名，那恰恰说明了他/她此时的想法还非常的幼稚和不成熟。许多人处心积虑地想找出一条能一举成功的捷径，这种不了解人生和生意的想法是很天真的。正如在拳击场上，你永远不要期待着一拳就能把命运这个对手打倒（同样你也必须注意不要让命运一拳把你撂倒），你得如同那些专业的拳击选手一样，用一系列的组合拳，从各个角度向一个命运的目标打击，直到坚持到最后一个回合，直到你胜了。

世界上最精明的商人是犹太人，然而犹太人的圣经《塔木德》却这样告诫他们："别想一下子就造出大海，必须先由小河川开始。"

因为所有白手起家的成功者，其经历的前半段无不是一点一滴地在持续着累加式的努力，而其后半段的成果则以倍数相乘式地回报着他们所付出的努力。没有经历过孜孜不倦的点滴积累，是不可能得到最后的成功的。

拒绝诱惑，成就千亿掌门人

当比尔·盖茨 29 岁时，微软的营业额不过区区 1 亿美元；谷歌上市时，谢尔盖·布林已经 31 岁。然而即便是 2012 年 5 月 Facebook 上市之日，扎克伯格的 28 岁生日还只刚刚过去 4 天。开创硅谷史上的又一家千亿市值公司，扎克伯格无疑是最年轻的千亿掌门人。

不管扎克伯格的创业动机来源于哪里，这位哈佛的辍学生 2004 年在校园创建 Facebook，到如今互联网行业的巨无霸，扎克伯格只用了 8 年。硅谷造富的时间纪录总是在不断刷新，以至于不得不让人怀疑，下一个千亿先生的年龄是否会跨越 20 岁。

在《社交网络》中，扎克伯格被描述为一个在 Facebook 上拥有 500 万好友，却被现实中唯一好友起诉的混蛋。这一点被一封邮件所证实。

扎克伯格在发给其律师的一封私密邮件中说："你能不能想到一个方法，将萨维林的股份稀释到 10%，但又不会让他明显感到痛苦？"爱德华多·萨维林是 Facebook 的另一位创始人，曾经拥有三分之一 Facebook 股权。

不过也许正是扎克伯格这种强烈的逐利心态，才成就了如今千亿美元的 Facebook。在网站初创之时，萨维林汲汲于蝇头小利，只想赶快扑入那些广告商的怀抱。但是扎克伯格却对马上引入广告商毫无兴趣，扎克伯格坚信自己开创的是一番前所未有的伟大事业。

因而面对雅虎的 10 亿美元出价，他拒绝了，微软 150 亿美元的收购，也没有动心。如今，千亿美元的市值，已经让 Facebook 站在了全球互联网之巅。

凯雷投资创始人大卫·鲁宾斯坦的女婿是扎克伯格的高中同学。当年鲁宾斯坦曾被问是否感兴趣见此年轻人一面。鲁宾斯坦寻思，又一个哈佛退学生，能有多大机会成为另一个比尔·盖茨？于是他以没时间为由拒绝了。如今只能眼红地憾言了，这是他人生犯下的最大错误。

的确，看看比尔盖茨到扎克伯格乃至泰格·伍兹，谁都会感慨：如果认为辍学是人生的沙砾，那这里面能淘出的金子可真不少。

当然，从沙子到金子，两点必不可少：从外因来说，社会不应挤兑他们做乖乖仔，走独木桥，因为我们很难想象淋着雨不敢下楼的儿童未来会成为扎克伯格；而从内因来说，就是他们很早就有改变社会的梦想——乔布斯的苹果改变了生活和时尚的潮流，谢尔盖·布林的 Google 改变了人们获取信息的方式，比尔·盖茨的微软改变了人们工作的方式，而扎克伯格的 Facebook 则彻底地改变了人们交流的方式，如同漫画里的英雄，他们几乎凭借一己之力改变了世界运行的方式。

坚持梦想，并抛开一切去实现梦想，因此，学位是微不足道的。在把梦想变成意志的奋斗里，当初的莽撞少年才变成了今日的财富英雄。